유럽의 갈등과 통합

다양성과 통일성의 변증법

김시홍, 김응운, 박노호, 송병준
안병억, 온대원, 이선필, 이종서

HUFS BOOKS

유럽의 갈등과 통합

: 다양성과 통일성의 변증법

초판 인쇄 2011년 9월 30일
초판 발행 2011년 10월 10일

대표필자 ▪ 김시홍(EU연구소 유럽연합총서편찬위원회 위원장)
집 필 진 ▪ 김응운, 박노호, 송병준, 안병억
온대원, 이선필, 이종서
펴 낸 이 ▪ 박 철
펴 낸 곳 ▪ 한국외국어대학교 출판부
130-791 서울특별시 동대문구 이문동 270
전화 02)2173-2495~7
FAX 02)2173-3363
홈페이지 http://press.hufs.ac.kr
전자우편 press@hufs.ac.kr
출판등록 제6-6호(1969. 4. 30)
편집 · 디자인 ▪ (주)이환디앤비 02)2254-4301
인쇄 · 제본 ▪ SM C&P 02)468-6100

ISBN 978-89-7464-692-9 94920 정가 14,000원
ISBN 978-89-7464-691-2 (세트)

* 잘못된 책은 교환하여 드립니다.

머리말

유럽통합 과정은 정치와 경제 그리고 사회와 문화 등 여러 분야에서 조화와 협력이라는 기초에 바탕을 두고 진행되어 왔다. 유럽 내부적으로 완전고용, 진보, 사회정의, 인권 등의 대의를 천명하고 있으며, 대외적으로는 평화, 연대, 상호존중, 자유무역, 빈곤완화, 인간 존엄 등을 지지하고 있다. 그간의 유럽통합 성과는 이러한 목표를 바탕으로 관련 당사자들 간의 협력의 결과였다.

그러나 유럽통합 과정은 적지 않은 갈등관계를 형성해왔으며 이는 분야와 범위를 달리하면서 현재에도 여전히 존재하고 끊임없이 재창조되고 있다. 통합 과정에서 협력이 긍정적 측면이라면 갈등은 부정적 결과라고 볼 수 있다. 최근 발생하고 있는 일부 회원국의 재정위기 상황과 그에 대한 대처는 적지 않은 갈등을 야기하고 있으며 통합의 후퇴를 전망하는 의견도 개진되고 있다. 과연 유럽인들이 진전된 지역주의의 모범을 보여줄 것인지의 여부는 학술적으로도 매우 흥미진진한 주제이다.

한국외국어대학교 EU연구소의 유럽연합총서는 바로 이러한 유럽연합 형성 과정과 현재 운영에서 나타나는 갈등과 통합의 문제를 다룬다. 다양성 속에서의 통일성을 추구하는 유럽의 경험은 동아시아 공동체를 준비하는 우리에게 적지 않은 함의를 줄 수 있을 것이라 생각된다. 한중일 협력에 이어 ASEAN + 3 그리고 더 나아가 열린 지역주의를 표방하는 한국의 입장에서 유럽은 훌륭한 반면교사로 자리매김할 것이다.

한국외국어대학교 EU연구소 유럽연합총서편찬위원회
위원장 김시홍 교수

목차

제4장 유럽연합 회원국 간 경제적 이해관계의 상충

제5장 다층화된 유럽적 거버넌스: 결속정책에서 나타나는 지방정부 간 격차와 조정

제6장 유럽의 이민자 갈등과 유럽연합의 이민·망명정책

제1장

유럽의 유럽 대 대서양의 유럽*

안병억

제1절 서론

유럽통합이 제2차 세계대전 이후 본격적으로 추진될 수 있었던 것은 여러 가지 요인에 힘입었다. 호전적 민족주의로(주로 독일의) 1, 2차 세계대전이라는 유럽국가간 '내전'의 참화를 겪었던 서유럽의 여러 나라가 평화에 대한 염원을 지니고 있었다는 점, 그리고 소련의 위협이 상존했다는 점, 아울러 미국도 서유럽의 통합을 적극적으로 지지했다는 점을 지적할 수 있다.

이런 요인 중 미국의 유럽통합정책은 매우 중요하다. 제2차 세계대전 후 역사적·정치적 이유 때문에 유럽의 한 세력(European power)이 된 미국은 서유럽의 통합을 적극 지지했다.[1] 소련의 팽창을 저지하기 위해서는 서유럽의 단결이 필요했고 이를 위해서는 전쟁으로 얼룩진 역사를 지닌 이들 유럽국가들이 경제적으로 번창하고 스스로 설 수 있어야 했다. 1948년에 시작된 미국 주도의 서유럽부흥계획(European Recovery Program), 마샬계획(Marshall Plan)이나 유럽경제협력기구

---

* 이 글의 일부는 "1960년대 초 유럽주의와 대서양주의: 드골의 '유럽' 대 미국의 '유럽'으로 유럽연구 26권1호(2008년 6월), pp. 101~123에 약간 다른 내용으로 발표되었다. 글의 수정 게재를 허락해 준 한국유럽학회에 감사드린다.

(OEEC: Organization for European Economic Cooperation) 등도 미국은 유럽통합을 촉진하기 위한 기구로 적극 활용했다.[2] 또 서독의 잠재적인 위협을 제거하기 위해 미국은 서유럽 통합에 적극적이었다. 이런 미국의 정책을 '이중봉쇄'(double containment)라고 한다.[3]

이처럼 유럽통합의 초기 단계부터 현재까지 미국의 역할은 필수적이었다. 학자에 따라서 유럽통합과정에서 미국의 역할을 '지역적 평화주의자'(regional pacifier), 혹은 '외부 연합주의자'(external federator)라는 용어로 표현하기도 한다.[4] 제2차 세계대전 이후 미국이 대규모의 군을 서유럽에 주둔한 이후에야 서유럽은 소련의 위협으로부터 안전을 보장받았다. 또 미국의 개입은 서유럽 국가 간의 상호 분쟁을 막는 역할을 했다는 것이다. 유럽연합 회원국들은 유럽통합과정에서 미국의 이런 중대한 역할을 기본적으로 인정하면서도 세부분야 - 미국의 역할을 어느 정도까지 어느 분야에 인정할 것인가 - 에 대해서는 국가별로 상이한 입장과 정책을 유지해왔다. 단순하게 말한다면 프랑스는 되도록 미국의 관여를 최소한으로 유지하려 하는 입장을 외교정책의 기조로 유지해왔다. 즉 프랑스 중심의(유럽중심의) 유럽을 건설하려고 했다(유럽주의, Europeanism). 반면에 유럽경제공동체(EEC)의 원가맹국이던 베네룩스 3국(벨기에, 네덜란드, 룩셈부르크), 1973년 뒤늦게 가입한 영국은 미국의 역할을 적극적으로 인정하려는 정책을 실행했다(대서양주의, Atlanticism). 흔히 유럽통합사에서 이런 상반된 입장은 유럽주의와 대서양주의로 통칭되곤 한다.

통합과정에서 미국의 역할에 대한 이런 상반된 정책차이로 유럽공동체 회원국들은 자주 갈등을 겪었다. 유럽공동체의 경제력이 커지면서 1970년대부터 빈번하게 발생한 미국과의 무역분쟁뿐만 아니라 국제사회의 주요 외교문제에 대해서도 유럽과 미국은 자주 상이한 입장과 정책을 드러내며 대립각을 세우곤 했다.

이 글은 유럽통합과정에서 미국과 유럽공동체 회원국들과의 주요 갈등을 정치적, 역사적, 통시적으로 분석함으로써 대외정책분야에서 유럽의 정체성을 유럽주의와 대서양주의의 시각에서 분석한다. 이를 위해 1963년 영국의 유럽공동체 가입을 거부한 드골의 정책, 1973년 '유럽의 해'를 둘러싼 미국과 유럽공동체의 갈등, 1991년 경제통화동맹과 정치동맹의 구체적 내용을 협상하는 정부 간 회담(IGC: Intergovernmental Conference)에서 유럽안보 틀을 짜려는 논란, 2003년 초 이라크 침략전쟁을 두고 벌어진 친미 대 반미의 논쟁을 해부한다. 1970년대부터 미국과 유럽은 잦은 무역분쟁을 겪었다. 당시 두 나라의 경제상황과 특정 산업의 로비 등이 이유이다. 그러나 주요 국제문제에 대한 분쟁은 무역분쟁과 달리 상이한 정책이 충돌하며 지속되는 성격을 지니고 있다. 따라서 주요 국제문제에 대한 갈등을 사례로 택했다. 시대를 달리하는 주요 논쟁을 분석함으로써 회원국 정책의 일관성, 유럽정체성의 형성요인과 변화요인 등을 비교분석할 수 있다. 본 글에서는 먼저 유럽주의와 대서양주의의 다양한 정의를 비교분석하고 이어 정체성을 정의한다. 이어서 언급된 사례를 정체성 형성이라는 기준으로 해부한다.

제2절 유럽주의와 대서양주의, 정체성

1. 유럽주의와 대서양주의

대서양주의와 유럽주의는 많은 사람들에게 서로 다른 의미를 지닌다. 이 때문에 자주 혼동을 가져오기도 했으며 엄밀하게 정의되지 않은 채 사용돼 왔다. 우선 대서양주의는 북대서양연안 국가들 간의 관계를 특징지어온 파트너십이라는 전통을 규정짓는 말이다. 이런 기조는 제2차 세계대전 이후 전후협력구조를 확립하고 유지하는 북대서양

국가의 역할과 공통적인 문제를 해결하는 그들의 접근방식을 형성해 왔다. 구체적으로 대서양주의는 UN과 관세 및 무역에 관한 일반협정(GATT: General Agreement on Tariff and Trade), 경제협력개발기구(OECD: Organization for Economic Cooperation and Development), 북대서양조약기구(NATO: North Atlantic Treaty Organization)등을 통해 제도화됐다.[5]

비슷한 맥락에서 김명섭은 대서양주의를 두 가지 사상적 흐름을 포괄하는 개념으로 정의하고 있다.[6] 첫째가 대서양연안의 3개국인 미국과 영국, 캐나다 중심의 연방을 창설하고자 하는 사상이다. 둘째가 이들 3개국이 또 다른 대서양연안인 서유럽에 적극적으로 개입해 서유럽과의 연대를 공고히 하자는 움직임이다. 어디까지나 미국이 중심이 돼 서유럽과 함께 국제질서를 운영한다는 뜻을 내포하고 있다. 제2차 세계대전 이후 미국이 고립주의 외교정책을 탈피하면서 점차 두 번째의 대서양주의가 각광을 받기 시작했다.

유럽주의(Europeanism) 혹은 범유럽주의(Pan-Europeanism)는 종종 대서양주의와 대비돼 사용된다. 신기능주의자(neo-functionalist) 하스(E. Haas)는 "이 개념이 너무 모호해 정치적 독트린 개발을 위해 필요한 통합적 도구로 작용할 수 없다"고 결론짓고 있다.[7] 민족주의는 계층이나 인종을 초월해 한 민족을 통합하는 기능을 수행해왔다. 반면에 유럽주의는 보수주의자나 급진주의자, 유럽통합회의론자나 유럽통합 지지론자 모두 이 용어를 자신들의 목적에 맞게 이용할 뿐 흡인력 있는 통합을 촉진하는 이데올로기로써 기능하지 못한다고 결론짓고 있다. 따라서 하스는 유럽주의가 통합과정 연구에 유용한 독트린을 제공해주지 못한다며 이를 분석하지 않았다. 그러나 그는 유럽통합의 출발점이 된 1951년의 유럽석탄철강공동체(ECSC: European Coal and Steel Community) 협상과정을 분석했기 때문에 이후 통합의 진전에 따라 유럽주의가 제대로 발현될 수 있는 가능성은 얼마든지 있다. 물론 당시

프랑스의 저명한 정치학자 레이몽 아롱(R. Aron)도 유럽주의를 수사로 간주했다.[8]

그러나 이런 부정에도 불구하고 유럽주의는 분석 틀로 자주 사용되고 있다. 이승근은 제2차 세계대전 이후 서유럽이 미국의 핵우산에 들어가는 등 안보를 크게 미국에 의존했지만 이런 의존성을 탈피해 자율성을 강조하려는 주의를 유럽주의로 규정했다.[9] 반면에 김명섭은 범유럽주의라는 용어를 좀 더 포괄적으로 사용했다. 유럽의 공통적인 역사와 문화에 기초해 협력을 최대화하고 베스트팔렌적 의미의 근대국가체제를 스스로 지양하고자 하는 개념으로 정의했다.[10] 이런 정의에 따를 경우 제1차 세계대전 이후 전개됐던 리하르트 쿠덴호베칼레르기(R. Coudenhave-Kalergi)의 범유럽주의, 1929년 당시 프랑스 외무장관 아리스티드 브리앙이 제창한 유럽연방 설립안도 범유럽주의에 들어가는 등 범위가 매우 광범위하게 된다.[11]

이 글은 유럽주의를 제2차 세계대전 이후 본격적으로 시작된 유럽통합 과정 속에서 미국의 의존을 탈피해 유럽이 좀 더 주체적인 역할을 수행해야 한다는 사상이나 주의로 정의한다.[12] 따라서 언론에서나 흔히 일상생활에서 사용하는 반미=유럽주의, 친미=대서양주의식으로 단순하게 도식화할 수 없다. 왜냐하면 친미적 성향의 국가도 유럽통합과정에서 유럽의 자율성 확대를 적극 추진한 경우가 있기 때문이다.

2. 정체성(identity)

정체성(identity)은 상대적 개념이다. 자아(self)가 타자(other)와 비교함으로써 자신의 본질을 인식하는 과정이다. 이 때문에 타자가 없는 자아란 무의미하다. 특히 타자가 자아와 매우 대립적인 시각이나 정책을 지니고 있을 때 보통 '중요한 타자'(significant others)라고 불린다.

이런 경우에는 정체성을 규정하기가 비교적 쉽다.[13] 정체성은 고정된 산물이기 보다 변화하는 하나의 과정이다. 한 개인은 한 국가에서 태어나 그 국가가 요구하는 애국심이나 국민됨을 의식적·무의식적으로 배우고 체득한다. 이 과정에서 한 국가의 교육이나 문화정책은 정체성 형성에 중요한 역할을 수행한다. 또 전쟁 등의 국난에 직면했을 때 정체성 구분이 쉽다. 잉글리시와 웨일즈, 스코틀랜드 인 등 서로 다른 인종으로 이루어진 영국이 영국인으로서 정체성을 형성하는 과정에는 전쟁이 큰 역할을 했다.

저명한 구성주의자(constructivist) 알렉산터 웬트(A. Wendt)는 '무정부상태(anarchy)는 국가가 이해하는 것'(Anarchy is what states make of it)이라는 유명한 말로 정체성을 규정했다. 즉 무정부상태는 주어진 것이 아니라 개인이나 국가가 타자나 타국가와 접촉하는 과정을 통해 구성되는 것이라는 주장이다.[14] 그는 토머스 홉스(T. Hobbes)의 자연상태 비판에서 논의를 전개하고 있다. 즉 '만인의 만인에 대한 투쟁'(war of all against all)이 자연상태라고 하는데 상대방을 접촉하지 않고 어떻게 상대방이 선한지 하니면 악한지를 알 수 있겠느냐는 점에서 출발했다. 이런 논의를 따르면 정체성도 주어진 그 무엇이 아니라 상대방과의 상호접촉을 통해 구성된다.

유럽통합과정에서 유럽공동체(유럽연합)의 정체성을 분석하기 위해서는 누가 타자인가를 구분할 필요가 있다. 냉전시기 동안 서로 다른 이데올로기를 지니고 있고 서유럽의 안보를 위협한다고 인식된 소련이 중요한 타자이었음은 분명하다. 반면에 서부유럽과 민주주의와 시장경제, 문화 등을 공유한 미국은 유럽연합의 중요한 타자인가라는 질문에 대한 답은 단순하지가 않다. 통합과정에서 미국과 유럽공동체의 갈등은 매우 빈번하게 등장했다. 그러나 단순히 분쟁을 벌였다고 타자가 되는 것은 아니다. 분쟁의 성격과 본질, 해결방안 등을 분석함으로써 이 문제에 대한 답을 찾아볼 수 있다.

제3절 위대한 프랑스와 패권국가 미국

1. 거부의 서곡: 푸셰플랜(Fouchet Plan)과 나사우조약 (The Nassau Agreement)

1958년 드골은 프랑스 5공화국 대통령으로 취임했다. 그는 알제리 사태를 해결한 후 9월 미국과 영국에 세계운영을 위한 '삼두체제'(troika)를 제의했다. 미국, 프랑스, 영국이 3두체제를 형성해 주요 국제문제를 사전에 조정해 주도적으로 해결한다는 내용이다. 그가 제의한 3두체제는 NATO 소속이 아닌 별도의 조직을 의미했다.[15] 프랑스가 미국과 영국 주도의 국제질서에 동등한 입장으로 참여하기 위해 이런 기구의 창설을 제의했다. 그러나 미국이나 영국은 이런 제안을 거부했다.[16] NATO라는 동맹에서 미국과 유럽의 상호이익을 조정하는데 또 다른 기구가 필요 없다고 인식했다. 또 유엔 등의 다자기구가 있는데 일부러 드러내놓고 특정 국가가 중심이 되어 국제문제를 해결한다고 할 필요가 없었기 때문이다.[17]

미국과 영국으로부터 자신의 제안을 거절당한 드골은 유럽경제공동체를 자국 외교정책 목표달성에 이용하고자 유럽경제공동체 6개 회원국에 정치연맹(political union)을 결성하자고 주창했다. 이에 따라 6개 회원국은 1961년 2월부터 1962년 4월까지 푸셰협상[18]을 가졌으나 프랑스의 유럽주의적 시각과 나머지 5개회원국(서독, 이탈리아, 베네룩스 3국)의 대서양주의적 시각이 충돌하면서 이 협상은 결렬됐다.[19] 협상의 시기에 따라 이 푸셰플랜은 내용에 다소 변화가 있었으나 핵심내용은 거의 변하지 않았다. 이 정치연맹은 국방과 외교 문제를 포함해 모든 문제를 회원국들이 상호 밀접하게 논의해 공동입장을 취하는 것을 목표로 했다.[20]

드골은 유럽경제공동체 출범으로 집행위원회 같은 초국가기구가 민족국가로부터 더 많은 권한을 넘겨받아 국가주권에 침해하는 것을 매우 불쾌하게 여겼다. 따라서 초국가기구적인 통합을 반대하기 위해 정치연맹 결성을 제의했다. 또 미국과 소련이라는 두 강대국을 동등한 입장에서 다룰 수 있으려면 서유럽의 단결이 필요했고 이를 위해 정치동맹을 결성하고자 했다. 그러나 이는 어디까지나 프랑스가 유럽의 지도자가 되어 양 강대국과 대적한다는 매우 프랑스 중심적인 시각이다.[21]

프랑스의 이런 저의에 대해 나머지 5개 회원국은 기본적으로 대서양주의적 시각을 지녔다. 특히 베네룩스 3국과 이탈리아는 프랑스의 이런 야심 때문에 기존의 NATO와 유럽경제공동체가 훼손될 것과 함께 서유럽의 안보를 지켜주는 미국, 그리고 영국을 소외시킬 것이라고 두려워했다. 드골의 제안은 미국이나 영국배제를 원칙으로 했기 때문이다.[22] 서독은 기본적으로 베네룩스 3국과 이탈리아의 입장을 유지하면서도 프랑스와 협상을 통해 프랑스의 유럽주의적 시각을 다소 완화하며 서유럽의 단결시 자국에도 도움이 되리라고 여겼다. 즉 국토분단으로 자국의 안보를 거의 전적으로 미국에 의존했기 때문에 미국의 있을지도 모르는 유럽 주둔군의 감축, 혹은 미국의 대서독 공약이 느슨해질 경우 서유럽의 단결이 이를 만회할 수 있는 버팀대가 될 수 있으리라 여겼다.

미국은 원칙적으로 서유럽의 단결을 목표로 하는 정치연맹을 찬성한다는 입장을 유지했다. 그러면서도 베네룩스 3개국과, 이탈리아, 서독이 프랑스의 유럽주의적 시각을 누그러뜨리고 NATO와의 연결고리를 약화시키지 않으리라는 점을 누누이 강조했다.[23] 프랑스와 나머지 5개 회원국간의 기본적인 입장차이, 미국의 관여로 푸셰협상은 제대로 진전이 되지 않았다. 무엇보다도 이 정치연맹과 NATO와의 연관성, 그리고 영국의 참여 여부가 핵심 쟁점조항이었다. 베네룩스 3개국은 정치연맹 조약에 최소한 NATO가 유럽방위의 최고 조직임을 명시하기를 원했다. 이럴 경우에만 미국을 서유럽에 묶어 두고 프랑스의 유럽주의적 시각을 다소 완화시킬 수 있었기 때문이다. 또 정치연맹에 영국의 참여를 허용하거나 초국가주의적 요소를 도입해야 한다고 강력하게 요구했다. 소국의 경우 초국가적인 요소가 있어야 프랑스나 서독 등 강대국이 조직을 좌지우지 하는 것을 다소나마 견제할 수 있었기 때문이다.[24]

그러나 드골은 서유럽 안보에서 미국의 패권을 인정하려는 이런 조항 삽입이나 초국가주의적 요소를 강력하게 거부했다.[25] 자신이 추구하는 미국의 패권으로부터 독립적인 외교정책, 유럽지도자가 되려는 외교정책과 정반대되는 정책이기 때문이었다. 이 때문에 푸셰협상이 결렬되었다. 프랑스는 미국의 개입과 간섭 때문에 이 협상이 깨졌다고 미국을 강력하게 비난했다. 미국이 베네룩스 3국에 압력을 넣어 유럽 안보에서 NATO의 핵심역할을 인정할 것을 고집했다는 것이다.[26] 이에 대해 베네룩스 3국과 이탈리아, 독일은 프랑스 드골 대통령이 이런 쟁점사항에서 융통성을 보이지 않고 유럽주의적 시각만을 관철시키려 한 것이 협상의 결렬요인이라고 응수했다.

푸셰협상이 결렬되고 쿠바 위기, 베를린 위기를 겪으면서 미국의 케네디 정부는 유럽에 미국 안보공약의 굳건함을 주지시키려 했다. 특히 서독정부는 미국의 안보에 직접적인 위협이 되는 쿠바 미사일 사태를 해결하기 위해 미국이 베를린을 소련에게 넘겨줄지도 모른다고 우려했다.[27] 미국의 케네디 대통령은 이런 의구심을 잠재우기 위해 1962년 7월4일 '대서양파트너십(Atlantic Partnership)'을 제안했다.[28] '상호의존성선언(Declaration of Interdependence)'이라고 명명된 이 연설에서 케네디는 정치적, 경제적으로 통합된 유럽이 미국과 동등한 동맹국이 되어 세계 리더십의 부담과 의무를 분담하자는 제안이었다. 미국은 유럽이 이런 역할을 하기 위해서는 정치적 통합이 우선이며 초국가적 통합을 계속해야 한다는 의견을 제시했다. 제2차 세계대전 이후 미국의 유럽 통합정책과 연속성이 갖는다.[29] 프랑스는 미국의 이런 개입을 의심하며 더 이상의 논의를 거부했다. 서독과 다른 유럽경제공동체 회원국들도 미국의 이런 제안에 별다른 관심을 보이지 않았다.

이런 논의의 연장선에서 미국은 영국, 프랑스에 폴라리스 핵미사일을 제공하겠다고 제의했다. 그러나 드골은 이를 거부했다. 그에게 핵무기는 단순한 군사적 수단일 뿐만이 아니라 강대국의 반열에 올라설 수 있는 정치적 수단의 의미가 더 강했다. 그는 제4공화국에서 시작된 핵무기 개발에 박차를 가했다.[30] 그는 기자회견에서 "그 어느 누구도 - 특히 미국인들 가운데 그 어느 누구도 - 미국의 핵무기가 유럽의 방어를 위해 사용될는지, 그렇다면 어디에서, 어떻게, 그리고 어느 정도로 동원 될지를 알 수 없다" 라는 명확한 입장표명을 했다.[31] 이와 반대로 영국은 1962년 12월 미국의 제의를 수락했다.[32]

2. 드골의 영국 유럽경제공동체 가입 거부: 미국의 서독 껴안기 전략 다국적핵무기(MLF)안

영국이 미국의 제의를 수락 후 1개월이 채 지나지 않은 1963년 1월 중순 드골은 기자회견을 열어 영국의 유럽경제공동체 가입을 거부했다. 영국이 미국과 체결한 나사우조약(The Nassau Agreement)과 드골의 영국 가입은 매우 분명하게 연관돼 있다. 즉 영국의 공동체 가입을 미덥지 않게 여기던 드골은 당시 해롤드 맥밀런(H. Macmillan) 영국 총리가 미국의 제의를 수락하자 이를 기다렸다는 듯이 영국의 공동체 가입을 정면으로 거부한 것이다. 맥밀런은 그의 책에서 1962년 12.15~16일 파리 교외 랑부예(Rambouillet)에서 가진 드골과의 대화를 자세히 기록하며 드골이 정치적인 이유에서 영국 가입을 거부했다고 적고 있다.[33]

드골은 표면적으로 영국의 농업보조정책이 유럽공동체의 공동농업정책(CAP: Common Agricultural Policy)과 다르며 영국은 섬나라로 대륙과 상이하다는 이유를 내세웠다.[34] 그러나 보다 중요한 이유는 영국이 유럽공동체에 가입할 경우 유럽공동체가 미국 주도로 이끌리게 될 것을 우려했다. 영국이 미국의 '트로이 목마'가 되어 유럽공동체의 미국화에 앞장설 것으로 판단했다. 몇몇 참모들에게 '유럽이 미국과 분쟁을 벌이고 있을 때 영국은 누구 편을 들겠는가?' 라는 질문을 제기했고 이런 질문에 대한 답은 영국은 미국을 지지할 것이 다로 결론지었다.[35]

제2차 세계대전 후 식민지를 잃은 프랑스는 유럽이라는 무대를 통해 국제사회에서 강대국의 체면을 유지할 수 있었다. 따라서 자국 주도로 유럽통합을 주도하는 정책을 취했는데 이런 정책에 미국이나 영국은 큰 장애물이었다. 그러나 프랑스를 제외한 독일과 이탈리아, 베네룩스 3국 등 나머지 유럽공동체 5개 회원국은 프랑스의 이런 일방적인 반미주의에 강력하게 반발했다. 기존 유럽경제공동체 회원국들은 가입을 신청한 나라에 대해 가입을 거부할 수 있었다. 그러나 어디까지나 가입협상이 진행 중이던 각료이사회라는 유럽경제공동체 기구를 통해 정식으로 가입거부 의사를 통보할 수 있었다. 그러나 드골은 그의 의견을 직접 표명할 수 있는 기자회견을 선호했고 기자회견에서 다른 회원국들에게 아무런 사전 통보도 없이 이런 중요한 결정을 알렸다는 점에서 다른 5개 회원국들의 반발은 더 커졌다.[36]

특히 미국의 핵우산에 안보를 전적으로 의존했던 독일의 경우 프랑스의 일방주의에 격노했다. 당시 기민당-기사당/자유민주당의 연립정부뿐만 아니라 야당인 사민당조차 프랑스의 반미주의를 비판했다. 결국 1월말에 서명된 독불우호조약 (일명 '엘리제 조약')은 조약 서문에 이 조약이 미국과 영국과의 관계, 유럽공동체 가입을 바라는 다른 국가들과의 관계, NATO와의 관계를 훼손하지 않는다는 문구를 삽입한 후에야 의회에서 비준되었다.[37] 드골은 이런 문구가 독일과 공고한 동맹을 형성해 미국을 견제하려던 본인의 의도와 크게 배치된다며 불쾌감을 숨기지 않았다. 비밀 해제된 서독 외무부의 문서는 이 문제를 둘러싼 당시 독일 정부 내 갈등과 다른 회원국간의 협상과정을 상세하게 보여주고 있다.[38]

이 문서에 따르면 당시 대서양주의를 대변한 루트비히 에르하르트(L. Erhard) 경제부 장관(아데나워 총리의 후임으로 이미 결정돼 있었음)을 중심으로 대서양주의자들은 드골의 이런 일방적 행위에 크게 분노했다.[39] 반면에 아데나워는 현실적인 선택을 했다. 전후 아데나워 외교정책의 기조는 친서방정책(Westbindung)과 유럽통합이었다.[40] NATO에 가입해 자국의 안보를 보장받았으며 프랑스와의 관계개선으로 유럽통합의 중추역할을 하려 했다.

이런 측면에서 프랑스 드골 대통령의 요구를 무시할 수 없었다. 따라서 아데나워는 엘리제 조약을 체결하면서 오히려 이 조약 체결로 프랑스의 일방주의를 견제할 수 있다고 미국 측을 안심시키려 했다. 당시 미국은 이 조약으로 독일이 프랑스의 전술에 말려들어 결국 유럽주둔 미군의 철수로 이어지지 않을까 매우 우려했다.[41] 당시 워싱턴 D.C.에 급파된 독일 외무부 카르스텐스(Carstens) 외무차관은 미 국무부 관계자와 케네디 대통령을 면담한 결과를 보고했다. 이 대담에서 케네디 대통령은 특히 프랑스 드골 대통령에 대해 극도의 불신감을 드러냈다. 서유럽 국가가 원해서 제2차 세계대전 이후 미국이 유럽에 군을 주둔시켜 서유럽의 안보를 지켜주고 있음을 상기시키며 엘리제 조약은 프랑스 주도로 반미정책을 가속화하는데 악용될 수 있으리라는 우려를 표명했다. 특히 대서양국가인 독일이 프랑스의 유럽주의 정책에 동조하면서 미국의 서유럽전략에 금이 가지 않을 것인가를 매우 우려했다.

독일뿐만 아니라 다른 4개 회원국에서도 엘리제 조약에 대한 비판과 우려가 제기됐다. 이들은 이 조약이 공동체내 회원국 간에 형성된 신뢰에 금이 가게하며 이제까지 이룩한 초국가적인 방향의 유럽통합

진전을 무시하면서 국가주권을 우선한다고 비판했다.[42] 특히 당시 이탈리아의 아민토레 판파니(A. Fanfani) 총리(기독교민주당)는 엘리제 조약이 "유럽공동체와 유럽통합, 그리고 NATO의 내적균형에 해롭다"며 강력하게 비판했다.[43]

한편 엘리제 조약을 체결했지만 독일의회의 반대로 조약 내용이 크게 약화되고 독일을 제대로 활용할 수 없다고 자각한 드골은 소련과의 긴장완화정책을 적극 추진했다. 그는 미국이나 소련 모두 패권국가로 별다른 차이점이 없다고 간주했으며 유럽을 미소 강대국의 헤게모니에서 벗어난 '제3의 세력(The Third Force)'으로 키우려 했다. 이런 시각에서 프랑스는 핵무장을 한 후 1965년 12월 NATO의 통합사령부에서 철수했다. 이에 따라 1966년 프랑스에 주둔해있던 미군은 서독 등 NATO의 다른 회원국으로 주둔지를 변경해야 했다.

당시 드골의 유럽주의는 반미주의를 기치로 내걸었다. 그러나 프랑스를 제외한 다른 5개 회원국은 드골의 이런 시각을 공유하지 않았다. 프랑스의 일방주의를 비판하면서도 유럽통합에 프랑스가 필요했기 때문에 드러내놓고 프랑스를 공격하지는 않았다.

엘리제조약의 체결이후 미국은 서독이 프랑스의 반미전략에 끌려들어갈 것을 우려해 서독 껴안기의 전략으로 다국적핵무기(MLF: Multilateral Forces)제안을 본격적으로 제시했다. 원래 이 제안은 1950년대 말부터 NATO 지휘관들 사이에 산발적으로 논의되기 시작했다.[44] 1960년 소련이 사정거리 8000마일의 장거리 핵탄두를 발사하면서 그동안 미국이 누려왔던 소련에 대한 절대적 핵우위가 점차 잠식됐다. 따라서 미국은 이를 감안해 서유럽 각 국에게 재래식 무기 증강을 요구하면서 이들의 핵무장화를 견제하려는 이중의도를 지니고 있었다.[45] 또 유럽통합의 진전으로 자율성을 키워온 유럽공동체 각 회원국들이 미국이 독점하는 핵무기 전략과 계획, 표적 선정 등에 좀 더 많은 관여를 요청한 측면도 있다.[46]

군사적 차원에서 비공개로 논의돼왔던 이 제안은 그러나 드골이 영국의 유럽경제공동체 가입을 거부한 지 한 달이 채 지나지 않아서 미국에 의해 정식으로 제기됐다. 미국은 베를린 위기, 쿠바 위기 이후 분열된 NATO의 단결을 복원하고자 했다.[47] 미국은 영국에게 핵무기 발사체를 제공한 나사우조약을 맺으면서 다국적핵무기안과 관련된 조항을 남겨두었다. 7조에 따르면 "폴라리스 미사일을 영국에게 제공함으로써 양국은 다른 NATO회원국과 아주 긴밀한 협의를 통해 다국적 NATO핵무기를 개발하는데 목적이 있음에 동의했다. 미국과 영국 수반은 이를 달성하기 위해 최선을 다한다"는 규정이 있다.[48] 미국은 다국적 NATO 핵무기 개발을 영국 이외의 다른 NATO 회원국들과 함께 핵무기를 공동운영한다는 뜻으로 해석했지만 미국과의 특별한 관계유지를 원한 영국은 자국의 핵무기를 NATO에 배속한다(assign)는 뜻으로 이를 해석했다. 영국이나 프랑스가 독자적으로 개발한 핵무기를 NATO의 배속에 두고 자국의 안보에 긴급한 필요가 있을 경우 자국이 핵무기를 독자 운영할 수 있다는 것이다.[49] 미국은 이런 조항을 통해 영국 이외의 다른 동맹국에게도 핵무기 제공 가능성을 제시했고 영국과 특별한 관계를 제도화하는 것을 매우 꺼려했다.[50] 어쨌든 미국은 희망하는 NATO 회원국들이 핵무기 개발비용을 공동으로 부담하고 소유하며 통제하는 25개 수상함선(surface ships)으로 구성된 안을 제시했다. 각 수상함선은 8개의 폴라리스 A3 미사일이 장착돼 있었다.[51]

미국의 이런 구체적인 다국적핵무기안에 대해 유럽경제공동체 주요 회원국들의 입장은 매우 다양했다. 미국으로부터 구애를 당한 서독은 이 제안을 매우 환영하며 논의에 적극적인 역할을 했다. 서독정부는 미국의 핵우산에 있으면서 핵무기 전략에 아무런 역할을 할 수 없었다는 점에 불만을 갖고 있었으며 엘리제 조약이후 소원해진 미국과의 관계를 복원하기 위해 이 제안에 적극적일 수밖에 없었다.[52] 반면에 프랑스는 나사우조약을 거부했듯이 같은 이유를 들어 미국의 제안을 거부했다. 영국은 나사우조약 7조에 따라 논의에 참여한다고 했지만 다국적핵무기 프로젝트에 돈을 납부하고 군을 배치하는 데에는 아무런 확약도 주지 않았다.[53] 미국의 제안이 현실적이며 군사적으로 NATO전력을 보강할 수 있을까하는 군사적 측면에서의 회의는 물론,[54] 핵심논쟁중의 하나는 핵무기 통제권에 대한 의사결정이었다. 과연 미국이 거부권을 보유할 것인가 아니면 핵무기 사용을 다수결로 할 수 있을까?[55] 결국 1964년 말 미국이 공식적으로 이 안을 포기할 때까지 1년 반 동안 NATO 회원국은 이 계획의 타당성을 조사하고 핵무기 통제 관련 지리한 논란을 계속했을 뿐이다.

제4절 '유럽의 해'와 도전받은 미국의 일방주의

1973년 발발한 중동전쟁과 미국의 정책, 이에 대한 유럽공동체 회원국들의 반발로 1973년은 대서양관계(Transatlantic Relations)가 심각한 갈등으로 치달은 해였다. 앞 절에 소개한 드골의 홀로 반미와 달리 이번에는 많은 유럽공동체 회원국들이 미국의 정책에 반기를 들었다. 이는 1970년대에 회원국들의 외교협력을 규정한 유럽정치협력(EPC: European Political Cooperation)이 제한적으로나마 작동하기 시작했다는 점을 지적할 수 있다.[56] 회원국들이 주요 국제문제에 대해 정책을 조정하는 메커니즘이 유럽정치협력이다. 이 메커니즘 안에서 회원국들은 중동전쟁이라는 이해관계가 엇갈리는 국제문제에 대해 공동입장을 취하려고 노력했으며 일방주의정책을 취하며 유럽에 정책지지를 요구하는 미국을 강력하게 비판했다.

우선 당시 미국의 닉슨정부는 1973년을 '유럽의 해'(Year of Europe)로 지정했다. 그 해 4월 23일 헨리 키신저 안보보좌관은 연설을 통해

'새로운 대서양헌장'(a new Atlantic Charter)을 제정하자고 제안했다.[57] 제2차 세계대전 이후 소련이라는 공통의 적에 맞서 형성된 대서양관계가 미소 강대국의 긴장완화와 일본의 부상, 경제문제의 급부상 등의 변화된 현실에 직면했다. 따라서 이런 변화에 현실을 대응하기 위해 미국과 유럽공동체와의 관계를 새로운 틀에서 규정하자는 것이 그의 제안이었다. 키신저는 미국이 글로벌 플레이어(global player)로 글로벌 이익과 책임감을 지니고 있는 반면 유럽은 지역파워(regional power)로 지역적 이익을 보유하고 있으며 이런 이익에 치중하고 있다고 비판했다. 특히 방위비 분담 등에 성의를 보이지 않고 있다고 유럽공동체 회원국을 비판했다. 키신저는 "우리에게 유럽통합은 지금까지 그래왔던 것처럼 자체가 목적이 아니라 서구를 강화하는 수단이다. 유럽통합은 계속해서 대서양 파트너십(Atlantic Partnership)의 한 구성요소이며 미국은 이런 더 큰 대서양관계의 틀 안에서 유럽통합을 지지할 것이다"라는 직설적인 발언을 했다. 미국이 세계 질서를 좌지우지하며 유럽은 미국을 지지하고 따라야 한다는 의미의 발언이었다. 미국의 이런 유럽 비판에 대해 영국과 프랑스의 입장 차이는 컸고 또 대서양 헌장 제정에 대해 EC는 공동의 입장을 마련하지 못했다.[58]

당시 영국의 에드워드 히스(E. Heath) 총리는 유럽주의자로서 영국의 유럽공동체 가입을 성사시켰고 프랑스와의 관계개선에 우선순위를 두었다. 그러나 히스는 미국의 정책 지지요구를 뿌리칠 수 없어 프랑스에게 미국의 진의를 전달하려고 노력했다.[59] 반면에 프랑스는 이번에도 영국이 미국의 트로이 목마(Trojan Horse)로 활동하지 않는가하며 의구심을 떨치지 못했다. 프랑스 정부는 기본적으로 미국이 유럽공동체와의 관계를 제도화해 패권을 유지하는 정책도구로 이용할 것으로 우려했다. 미국에 안보를 의존하고 있으며 당시 동방정책에 몰두해있던 독일정부는 프랑스와 영국의 중간적 입장을 유지했다.[60]

미국과 유럽공동체 회원국 간의 이런 의견 차이는 그러나 10월 초

제4차 중동전쟁이 발발하면서 극도로 표면화되었다.[61] 이 전쟁을 계기로 영국과 프랑스는 중동정책에 대해 공감대를 형성해 미국과 대립했다. 영국이나 프랑스는 '2국가 해결방안'(two-state solution)이 유일한 해법이라며 이스라엘이 1967년 3차 전쟁에서 점령한 아랍영토에서 철수한 후 협상을 통해 이 문제를 해결해야 한다고 여겼다. 앞서 유럽경제공동체 회원국들은 유럽정치협력의 틀 안에서 1971년 5월 중동분쟁에 대한 공동입장(common position)을 채택한 바 있다. 점령한 영토에서 이스라엘의 철수와 이스라엘의 생존권 인정, 팔레스타인의 난민문제 해결 등이 주요 내용이었다.[62] 그러나 미국은 중동전쟁을 냉전이 중동에서 벌어진 것이라며 친이스라엘 정책을 유지했다. 당시 유럽공동체 회원국 여론은 일방적으로 이스라엘을 편드는 미국에 대해 매우 비판적인 입장을 견지했다. 독일의 경우 이스라엘에 대한 역사적인 업보 때문에 매우 조심스러운 입장을 취했다. 중동국가들이 석유자원을 무기로 사용하면서 친이스라엘 정책을 취하는 유럽공동체 회원국들에 대해 석유공급을 제한했다(oil embargo).[63] 영국과 프랑스는 이런 문제를 다루기 위해 유럽정치협력의 틀 안에서 '유럽-아랍대화' (Euro-Arab Dialogue)를 제안했고 1974년 최초로 이런 대화를 가졌다.[64] 미국은 영국과 프랑스의 이런 정책을 유화정책이라며 강력 비판했다.

4차 중동전쟁을 둘러싼 미국과의 갈등, 이스라엘의 팔레스타인 점령과 오일쇼크 등의 주요 국제문제를 겪으면서 1973년 12월 덴마크 코펜하겐에서 열린 유럽이사회에서 9개 회원국들은 유럽의 정체성에 관한 문서를 채택했다.[65] 이는 회원국들이 통합과정에서 정체성을 다룬 최초의 문서로서 의미가 깊다. 우선 회원국들은 유럽통합의 진전으로 정체성이 변화할 것이라며 국제정치의 주요 문제에 대해 한 목소리로 말하는 EPC를 강화하겠다고 선언했다. 또 미국과의 갈등을 염두에 두고 미국과 민주주의, 법치주의를 공유하고 있다고 강조하며 독자적이며 독창적인 공동체 정체성 확립 노력이 미국과의 관계에 갈등을 초래하지는 않을 것이라고 선언했다. 이 문서는 미국에 대해 좀 더 자주적인 유럽주의적 입장을 유지했던 프랑스, 전반적으로 대서양 주의 시각을 견지해온 영국과 네덜란드 등의 입장이 반영된 타협의 산물이다.

'유럽의 해' 초기에 영국과 프랑스는 미국의 정책에 대해 약간 대립되는 정책을 취했다. 그러나 중동전쟁이 발발한 후 두 나라의 대미정책은 어느 정도 수렴되었다. 양국이 적극적인 역할을 하면서 미국과의 갈등을 겪고 극복하는 과정에서 유럽정체성에 관한 최초의 문서가 합의되고 발간되었다. 이는 대외정책 분야에서 유럽의 정체성 확립에 외부행위자, 특히 미국의 역할이 매우 컸음을 분명하게 보여주고 있다.

제5절 유럽연합조약(TEU)과 유럽안보

제2차 세계대전 후 냉전체제의 구축으로 유럽은 동서로 분열되었다. 그러나 1990년 10월 3일 독일이 통일되었고, 88년 초부터 폴란드와 헝가리 등 동부유럽에서 다당제 선거가 실시되면서 공고한 듯 보였던 냉전체제는 사실상 와해되었다.[66] 이러한 거대한 변화의 흐름(tectonic shift)속에서 유럽공동체 회원국들은 경제 및 정치통합을 가속화하여 대응하였다. 1990년 12월부터 일 년 간 당시 EC 9개 회원국들은 정부간 회담을 개최해 경제통합과 정치통합의 구체적 내용을 협상했다. 정치동맹(political union)은 공동외교안보정책, 유럽의회의 권한 강화 등의 안건을 협상했는데 이 가운데 공동외교안보정책은 많은 논란을 야기했다.[67]

냉전체제가 붕괴되는데도 미국이 유럽안보에서 NATO를 통해 계속해서 핵심역할을 해야 하는가?, 유럽공동체는 공동체 차원에서 어느 정도의 공동외교안보정책을 어떻게 실행해야 하는가? 라는 핵심 질문을 두고 주요 회원국 간의 입장차이가 있었다. 크게 분류한다면 미국과 영국을 한 편으로 프랑스와 독일을 다른 한편으로 입장이 대립했고 결과(유럽안보 틀)는 미국과 영국의 정책선호도가 더 크게 반영되었다.

미국은 냉전 붕괴 후에도 NATO라는 군사동맹을 통해 서유럽에서 계속해서 핵심 역할을 수행하고자 했다. 소련의 붕괴에 따르는 혼란과 동부유럽의 내전 등 잔여 안보 위협이 만만치 않았기 때문이다.[68] 정부간 회담 초기인 1991년 2월 당시 미 국무부 유럽담당 국장이던 레지놀드 바톨로뮤(R. Bartholomew)는 독일과 영국, 네덜란드 등 NATO의 서유럽 회원국들에게 유럽안보에서 미국이 핵심 역할을 하겠다는 분명한 입장을 전달했다('바톨로뮤 메모').[69] 이 메모는 유럽의 공동안보 및 국방 정체성(정책)이 NATO 내 유럽회원국들의 내부 비공식회합(an internal caucus of European states within the alliance)을 만들어서도 안되고 NATO의 교리와 지휘구조를 손상해서는 안 된다고 못 박았다. 그 해 6월 초 NATO 외무장관회의에서 제임스 베이커(J. Baker) 미 국무장관도 유럽공동체 회원국들이 외교와 국방에서도 공동정책을 구상하려는 노력을 지지하면서 설립된 유럽공동체 기구와 서유럽동맹(WEU: Western European Union), NATO 간의 상호 보완성과 투명성을 강조했다. 즉 NATO가 중심이 되어야 하고 서유럽동맹 같은 기구는 이를 인정하는 선에서 유럽차원의 안보를 다루어야 함을 간접적으로 암시했다. 영국은 'NATO 없는 유럽안보는 무의미하다'라는 입장을 표명하고 시종일관 미국과 긴밀한 조율을 통해 유럽안보에서 NATO의 핵심역할을 강조했다. 냉전붕괴 후 통일 독일의 강대국화로 자국의 국제적 위상이 약화될 것을 우려한 영국은 미국과의 특별한 관계를 지속적으로 유지하고 NATO를 통해 위상 약화를 만회하려 했다.[70]

프랑스는 유럽안보에서 NATO의 역할을 축소하고 서유럽동맹과 점차 핵심역할을 수행해야 한다고 주장했다. NATO 회원국이 아닌 프랑스가 유럽안보에서 주도적 역할을 하려면 서유럽동맹라는 자국이 회원국인 조직에 더 큰 역할을 주는 것이 필요했다. 1991년 10월 정부 간 회담에 제출된 프랑스와 독일의 공동외교안보정책(CFSP)에 관한 공동 제안은 서유럽동맹를 유럽이사회(European Council) 산하에 두고 서유럽동맹를 점차 유럽공동체의 방위정책 담당기구로 변화시킬 것을 제시했다. 이를 위해 이 제안은 서유럽동맹과 유럽공동체 간의 유기적 연계를 강조했다.[71] 헬무트 콜(H. Kohl) 독일 정부는 대서양주의의 입장이 강했으나 통합의 진전을 위해 유럽차원의 외교 및 안보 정책이 필요하다는 점, 그리고 프랑스와의 관계를 감안해 서유럽동맹의 역할을 강조하는 프랑스 입장을 지지했다. 독일은 NATO 회원국이 아닌 프랑스를 NATO라는 틀 안으로 조금이라도 가까이 데리고 오려면 중간 기구로 서유럽동맹이 필요하다고 생각했다. 독일은 서유럽동맹의 역할 확대가 필요하다고 보았지만 프랑스가 원하는 만큼 서유럽동맹 역할 확대를 원하지는 않았다.

결국 미국과 영국의 입장이 더 크게 반영되는 선에서 유럽공동체의 공동외교안보정책 틀이 타결되었다. 유럽안보에서 NATO의 지속적인 핵심 역할이 인정되었고 서유럽동맹은 NATO의 유럽안보 기둥(European pillar of the alliance)으로서 보조적인 역할을 할 수 있다고 규정되었다. "유럽공동체의 안보와 방위정책은 NATO 내 유럽안보 기둥, NATO와의 보완성, 그리고 유럽의 공동방위 노력을 강화해야 한다"는[72] 문구는 유럽안보에서 NATO의 핵심역할을 잘 보여주고 있다. 서유럽동맹은 유럽공동체와 분리된 별도의 기구로 유럽이사회가 요구하면 공동안보(정책)를 짜고 정교화 할 수 있었으나 어디까지나 회원국 수반들이 합의해야 서유럽동맹에 이런 역할을 줄 수 있었다.[73]

제6절 이라크 침공과 '구유럽'과 '신유럽'[74]

미국은 2003년 3월 23일 영국 등 몇몇 동맹군과 함께 이라크를 전격 침공했다. 2002년 가을부터 이라크 정책을 두고 미국과 영국, 프랑스와 독일 등은 논란을 벌였으나 결국 무력사용을 허용하는 유엔의 2차 결의를 획득하지 못하고 미국 주도의 침공이라는 결과를 낳았다. 이 과정에서 과거 공산권에 속했던 중동부 유럽 10개국을 신규회원국으로 받아들인 유럽연합은[75] 친미와 반미로 나뉘어 극명하게 대립했다. 이라크 침공은 비록 거의 30년이 지난 후 발생한 국제문제이었지만 1973년의 '유럽의 해', 그리고 잇따른 중동전쟁에서 드러난 미국과 유럽의 갈등과 많은 점에서 흡사하다.

영국이 미국의 이라크 침공을 지지한 이유는 여러 가지가 있겠지만[76] 중요한 이유 중 하나가 미국과의 '특별한 관계'이다.[77] 당시 여당인 노동당 의원 가운데 1/4이 2차 유엔결의 없는 이라크 침공을 반대했다. 야당인 보수당이 찬성표를 던지지 않았더라면 이라크 침공안은 영국 하원을 통과하지 못했을 것이고 이럴 경우 토니 블레어(Tony Blair) 총리는 사임했을 것이다. 제2차 세계대전 후 여당 의원들이 소속당 총리의 정책에 이 정도 규모로 반기를 든 적은 없었다.[78]

제2차 세계대전 이후 영국 정치지도자들은 강대국으로 부상한 미국과 국제무대에서 함께 활동함으로써 '체중이상의 펀치를 날릴 수 있는(punch above its weight)' 특별한 관계를 외교정책의 기조로 삼았다. 4절에서 언급한 보수당의 에드워드 히스 총리를 제외하고 보수당이냐 노동당이냐를 불문하고 영국 총리들은 특별한 관계를 우선했다. 이런 측면에서 1963년 드골이 문제를 제기한 - 유럽과 미국이 갈등을 겪고 있을 때 영국은 누구를 지지하겠는가? - 질문은 수십 년이 흘렀지만 아직도 대답이 바뀌지 않았다.

반면에 프랑스는 전통적인 드골주의에 따라 미국의 일방주의를 비판하며 어떤 경우라도 이라크가 보유하고 있다는 추정되는 대량살상무기 제거를 위해 군사적 해결을 내용으로 하는 유엔의 2차결의안을 반대하겠다고 밝혔다. 프랑스는 이라크 침공이 표면적으로 국제법을 위반한다는 논리를 내세웠으나 이 문제로 반미의 선봉에 서서 유럽의 지도자로 부상하겠다는 야심을 지니고 있었다.[79] 결정적인 키를 지니고 있던 독일은 국내정치적 상황과 뿌리깊이 박힌 반전주의 전통에 따라 반미정책을 유지했다.

당시 사민당의 게르하르트 슈뢰더 총리는 총선에서 유리한 고지를 점령하기 위해 미국의 이라크 침공을 강력히 비판했다. 2002년 8월말 선거유세에서 슈뢰더는 "미국이 주도하는 이라크에 대한 군사모험에 결코 동참하지 않겠다"고 선언했다.[80] 그러나 당시 대다수의 독일인들이 유엔의 2차결의 없는 이라크 침공을 반대하고 있음을 감안할 때 슈뢰더의 반미주의를 단순히 총선에서 표를 얻기 위한 전술로만 분석할 수는 없다. 슈뢰더 총리 자신도 영국 BBC와의 인터뷰에서 "반미를 정치에 이용한 것은 맞다. 그러나 이런 이유 때문만 이라면 2002년 9월 총선에서 승리 후 이라크 정책을 변경했을 것"이라며 단순히 선거용으로 이라크정책을 이용한 것은 아님을 분명히 했다.[81]

폴란드와 체코 등 유럽연합 신규회원국들은 기본적으로 대서양주의를 외교정책의 기조로 삼고 있다. 이들은 소련의 압제에서 시달렸던 때를 떠올리며 정체성을 규정한다.[82] 경제적으로 독일이 중동부 유럽의 최대 투자자이고 역사적으로도 이 지역은 독일어권이다. 그러나 독일과의 좋지 않은 역사적 경험 때문에 현실적으로 독일의 역할을 인정하면서도 미국에 대해 호감을 지니고 있다.[83] 이런 외교정책의 기조를 지니고 있는 중동부 유럽이 미국의 입장을 적극 지지하게 된 것은 프랑스 자크 시라크(J. Chirac) 대통령의 거만함이 한몫했다. 2003년 2월 이라크 정책을 두고 분열을 봉합하려고 소집됐던 유럽이사회에서 시라크는 중동부 유럽의 일부 국가들 (당시 체코, 폴란드, 헝가리)이 미국의 이라크 정책에 대한 지지를 표명하기 전에 기존 국가들과 상의했어야 했다. "입 닥칠 기회를 잃었다"는 정상으로서는 아주 격한 표현을 써가며 프랑스 주도의 반미에 반대한 점을 나무랐다. 이렇게 되자 나머지 신규 회원국들도 리투아니아의 수도 빌니우스에 모여 미국의 이라크 정책을 지지하는 공동성명을 발표했다.[84] 이전의 친미성명서는 스페인의 주도로 영국, 이탈리아, 포르투갈, 덴마크의 '구유럽'과 '신유럽'의 체코, 폴란드, 헝가리만 발표했었다. 자크 시라크의 발언으로 친미성명서를 채택한 회원국이 늘어났다.

심각한 논란의 과정에서 유럽연합의 공동외교안보정책(CFSP)은 한계를 드러냈다.[85] 회원국들이 거부권을 행사할 수 있기 때문에 이들이 합의하지 않는 한 국제문제에 대해 한목소리를 내는 것은 불가능하다는 점을 여실히 보여주었다.

제7절 결론

이 글은 유럽통합 과정에서 회원국들과 미국 간의 주요 외교정책상의 논란을 유럽주의 대 대서양주의의 시각에서 역사적·정치적·통시적으로 분석함을 목표로 했다. 이런 분석을 통해 회원국 정책의 일관성, 대외정책에서 유럽공동체 정체성의 형성과 변화를 추적했다.

1963년 프랑스의 드골 대통령이 영국의 유럽경제공동체 가입을 일방적으로 거부하면서 프랑스 홀로의 유럽주의는 나머지 5개 회원국들의 대서양주의와 극심하게 대립했다. 당시 드골은 영국이 유럽경제공동체에 가입할 경우 프랑스가 행사하는 유럽공동체 지도력이 훼손되고 또 미국의 의도대로 공동체가 이끌려 갈 것을 우려했기 때문에 영국의 회원가입을 거절했다. 드골은 이어 곧바로 독일과 우호조약을 체결해 유럽주의의 강화를 꾀했다. 그러나 프랑스의 이런 정책은 베네룩스 3국뿐만 아니라 이탈리아, 우호조약의 당사자이었던 독일 내 일부 정파의 극심한 반대에 직면했다. 특히 독일의 경우 집권 기민당과 기사당의원들의 반대로 우호조약 서문에 이 조약이 영국의 공동체 가입을 거부하거나 미국과의 관계에 손상을 주지 않는다는 조항을 삽입한 후에야 하원에서 비준이 되었다. 독일 내 대서양주의자들의 입김이 많이 작용했다.

1973년 '유럽의 해'와 10월 발발한 중동전쟁의 대응을 거치면서 유럽공동체 회원국들은 미국과 극심하게 대립했다. 1963년 프랑스 주도의 홀로 반미와 달리 이번에 회원국들은 외교정책 조정메커니즘인 유럽정치협력을 통해 비교적 미국에 대해 어느 정도 조율된 입장을 표명했다. 프랑스뿐만 아니라 영국도 미국의 일방적인 이스라엘 편들기에 문제를 제기했다. 즉 미국의 일방주의를 비판하며 유럽공동체의 대외정책 정체성이 조금씩 형성되었다고 볼 수 있다.

1991년 경제통화동맹 및 정치동맹 형성을 위한 정부 간 회의에서도 유럽안보에서 미국의 역할을 두고 많은 논란이 있었다. NATO 회원국이 아닌 프랑스는 서유럽동맹을 유럽안보의 핵심기구로 만들려고 했으나 영국은 미국을 적극 지지, NATO가 유럽안보 나아가 대서양 안보의 핵심기구 역할을 유지해야 한다는 입장을 고수했다. 독일은 통합과정의 논리적 귀결로 프랑스의 반NATO 입장을 완화시키기 위해 회원국 간 안보협력 강화를 지지하면서 대서양 안보의 중심기구로 NATO를 원했다. 결국 대서양 안보의 핵심기구로 NATO의 역할을 그대로 인정하면서 서유럽동맹을 유럽안보의 역할을 수행하는 기구로 만든다는 선에서 타협이 되었다.

마지막 사례인 2003년 이라크 침략을 둘러싼 유럽연합 회원국 간의 분열은 공동외교안보정책의 한계를 여실히 보여주었다. 프랑스와 독일 주도의 '구유럽'은 미국과 영국 주도의 이라크 침공을 강력하게 비판했다. 영국의 토니 블레어 총리는 1970년대 보수당의 에드워드 히쓰 총리를 제외하고 가장 친유럽적인 총리라는 명성에도 불구하고 결국 결정적인 순간에는 미국의 정책을 지지하는 편으로 돌아섰다. 매우 중요한 외교정책에서 미국을 지지함으로써 블레어의 유럽통합정책은 한계를 드러냈다. 공동외교안보정책의 경우 회원국들이 아직도 거부권을 행사할 수 있기 때문에 전쟁이라는 극히 중요한 국제문제에 대해 회원국 간에 합의가 되지 않을 경우 공동외교안보정책은 아무런 효과를 발휘할 수 없다.

이글을 통해 유럽주의와 대서양주의가 유럽통합사를 관통하고 있음을 알 수 있다. 유럽주의와 대서양주의의 갈등은 비록 시대를 달리했지만 반복되었고 회원국들의 입장도 많은 경우 연속성을 보였다. 영국은 대개 대서양주의의 선봉에 서 있었으며 프랑스는 자주적인 유럽주의의 선봉장 이었다. 유럽연합의 공동외교안보정책(전신인 유럽정치협력)은 미국과의 정책갈등을 통해 발전된 경우가 많다. 이런 점에서 최소한 외교안보정책에서 미국은 유럽의 정체성 형성에 중요한 기여를 했다. 그러나 중요한 가치관을 공유한다는 측면에서 미국의 역할은 중요한 타자가 아닌 반면교사였다. 유럽연합이 때로는 모방해야 할, 때로는 배우지 말아야 할 역할을 수행한 나라가 미국이었다.

이런 유럽주의와 대서양주의의 갈등이 통합을 추진 중인 동북아에 주는 함의는 무엇일까? 동북아의 역사적 환경은 제2차 세계대전 이후의 유럽과 많은 점에서 다르다. 유럽통합 과정에서 매우 중요한 역할을 수행해온 미국은 유럽에서 다자주의를 선호했고 NATO라는 패권국가 주도의 군사동맹을 유지해 왔지만 동북아에서는 이런 기구가 없었다는 차이점을 우선 지적해야 한다. 냉전이 붕괴된 지 거의 20년이 가까이 되었지만 아직도 동북아의 경우 한반도를 비롯해 냉전의 잔재가 여전히 남아있다. 또 중국의 급부상과 일본의 대응 등으로 이 지역에서 정치공동체 형성은 매우 요원한 문제이다.[86] 중국이나 일본이 상대방을 가장 큰 적으로 여기고 있는 상황에서 상대국들의 상호신뢰도가 높아 전쟁이 불가능한 정치공동체(political community) 형성은 먼 이상일 뿐이다.[87]

동북아에서 미국의 역할, 중국과 일본의 상호 경쟁과 반목이라는 큰 틀은 이렇지만 약간의 변화는 일어나고 있다. 2008년 출범한 미국의 오바마(B. Obama) 정부는 다자주의를 외교정책의 기조로 선택했고 급부상하는 중국을 견제하기 위해 다양한 전략을 구사해왔다. 미국은 일본, 우리나라 등과의 양자 군사동맹을 강화하면서 2010년 동아시아정상회의(EAS: East Asia Summit)에도 처음으로 참여했다. 미국은 이 회의에 참여해 다자포럼에서도 중국을 견제하려는 셈법을 그대로 드러냈다. 미국의 '아시아 회귀'는 중국을 겨냥해서이다. 해마다 두 자릿수에 육박하는 경제성장률을 기록 중인 중국은 경제력을 바탕으로 군사력을 강화해왔고 국제무대에서도 이런 힘을 사용하는데 주저하지 않고 있다. 특히 2010년 남지나해(South China Sea)를 두고 싱가폴, 말레이시아 등 동남아시아국가연합(ASEAN, 아세안) 회원국들과 영토분쟁을 벌였고 일본과도 유사한 분쟁을 벌였다. 미국 일각에서 중국에 대한 강력한 봉쇄(containment)를 주장하는 목소리가 높아지는 이유도 중국의 이러한 공세적인 외교정책에서 찾아야 한다.

경제분야에서도 치앙마이이니시어티브(CMI: Chiang Mai Initiative)라는 양자 통화교환(bilateral swap) 협정이 출연액수도 커지고 다자화(CMIM: Chiang Mai Initiative Multilateralization)하는 성과가 있었다. 기존의 800억 달러에서 1200억 달러로 액수가 커졌고 중국과 일본이 동등 비율(32%로 각각 384억 달러)로 출자했고 우리나라는 20%(240억 달러)를 출연했다. 중국과 일본이 갈등을 겪고 있을 때 우리의 지지에 따라 결과가 변경될 수 있어 캐스팅 보트를 보유하게 되었다.[88] CMIM이 다자화될 수 있었던 것은 2008년 후반기 미국발 글로벌 금융위기가

아시아 등 다른 지역에 확산되면서 아시아 지역 내 대응을 촉진시켰기 때문이다.[89]

동북아와 유럽이 역사적, 정치적 배경이 매우 다르지만 동북아의 주요 국가인 우리나라와 중국, 일본 등이 좀 더 긴밀하게 협력을 강화할 수 있다면 이는 동북아, 나아가 세계안보에도 긍정적인 신호가 될 수 있다. 우리나라도 지난 노무현 정부 때 균형자(balancer) 역할이라는 현실을 무시한 수사에 치중한 외교정책을 추진했었다. 2008년 이명박 정부가 출범하면서 소원해진 미국과의 관계를 회복하고 중국과의 관계도 원만하게 유지해오고 있다. 이런 현실적인 외교정책에 기반해 동북아 통합을 접근하는 것이 바람직하다. 치앙마이이니시어티브 다자화 정책에 드러났듯이 우리나라는 중국과 일본의 반목과 경쟁을 중재할 수 있는 정책수단을 미약하나마 보유하게 되었다. 경제의 한정된 분야에만 국한된 이런 중재력을 여러 분야에서 갖출 수 있도록 외교적 역량을 키우는 것이 필요하다.

■ 참고문헌

김명섭. "서유럽 집단안보체제의 기원: 대서양주의와 범유럽주의 간의 갈등을 중심으로." 『국제정치논총』. 36집 2호(1996), pp. 45-47.

김승렬. "제2차 세계대전 이후 미국의 유럽통합정책: 유럽석탄철강공동체를 중심으로(1945-1951)." 『사총』. 55 (2002), pp. 140-176.

안병억. "차기 영국 총리는 고든 브라운?." 「주간동아」(2003/03/27), pp. 53-54.

안병억. "이라크 전쟁 말리는 시누이 프.독일 속셈."「주간동아」(2003/04/03), pp. 42-44.

이수형. "유럽연합(EU)의 공동외교안보정책(CFSP): 대서양주의자와 유럽주의자 논쟁을 중심으로." 『세계지역연구논총』. Vol. 14 (1996), pp. 79-100.

이선필. “영국의 유럽공동체 가입문제에 대한 이탈리아의 입장과 태도 (1955-1963).” 『유럽연구』 22 (2005년 여름), pp. 299-333.

이재원 (2003). “유럽의 문화질서.” 김계동, 김명섭, 박래식 (편). 『유럽질서의 이해: 구조적 변화와 지속』. 서울: 오름, 2003, pp. 337-379.

조한승. “동아시아정상회의(EAS) 개최와 아세안(ASEAN): 도약의 발판인가 트로이의 목마인가?.” 『국제지역연구』. 9/3 (2005), pp. 333-354.

진시원. “유럽의 정체성: 내외적 동인과 사회구성주의 이론을 중심으로.” 김계동, 김명섭, 박래식 (편). 『유럽질서의 이해: 구조적 변화와 지속』. 서울: 오름, 2003, pp. 43-101.

최진우. “영국과 이라크전쟁: 영미 특수관계와 블레어 총리의 리더십.” 『세계지역연구논총』. Vol. 24. No. 3 (2006), pp. 391-412.

황영주, 이승근. “초기 유럽통합과정과 냉전의 영향: NATO의 성립과 EDC의 실패를 중심으로.” 『대한정치학회보』. Vol. 13. No. 1 (2005), pp. 131-133.

한국경제. “한국, 아시아 공동기금서 발언권 세진다.” (2010/03/01).

Alastair Buchanan. “The Multilateral Force: A Study in Alliance Politics”. *International Affairs.* Vol. 40. No. 4 (1964), pp. 619-637.

Alexander Wendt, “Anarchy is What States Make of It: The Social Construction of Power Politics”. *International Organization.* Vol. 46. No. 1 (1992), pp. 394-419.

Alfred Grosser. “General de Gaulle and the Foreign Policy of the Fifth Republic”. *International Affairs.* Vol. 39. No. 2 (1963), pp. 198-213.

Alistari Blair. *Dealing with Europe: Britain and the Negotiation of the Maastricht Treaty.* Aldershot: Ashgate, 1999.

Andrew Moravcsik. *The Choice for Europe: Social Purpose and State Power From Messina to Maastricht.* Ithaca, New York: Cornell University Press, 1998.

Anthony D. Smith. “National Identity and the Idea of European Unity”. *International Affairs.* 68/1 (1992), pp. 55-76.

Anthony Forster. *Britain and the Maastricht Negotiations.* Macmillan: London,

1999.

A. W. Porte. *Europe Between the Superpowers: The Enduring Balance.* 2nd. Edition. New Haven: Yale University Press, 1996, pp. 232-233.

David Weigall and Peter Stirk. *The Origins and Development of the European Community.* London: Leicester University Press, 1992.

Derek W. Urwin. *The Community of Europe : A History of European Integration Since 1945,* 2nd Edition. Longman: London, 1995.

Desmond Dinan. *Ever Closer Union: An Introduction to European Integration,* 3rd. Edition. London: Lynne Rienner Publishers, 2005.

Dorothy Pickles. "The Decline of Gaullist Foreign Policy". *International Affairs.* 51/2 (1975), pp. 220-235.

D. Reynolds. "A 'special relationship'?: America, Britain and the International Order Since the Second World War". *International Affairs.* 62/1 (1985/86), pp. 1-20.

D. Reynolds. "Rethinking Anglo-American Relations". *International Affairs.* 65/1, pp. 35-58.

Ernst Haas. *The Uniting of Europe: Political, Social and Economic Forces, 1950-1957.* 2nd Edition. California: California University Press, 1967.

European Commission. Bulletin of the European Communities. 1973-12.

Franz C. Mayer and Jan Palmowski. "European Identities and the EU-The Ties that Bind the Peoples of Europe". *Journal of Common Market Studies.* 42/3 (2004), pp. 573-598.

Franz Josef Strauss. "An Alliance of Continents". *International Affairs.* Vol. 42. No. 2 (1965), pp. 191-203.

Gaddis. *The Cold War: A New History.* New York: Penguin, 2005.

Haig Simonian. *Privileged Partnership: Franco-German Relations in European Community.* Oxford: Clarendon Press, 1984.

Harold Macmillan. *At the End of the Day 1961-1963.* London: Thomson Newspaper, 1973.

Ian Bache and Stephen George. *Politics in the European Union.* Oxford: Oxford University Press, 2001.

J. Giauque. "The United States and The Political Union of Western Europe, 1958-1963". *Contemporary European History.* Vol. 9. No. 1 (2000), pp. 91-116.

John Baylis. *Anglo-American Defence Relations 1939-1984.* London: Macmillan, 1984.

John Halstead. "Atlantic Community or Continental Drift?". *Journal of European Integration.* Vol. 41. No. 1 (1993), p. 169.

Josef Joffe. "Europe's American Pacifier". *Foreign Policy.* No. 54 (1980), pp. 64-82.

Karl Deutsch. *Political Community and the North Atlantic Area.* Princeton: Princeton University Press, 1957.

Knopp Guido. *Die Kanzler: Die Mächtigen der Republik.* Munich: C. Bertelsmann, 1999.

L. Turner. "The European Community: Factors of Disintegration, Politics of Energy Crisis". *International Affairs.* 50/3 (1974), pp. 404-415.

R. A. Blasius, R. Lindemann and I. Pautsch. *Akten zur Auswärtigen Politik Deutschland 1963, Band I.* Munich: R. Oldenburg, 1994.

R. Tomkys. "European Political Cooperation and the Middle East: a Personal Perspective". *International Affairs.* 63/3 (1987), pp. 425-437.

Schake, Kori, "NATO after the Cold War, 1991-1995: Institutional Competition and the Collapse of the French Alternative". *Contemporary European History.* Vol. 7. No. 3 (1998), pp. 379-407.

Simon Nuttall. *European Political Cooperation.* Oxford: Clarendon Press, 1992.

Stanley Hoffmann. "De Gaulle , Europe, and the Atlantic Alliance". *International Organization.* Vol. 18. No. 1 (winter 1964), pp. 12-13.

Stephen Artner. "The Middle East: A Chance for Europe?". *International Affairs.* 56/3 (1980), pp. 420-442.

S. George. *An Awkward Partner: Britain in the European Community*. Oxford: Oxford University Press, 1998.

Thomas Pedersen. *Germany, France and the Integration of Europe: A Realist Interpretation*. London: Pinters, 1998.

Timothy Garton Ash. *In Europe's Name: Germany and the Divided Continent*. New York: Random House, 1994.

제2장

전략문화의 다양성과 통합: 유럽전략문화의 모색

온대원

제1절 서론

1992년 12월 마스트리히트 조약에 의해 공동외교안보정책(CFSP)이 유럽연합 체제를 지탱하는 두 번째 지주(Second Pillar)로 도입된 이래 지난 20여 년간 이 분야에서 커다란 진전이 이루어졌다.[90] 특히 1990년대 말 회원국 정상들의 합의로 유럽연합이 독자적인 군사력을 확보하여 국제위기를 해결하고 국제질서 유지를 위한 일정정도의 안보역할을 수행하기로 결정한 이래 이 분야에서는 괄목할만한 변화가 발생했다. 유럽안보방위정책(ESDP: European Security and Defence Policy)이 유럽연합의 공식제도로 자리 잡았고 2003년에 최초로 구유고 지역에서 군사적인 평화유지활동을 수행했고 이후 전 세계 각 지역에서 20여개 정도의 군사적, 비군사적 작전을 전개해오고 있다.[91] 그러나 이러한 변화에도 불구하고 외교안보방위 분야는 유럽연합의 제반 정책영역 중 국가 간 협력과 정책통합의 수준이 가장 낮은 상태에 머물러있는 것 또한 사실이다.

이 분야에서 회원국 간 협력과 통합의 수준이 낮은 것은 여러 가지 이유로 설명될 수 있을 것이다. 그중 가장 유력한 견해는 국제질서의 본질적인 무정부성과 국가주권의 절대성, 그리고 국가안보 및 국가이익 개념의 중심성을 강조하는 현실주의 이론에 의해 제시되고 있다.[92] 실제로 지난 수세기간 유럽에서의 크고 작은 분쟁과 전쟁, 특히 20세기 전반기에 유럽 국가들 간에 발발한 두 차례의 세계대전의 경험을 돌이켜 볼 때 외교안보방위 분야에서의 회원국간 긴밀한 협력과 유럽연합차원에서의 정책통합에 조심스럽고 소극적인 것은 매우 당연한 일로 보인다.

또한 프랑스와 영국, 독일을 비롯한 상당수의 주요 국가들은 근대 이후 유럽 국제질서의 성격을 규정한 '유럽강대국체제(European great power system)'의 경험으로부터 자유롭지 못하며 상호간의 관계를 포함한 대외정책 전반에 국가안보와 국가이익을 근간으로 하는 현실주의에 입각한 안보인식과 방법론을 채택해오고 있는 것도 또한 사실이다.[93] 이러한 견지에서 상당수의 전문가와 학자들은 유럽연합 내에서의 국가 간의 협력, 특히 외교안보방위정책에서의 협력은 기본적으로 정부간주의 방식에 의지할 수밖에 없으며, 이 분야에서의 정책적 협력은 오직 안보와 각종 이익을 효과적으로 방어하고 확장하기 위한 전략적 행동의 수단적 도구에 불과하다는 견해를 제시하고 있다.[94]

그러나 현실주의자들의 주장과는 달리 유럽의 국가들은 2차 세계대전 이후 새로운 국가 간 질서를 구축했다. 이 지역에서의 국가 간 질서는 전통적인 의미의 무정부적 국제체제와는 명확한 차별성을 보이고 있다. 유럽공동체를 중심으로 50년간 진행된 제반 분야에서의 통합으로 인하여 전통적인 의미의 국가 간 국경은 이미 사라졌고 높은 제도적 수준을 달성함에 따라 초국가적인 제도와 기구에 의해 정책결정이 안정적으로 이루어지고 있다. 화폐금융정책, 재정정책, 조세정책 등 국가의 핵심주권이 걸린 사안들에 있어서도 국가 간 협력을 뛰어넘는 수준의 정책통합이 달성된 것으로 평가된다. 그럼에도 불구하고 동시에 정치통합과 외교안보방위 분야에서의 통합에 대해서는 아직도 낙관론

이 대세를 이루지 못하고 있는 것도 또한 사실이다.

50년 이상 회원국 간의 관계에 평화와 안정이 깊숙이 뿌리를 내렸고 공동체의 심화와 확대가 되돌릴 수 없는 단계에 도달했음에도 대다수의 회원국들은 아직도 외교안보방위정책에 대해 매우 조심스럽고 유보적인 태도를 견지하고 있다. 지난 2003년 이라크 전쟁과 미국에 대한 입장을 둘러싸고 발생했던 회원국 간 극심한 갈등과 분열양상에서 드러났듯이 대외정책과 관련한 회원국들의 입장과 이해관계는 상당 부분 상호 대립적인 모습을 보이고 있다.[95] 최근 일련의 학자들은 유럽 국가들에 깊숙이 뿌리내리고 있는 민족주의와 그에 입각한 전략문화의 전통이 외교안보방위정책 통합을 저해하는 가장 근원적이며 강력한 저해요인이라 간주하고 있다. 이러한 관점에서 유럽 내 상당수의 학자와 정책결정자들은 이 분야에서의 정책통합을 촉진하고 유럽연합의 국제적 역할과 책무를 더욱 효과적으로 수행하기 위해서 유럽연합 수준에서의 공동의 전략문화를 육성해야 한다는 주장을 개진해왔다.[96] '전략문화'는 국가 또는 다른 형태의 정치공동체에 속한 구성원들이 대내외적 안보환경의 성격을 규정하고, 공동체의 기본적인 가치와 목표를 설정하며, 대외정책의 방향과 방법을 선택함에 있어서 상호 공유, 또는 합의된 전략적 사고와 행위의 체계로 이해된다.

27개의 유럽연합 회원국들은 각자 오랜 기간 민족국가의 전통 속에서 배태되고 발전된 상호 이질적이고 배타적인 전략문화를 보유하고 있으며 이러한 다수의 독자적인 전략문화의 존재는 유럽연합 수준에서의 공동의 외교안보방위정책의 수립을 저해하는 것으로 이해된다. 지난 몇 년간 유럽 내에서는 외교안보방위 분야에서의 회원국 간 정책통합을 촉진하고 유럽연합의 안보역할을 증대하기 위해 유럽전략문화를 창출해야 할 필요성에 대한 공감대가 확산되어왔다. 이 연구는 외교안보방위 분야에서의 유럽국가간 갈등과 통합의 핵심요소 중 하나로 전략문화에 주안점을 두고 유럽전략문화의 형성가능성과 그 의미를 살펴보고자 한다. 먼저 현재 진행되고 있는 '유럽전략문화' 논의의 배경을 돌아보고 전략문화의 개념적, 방법론적 측면들을 고찰할 것이다. 다음으로는 유럽전략문화의 형성조건과 전개방향, 그리고 대외정책에 미칠 효과를 분석할 것이다. 마지막으로 유럽전략문화가 향후 공동외교안보정책의 발전과 유럽연합의 국제안보 내 역할 모색에 갖는 함의를 고찰하고자 한다.

제2절 유럽전략문화 논의의 배경

최근에 진행되고 있는 유럽전략문화에 대한 논의의 기원은 2003년 12월 테살로니키 유럽이사회(European Council)에서 유럽정상들에 의해 정식으로 채택된 유럽안보전략(ESS)으로 거슬러 올라간다.[97] 유럽안보전략의 초안과 최종안은 하비에르 솔라나 (J. Solana) 공동외교안보정책 고위대표(High Representative for CFSP)에 의해 작성됐다. 유럽안보전략은 2002년 미국의 부시행정부가 발표한 일방주의적인 대외정책 교리를 표방한 국가안보전략(USNSS: US National Security Strategy)에 대응하여 2000년대 초 유럽연합이 처한 안보상황과 위협환경에 대한 독자적인 인식을 바탕으로 새로이 전개될 국제안보환경에서 유럽의 안보이익 추구와 바람직한 국제질서 형성을 위한 전략적 가이드라인을 제시했다.[98]

비록 미국의 국가안보전략과 같이 정교하고 체계적인 정책교리와 가이드라인을 보여주지는 못했지만 유럽안보전략은 유럽연합 수준에서 회원국들의 합의에 의해 작성된 최초의 공식 전략개념으로서 국제정치적 행위자로서의 유럽연합의 정체성과 역할, 그리고 대외정책의 커다란 방향을 명확히 언급했다는 점에서 매우 중요한 의미를 갖는다.[99] 솔라나는 유럽안보전략의 성공적인 수행을 위해서, 특히 국제분쟁 해결과 바람직한 국제질서를 위해 필요할 경우 군사력의 사용을 포함한 각종 정책수단과 자원을 활용하여 신속하고 강력한 개입을 해야 하며 그를 위해서는 유럽연합 수준에서의 새로운 전략문화를 발전시켜야 한다고 주장했다.[100]

유럽전략문화의 필요성에 이러한 언급은 당시 대미정책과 이라크전쟁 등 일련의 대외정책 현안을 둘러싸고 유럽연합 내에서 야기된 심각한 갈등 및 분열양상과 긴밀히 관련되어 있었다.[101] 주지하다시피 1990년대 중반 이래 유럽연합 회원국들은 여러 가지 불가피한 이유로 대외정책에서의 오랜 국가주의적 금기를 깨고 유럽연합 수준에서의 국가 간 협력과 정책통합을 지향하는 방향으로 움직이지 않을 수 없었다. 발칸반도에서의 계속되는 위기 속에서 1998년 12월 영-불 정상 간 생-말로 회담을 계기로 유럽 국가들은 독자적인 안보능력을 확보하는 쪽으로 방향을 정했고 유럽연합은 이후 국제영역에서 제한되기는 하지만 점차 가시적인 안보역할을 수행하기 위한 있는 법적, 제도적, 물질적 토대를 구축하려 시도했다.[102]

그러나 유럽연합은 국제분쟁 개입에 필요한 적절한 수준의 군사적, 비군사적 능력을 결여했고 그러한 개입을 뒷받침할 수 있는 유럽차원에서의 정치적 의지와 유럽시민들의 정치적지지 또한 매우 낮은 수준에 머물렀다. 유럽연합의 집행부에 의하면 유럽안보전략의 성공적인 수행은 그에 필요한 물질적 조건뿐 아니라 유럽연합 시민들 간에 외교안보방위정책의 목적과 수단에 관련된 충분히 공유될 수 있는 규범과 확신, 그리고 아이디어의 존재가 필수적이라 간주되었다.[103] 유럽안보전략에서 언급된 초기적인 형태의 유럽전략문화의 개념은 협의적인 의미에서 "특정형태의 유럽안보방위정책의 수행을 가능케 하는 유럽인들 간의 공동의 심적 경향 또는 태도"를 의미했다.[104] 비슷한 시각에서 코니쉬와 에드워즈는 전략문화를 "국제적 행위자로서 유럽연합의 정당성에 대한 일반적 인식과 더불어 정당하고 효과적인 정책도구의 일환으로, 군사력을 관리하고 운용하는 제도적 확신과 과정"이라고 정의한다.[105]

유럽전략문화는 외교안보방위 분야에서의 공동의 목표와 가치, 규범, 그리고 행동방식이 부재한 속에서 유럽연합이 대외정책을 효과적으로 수립하고 국제영역 내에서 중심적인 행위자로 기능하기 위한 불가결한 요소로 간주된다. 앞에서도 언급한대로 유럽연합은 공동외교안보정책을 공동체 방식이 아닌 정부간주의 방식으로 운영해오고 있으며 그에 따라 회원국들의 이해관계가 일치되지 않는 대부분의 주요 사안에 대해 효과적으로 대응하는 것이 매우 어려운 상황이다. 특히 안보방위정책의 통합에 대해서 회원국들 간의 인식의 괴리가 너무 크고 그에 찬성하는 국가들조차도 일정수준의 협력을 상회하는 구체적인 통합방안에 대해 전반적으로 유보적이거나 애매한 태도를 견지하는 경향이 있다. 유럽연합에 의한 국제안보역할 강화 및 효과적인 무력사용을 위해서는 현재의 제도와 의사결정 방식의 전면적인 개혁과 더불어 유럽연합 수준에서의 공동의 규범, 아이디어, 행위방식이 필수적이다. 이것은 국가별로 매우 상이한 전략문화, 특히 안보적 규범과 인식에서의 상당한 정도의 수렴이 요구된다는 것을 의미한다.[106]

현재의 정부간주의에 바탕을 둔 공동외교안보정책과 유럽안보방위정책 분야의 의사결정체계는 27개 회원국 모두가 비토권을 보유하고 있고 따라서 유럽연합 수준에서의 공동행동을 위해서는 만장일치가 요구된다. 일반적인 수준에서 대다수의 국가들은 유럽연합이 내세우는 공동체의 기본적 가치와 규범, 방식에 대해 동의하고 지지를 표명하는 모습을 보이고 있다. 그러나 특정사안에 대한 공동정책을 결정함에 있어서 어떤 목표를 설정하고 그를 달성하기 위해 어떤 종류의 정책수단을 어떤 방식으로 사용할 것인가 등의 구체적인 사항을 결정할 시 국가 간 합의는 그다지 쉬운 일이 아니다. 유럽연합은 기본적으로 매우 다양하고 이질적인 국가들의 조합이다. 이들 국가들은 정치적으로, 역사/문화적으로, 종교, 경제적으로, 지정학적으로 매우 상이한 양상을 보이고 있다. 냉전기간을 통하여 동유럽 국가들은 서유럽 국가들과는 이질적인 정치체제와 사회문화를 유지해왔고 그것은 이들 국가와 사회의 가치와 규범, 그리고 행위방식에 아직도 상당히 커다란 작용을 하고 있다.

1980년대 각국 내 공산주의 정권이 붕괴된 이후 20년이 흘렀고 이들 국가들은 매우 복잡하면서도 본질적인 변화를 겪었지만 아직도 상당부분 과거의 권위적이고 사회주의적인 유산으로부터 완전히 자유롭지 못하다. 일반적으로 동유럽 국가들은 자유와 인권, 복지 등 유럽연합이 추구하는 기본적인 가치와 규범에 대한 인식 및 행위방식에서 서유럽 국가들과는 상당한 차이를 보이고 있다. 특히 20세기 말까지 주변 강대국들에 의해 지배받아온 이들 국가들의 특수한 지정학적 조건과 역사적 경험은 외교안보방위 분야에서 서유럽 국가들과는 명확히 구별되는 인식체계와 행위방식을 선택하도록 요구해왔다. 서유럽 국가들의 경우에 있어서도 각자의 역사적 경험과 지정학적 조건, 그리고 대외관계의 특수성 등 다양한 요인으로 인해 여러 가지 측면에서 안보 및 전략문제와 관련하여 서로 상이한 인식과 정향을 드러내고 있다.

전략문화가 공동외교안보정책과 유럽안보방위정책에서 어떤 역할을 하고 있고 이 분야의 정책결정에 영향을 미치는 하나의 독립변수로 간주될 수 있는가에 대해서는 다양한 견해가 존재한다.[107] 그럼에도 불구하고 전략문화는 유럽연합 수준에서 회원국 간에 공동의 의사결정에 내재되어 있는 복잡성과 문제점의 상당부분을 일관성 있고 포괄적으로 설명해주고 있는 것 또한 사실이다.[108] 예를 들면 프랑스의 외교정책을 이해함에 있어서 부르봉 왕조와 나폴레옹 제국의 위대성을 구현하려는 경향은 흔히 유럽연합 내 프랑스의 리더십과 아프리카 등 국제영역에서의 프랑스의 대외정책을 설명하는데 유용한 틀을 제공하는 것으로 간주된다. 근대 이후 영국과 독일 등 인접 강대국들과의 라이벌 관계와 전쟁의 경험은 프랑스로 하여금 유럽연합 내 공동정책의 강화를 통하여 이들 국가의 독자적 행동을 제약하려는 전략을 취하게 하는 것으로 이해된다.

이러한 측면에서 가프니(J. Gaffney)가 언급하는 바와 같이 프랑스의 대외정책에는 복잡하고 모순된 측면이 존재한다. 즉 프랑스는 자국의 유럽연합정책이 자국의 국가목표와 이익에 초점을 맞춘 강한 민족주의적 경향을 갖는 동시에 다른 나라의 민족주의, 특히 독일의 민족주의의 발현을 억제하는 수단으로 유럽연합을 매개로 한 초국가주의, 또는 공동체주의를 주창한다는 점이다.[109] 다른 많은 경우에 있어서도 지정학적 조건과 과거 역사에서의 교훈은 개별 국가의 전략문화와 대외정책의 방향에 큰 영향을 미치고 있는 것으로 평가된다. 독일의 경우 1-2차 세계대전에서의 패배와 냉전기의 분단의 역사, 다른 나라들에 의한 견제 등의 요소는 매우 규범적이고 신중한 전략문화와 대외정책으로 이어진 것으로 볼 수 있다. 이러한 측면이 냉전 이후 새롭게 전개된 국제정치적 환경 속에서도 독일이 기존의 유럽연합의 틀 내에서 다른 회원국들과의 공조를 중시하는 기존의 정책기조를 앞으로도 계속 유지하게 할 것으로 보인다.[110] 지리적, 안보적, 정치적 이유 등 다양한 이유로 미국과의 긴밀한 관계를 선호하고 대서양주의를 표방하는 영국과 일부 동유럽 국가들의 경우에도 전략문화가 중요한 역할을 하고 있는 것으로 사료된다. 예를 들면 영국은 1998년 생-말로 선언 이후 유럽의 독자적인 군사능력 확보에 찬성하는 쪽으로 선회했지만 대영제국의 후광과 미국과의 대서양동맹에 커다란 중요성을 부여해온 그 나라의 전략문화를 고려할 때 앞으로도 단기간 내에 그리 큰 변화가 있을 것으로 보이지 않는다.

이들 사례가 시사하듯이 유럽연합 내에는 다양한 전략문화가 혼재되어 있으며 이들 개별적인 전략문화들은 상호 대립적이거나 모순적인 요소들을 상당부분 갖고 있다. 개별 회원국의 전략문화는 오랜 기간 동안 지속성을 유지되어 왔고 정책결정자와 일반국민 사이에 공유되고 있는 가치와 규범, 그리고 민족국가를 중심으로 하는 국가적 정체성에 바탕을 두고 있다. 그러나 이들 전략문화는 어느 정도의 가변성을 갖고 있는 것으로 보인다. 대다수의 유럽 국가들은 정치적, 경제적, 사회문화적으로 복잡하고 다양한 요소들을 포함하고 있으며 전략문화 또한 일원적이고 고정불변한 것이 아니라 그를 구성하는 다양한 요소들의 변화양상 및 상호작용에 의해 영향을 받을 수도 있을 것이다. 즉 한 국가의 전략문화는 대내적인 정치적 상황, 대외안보환경의 변화, 지도자의 성향 등 다양한 요인에 의해 영향을 받고 변화될 수 있는 것이다. 전략문화는 일반적으로 특정 정치공동체의 구성원들이 오랜 기간 동안 외부세력과의 치열한 상호작용 속에서 공동운명체로서의 자각심과 정서적 연대를 기반으로 형성된 민족적 정체성과 깊은 관련을 갖는 것으로 간주된다. 이것은 사실이다.

그러나 저자의 견해에 의하면 전략문화는 특정 정치공동체의 지정학적, 역사적 조건 이외에도 다른 많은 조건에 의해 영향을 받으며 드물게는 특정 상황에서 단기간에도 커다란 변화가 발생할 수 있는 것으로 사료된다. 예를 들면 외부로부터 공동의 위협에 직면하거나 위기상황 속에서 지도부가 공동체 구성원들의 합의를 성공적으로 도출한 경우 대외정책을 일관되고 효과적으로 수립하고 집행하기 위한 공동체의 새로운 전략문화가 창출될 수 있다고 보인다. 그러나 유럽연합의 경우 지난 50여 년간 평화적이고 다원적인 가치와 규범을 바탕으로 국제영역 내 규범권력으로서의 역할을 일관되게 견지해왔다. 그렇다면 유럽연합은 현재와 같은 전반적으로 평온한 국제안보환경에서 과연 새로운 전략문화를 창출하고 그를 바탕으로 국제영역 내 새로운 안보행위자로 등장할 수 있을 것인가? 유럽전략문화 형성의 조건은 무엇이며 또한 그것이 짧은 기간 내에 인위적으로 창출될 수 있을 것인가?

제3절 전략문화의 형성과 발전: 이론적 측면

전략문화에 대한 연구는 상당한 전통을 갖고 있다. 전략문화론자들은 흔히 특정지역이나 국가, 안보기구, 정치적 집단 등의 안보인식과 대외정책의 행태를 설명함에 있어서 해당 정책결정자 집단이나 공동체의 일반구성원들이 공유하고 있는 전략문화를 통해 대외정책의 연속성과 변화를 일관되고 설득력 있게 설명할 수 있다고 주장한다. 이들은 더 나아가 국가들이 왜 특정시점에 특정정책을 선택하는가를 설득력 있게 설명할 수 있는 분석틀을 제공할 수도 있다고 주장한다.[111]

전략문화에 대한 연구는 1970년대 이후 본격화되었는데 존스톤(A. I. Johnston)은 전략문화 연구자들을 삼단계의 세대로 분류했다.[112] 그에 의하면 스나이더(J. L. Snyder)는 첫 번째 세대의 대표적인 학자이다. 스나이더는 1977년 발간된 저서에서 전략문화를 "국가의 전략공동체 구성원들이 공유하는 아이디어와 상황에 대한 감정적 대응, 그리고 습관적인 행위방식 등의 총합"이라고 규정한다.[113] 그는 1960년대 이래 비교정치 영역에서 진행된 정치문화 논의를 안보연구에 도입하려 시도했다. 스나이더는 엘리트가 광범위한 공공여론을 반영하여 안보-군사업무 분야에서의 전략문화를 규정하는데 그것은 다시 특유한 전략적 사고로 사회화된다고 언급했다. 소련 핵전략의 경우 이러한 사회화 과정을 통해서 일련의 일반적인 확신, 태도, 그리고 행위패턴이 생겨났고 그것은 다시 반영구적인 지속성을 획득했다. 이러한 항구성은 엘리트의 인식과 행위를 단지 정책수준이 아닌 문화의 수준으로 격상시켰다.[114] 스나이더의 연구는 이후 안보연구에 있어서 상당한 반향과 논란을 불러일으켰고 일부 학자들은 전략문화를 하나의 독립변수로 간주하기 시작했다. 부쓰(K. Booth)는 1979년에 발간된 저서에서 핵전략과 초강대국 관계의 관념적 토대에 대한 연구를 선보였다.[115]

또 다른 대표적인 제1세대 학자로 간주되는 그레이(C. S. Gray)는 전략문화를 "국가의 역사적 경험에 대한 인식과 국가수준에서의 책임 있는 행위에 대한 열망으로부터 생겨나는 무력사용에 대한 생각과 행동의 방식"으로 간주한다.[116] 그는 1981년 논문에서 소련과 미국 같은 강대국들의 경우 각자 역사적 경험에 깊숙하게 뿌리를 내린 특징적인 국가스타일이 존재하며 그것은 이들 국가의 전략발전의 성격을 결정한다고 주장했다. 스나이더와 마찬가지로 그레이는 전략문화는 매우 오래 지속되는 속성을 갖고 있으며 해당 국가의 안보정책에 반영구적인 영향력을 행사한다고 설명했다.[117] 존스(D. R. Jones)도 비슷한 견해를 제시했는데 그는 세 가지 수준의 전략문화에의 투입(inputs)을 언급했다. 그것은 (1) 지리, 인종-문화적 성격과 역사 등으로 구성된 거시환경 수준, (2) 사회적, 경제적, 정치적 구조로 구성된 사회적 수준, (3) 군사제도와 민군관계로 구성되는 미시적 수준이다.[118] 이들 요소에 의해 형성된 전략문화는 대전략에서부터 군사작전의 수준까지 광범위한 영역에 대해 영향을 미치는 것으로 간주된다.

'제1세대' 전략문화론자들이 핵전략과 무력사용을 중심으로 한 전략문화 연구에 치중했다면 '제2세대'는 제1세대의 결정론적인 시각을 벗어나려는 경향을 보였다. 1980년대 중반 이후 등장한 이 그룹의 학자들은 전략문화에 대해 기존과는 상이한 견해를 제시했는데 그들은 문화적 제약요인에 대하여 주안점을 두기보다는 전략문화가 어떻게 전략교리를 합리화시키기 위한 추론적인 도구로 사용되는가에 더 큰 관심을 기울였다. 즉 그들은 정책결정자들의 말과 행동, 또는 공식교리와 실제교리 사이의 차이점을 중시하며 정치엘리트들은 문화의 한계를 뛰어넘을 수 있다고 주장했다.[119]

예를 들면 클라인(B. S. Klein)은 전략문화가 전략적 정책결정에서 정치적 패권의 도구로써 폭력 및 추정상의 적에 대한 국가의 정당한 폭력 사용을 위한 폭넓은 방침들을 확립한다고 주장했다.[120] 미국 핵전략을 사례로 한 그의 연구에 의하면 미국은 공표된 핵전략과 실제 핵무기정책은 괴리를 보였는데 그 괴리는 미국의 패권유지에 대한 강한 집착과 긴밀히 관련되어 있었다. 즉 미국은 외면상으로는 도덕적이고 규범적인 가치에 입각한 핵억지전략을 주창했지만 전략적 이해관계에 대한 합리적 판단을 근거로 실제 무기개발정책의 방향과 전술교리는 소련의 핵전략과 유사하게 적의 군사력에 대한 타격능력(counterforce)을 중시하는 쪽으로 발전되었다는 것이다.[121] 존스톤이 주장하는 바와 같이 클라인으로 대표되는 제2세대 학자들은 수단으로써의 전략문화의 역할과 기능에 중점을 두고 있으며 그로 인해 전략문화라는 상징적 담론과 행위 사이의 관계를 설정하는데 문제에 봉착했다. 즉 전략문화가 특정 행위를 유발한 독립변수가 될 수 있는가의 여부와 함께 정책결정자가 전략문화를 특정 목표추구를 위한 도구로 활용한다면 그러한 행위를 유발한 독립변수 혹은 개입변수를 어디에서 찾아야 할지의 문제이다. 과연 정책결정자들은 전략을 수립하는데 있어 사회적 분위기나 합의, 또는 문화적 전통으로부터 자유스러울 수 있는지, 또 군사력 운용 수준에서의 국가 간 차이점에 대해서는 어떻게 설명할 수 있는지에 대해 그리 명료하지 못한 것으로 보인다.[122]

1990년대 냉전의 종료와 함께 이전 두 초강대국의 핵전략을 중심으로 전개되었던 전략문화에 대한 연구는 일시적으로 침체기를 맞게 된다. 그러나 이 시기 국제관계학에서의 구성주의의 등장과 안보연구에서의 문화적 해석의 효용성에 대한 논의가 활발해짐에 따라 전략문화, 국내적 구조, 조직문화 등의 대한 연구에 커다란 진전이 이루어졌다. 대표적인 구성주의자인 웬트(A. Wendt)는 국가정체성과 국가이익은 의식이 개재된 행위에 의해 사회적으로 구성된 것이라는 견해를 피력했다.[123] 구성주의는 국가행위나 더 나아가 국제관계에 대한 규범, 문화, 정체성, 아이디어 등 물질적 세계에 의미를 주는 "상호주관적 구조" (inter-subjective structures)의 중요성을 중시한다.[124] 이 그룹에 속한 학자들은 정체성형성과 조직과정, 역사, 전통, 그리고 문화 등과의 연계성에 주안점을 두고 있다. 예를 들어 허드슨에 따르면 구성주의는 "인식, 의사소통, 행동을 제어하는 공유된 의미의 진화하는 체계"로 단기적 및 장기적으로 행동을 규정하며, "행동시점에 있어서 상황을 정의하고, 동기를 드러내며, 성공을 위한 전략을 수립하는 원리들을 제공한다."[125]

구성주의자들은 일반적으로 체제 수준에서의 사회적 구조, 특히 국제안보에서의 규범의 역할에 주안점을 둔다.[126] 규범은 "행위자와 그들의 상황, 그리고 행동의 가능성들을 규정하는 사회적 및 자연적 세계에 대한 상호주관적 신념"으로 규정된다.[127] 국제안보에 대한 구성주의자들의 연구는 국제관계의 주류 사조인 신현실주의적 가정과 이론의 적실성에 직접적인 도전을 제기하는 한편 전략문화에 대한 논의에 커다란 활력을 제공했다.[128]

1990년대를 통하여 제3세대로 분류되는 일련의 그룹이 등장했다.[129] 존스톤은 스스로를 제3세대 학자의 대표주자로 간주하며, 전략문화 연구를 위한 엄밀한 과학적 접근방법을 주창했다. 그는 전략문화를 '행위선택을 제약하는 관념적 환경(ideational milieu)'이며, 이 환경은 '개인이나 집단이 자신과 자신이 속한 사회적, 조직적, 또는 정치적 주변환경과의 관계에 대한 관념에 질서를 부여하는 공유된 가정과 의사결정의 규칙이다'라고 규정했다.[130] 그는 전략문화의 연구에 있어서 군사적 영향력이나 '대전략(grand strategy)' 교리의 중요성을 강조했다.[131] 전략문화의 패러다임은 적대세력과 위협을 제기하는 환경과 그를 제거하거나 극복함에 있어서 무력사용의 효과와 효능에 대한 기대감, 또는 믿음과 긴밀히 연관되어 있는 것으로 간주된다. 존스톤은 문화와 행위를 분리시키고 전자를 독립변수, 후자를 종속변수로 설정했다. 그에 따르면 전략문화는 "분석의 대상에 관계없이 일관되고 시간적으로 항구성을 갖는 전략적 선호의 제한되고 위계화 된 세트"로 이해되며 따라서 전략문화는 실증주의적 관점에서 볼 때 입증이 가능한 이론으로 파악될 수 있다.[132] 만일 이러한 선호나 위계화에 일관성이 없을 경우 전략문화가 어느 특정 시점에 존재한다고 주장될 수 없을 것이며, 반대로 전략문화가 존재하지 않는다면 이러한 선호나 위계화 또한 존재할 수 없을 것이다.[133]

카젠스틴(P. J. Katzenstein)은 일본 외교정책 분석을 위해 새로이 사회학적 기법을 시도했는데, 그는 문화/제도적 측면과 국가정체성 측면 등 그의 기존의 이론에 기반을 두고 정치 및 군사문화에 대한 해석을 시도했다. 대부분의 전략문화 전문가와 같이 카잔스틴은 대외정책에서의 의사결정은 텅 빈 공간에서 합리적인 판단에 의해 자동적으로 행해지는 것이 아니고 해당국가의 전통, 믿음, 성향, 정체성 등이 반영된 전략문화에 의해 영향을 받는다는 견해를 피력했다.[134] 문화는 위기시의 경험 및 과거 축적된 경험에 의해 크게 영향을 받는다. 변화는 일반적으로 매우 완만히 진행되며 핵심 가치가 무너지지 않을 경우 대부분 부분적인 조정의 형태를 보인다. 믿음, 감정, 두려움, 목표, 야망 등은 전략문화의 불가시적인 측면이며 동시에 핵심가치로 간주된다. 이러한 측면이 정책결정자와 일반 국민 사이에 어느 정도의 깊이와 폭으로 공유되어 있는가에 따라 한 나라의 전략문화의 일관성과 통일성의 정도가 결정된다.

롱허스트(K. Longhurst)는 전략문화를 "독특하고 오랜 역사적 과정을 통해 시간이 흐름에 따라 점차적으로 집단에 의해 수용되고 생겨나 무력사용과 관련된 독특한 신념과 태도, 그리고 관습의 체계"라 규정한다.[135] 따라서 전략문화는 비록 영속하거나 정태적인 것은 아니라도 장시간에 걸쳐 존속하고 그 독특한 성질을 유지하게 된다. 그녀에 의하면 전략문화의 가치는 국가 안보정책의 구상과 실행에 있어서 집단적인 인식과 가치는 매우 중요한 요소이다. 전략문화의 구성요소에 대해 롱허스트는 세 가지 요소를 제시하는데, 그것은 기초적 요소

(foundational elements), 규정화된 관습(regulatory practices), 그리고 안보 정책 관점(security policy standpoints)이다.[136]

각 세대의 학자들은 몇몇 주요 이슈들에 대해 문제를 제기하며 각각의 해법을 제시했다. 제3세대의 학자들은 제1세대 학자들이 흔히 보이는 결정론적 성향과 국가유형화의 함정을 경계했다. 이들에게 문화는 정책결정자들의 옵션을 제약하는 역할을 하며 상이한 선택의 외양과 효용을 변환시키는 '렌즈'와 같은 작용을 한다.[137] 존스톤은 제1세대 이론에 대하여 주로 두 가지 측면에서 비판을 제기했는데, 문화를 하나의 변수로 분리시키는데 필요한 좀더 엄밀한 정의를 내리지 못했다는 것과 행위를 개념규정에 포함함으로써 문화와 행위 간 결정론적 관계를 설정함으로써 적절한 인과적 연계관계를 규명할 수 없게 되었다는 것이다.[138] 문화와 행위와의 관계에 대한 논쟁에 있어서 마틴센(P. M. Martinsen)은 문화는 그 속성상 매우 많은 것을 포괄하면서 불분명한 외연을 갖고 있기 때문에 규정하기가 극히 어려운 개념으로 존스톤식의 단순화된 공식이 적절치 않다고 주장한다. 그에 의하면 문화는 행위를 위한 촉매제로 작용하는 실체가 아니고 선호와 행위의 발생을 위한 전제조건으로 간주되어야 한다. 따라서 행위에 의해 명확하게 드러난 문화를 분석하는데 실패했다는 것은 관찰된 행위가 또 다른 필적할만한 문화의 발현이라는 것을 의미할 뿐이다.[139] 구성주의적 관점에서 그는 문화를 행위적 요소와 공동의 인식, 기대, 가치, 태도 등과 같은 모호한 요소를 함께 포함한다고 주장한다. 전자는 '행위패턴'으로 후자는 '인식과 기대'로 단순화될 수 있는데 문화는 양자 간 역동적인 상호작용 속에서 발현하는데 양자는 서로에게 의존하면서 상호 영향을 주고받는다.

1990년대 이래 독일과 일본의 전략문화에 대한 일련의 사례연구들은 이 분야에서의 이론적 발전에 크게 기여한 것으로 평가된다. 예를 들면 버거는 독일과 일본의 반군사적인 외교정책 패턴을 설명하기 위해 두 나라의 전략문화에 초점을 맞추었다.[140] 그에 의하면 문화는 어느 정도의 자율성을 향유하며 견고한 객관적 현실의 단지 주관적인 반영은 아닌 것이다. 두 나라의 경우에는 정치적으로 정당화된 타협을 포함한 장기간의 역사적 과정을 통해서 반군사적인 정서가 깊숙하게 제도화되었다고 해석했다.[141] 반초프(T. Banchoff)는 구성주의적인 경로의존적(path-dependent)인 외교정책 모델을 구축했는데 독일의 반군사주의적 성향은 역사적 기억과 지정학적 상황의 산물로 이해된다. 그에 의하면 역사적으로 중대한 시점에서 행해지는 결정들은 장기간에 걸쳐 외교정책의 방향을 결정하며, 이러한 외교정책 경로는 전통과 관례를 형성하고 그것은 다시 정치적 제도에 의해 채택되고 정치적 합의에 의해 뒷받침된다.[142]

반면 듀필드(J. S. Duffield)는 광범위한 국제환경적 맥락에서 독일의 정치문화가 외교정책에 중대한 영향을 행사해왔다는 주장을 피력했다. 즉 탈냉전 시기의 새로운 국제정치 환경에서 독일은 대외관계를 관리하는데 이전보다 아주 미세할 정도로 좀더 적극적인 정책을 채택했을 정도로 매우 신중하고 제한적인 태도를 보였는데 그것은 독일의 사회 전체와 엘리트에 내재화된 정치문화의 영향 때문이라는 것이다.[143] 다른 일련의 학자들은 특히 조직문화에 초점을 맞추었는데 그들은 사례연구를 통해서 몇몇 국가들의 외교안보 분야의 조직문화가 이들 국가의 대외정책에 큰 영향을 미쳤으며 전략적 선택에 직접적으로 영향을 미치는 독립변수, 혹은 개입변수로 작용했다고 주장했다.[144]

제4절 유럽전략문화: 다중적 전략문화의 등장?

유럽전략문화의 형성가능성에 대해서는 상이한 견해가 존재한다.

부정적인 시각을 갖는 일부 학자와 전문가들은 유럽 내 국가별 전략문화의 차이가 크고 영속적이기 때문에 유럽전략문화의 형성가능성이 없거나 매우 낮다고 주장한다.[145] 이에 반해서 다른 일련의 학자들은 유럽통합의 역동적인 과정이 유럽전략문화의 수렴과 외교안보방위 분야에서의 공동정책의 수립으로 이어질 수 있다는 견해를 제시한다.[146] 전자에 속하는 학자 중 리닝(S. Rynning)은 그의 2003년 논문에서 유럽연합은 전략적 행위자로서 전반적으로 부적절한 존재이며 강력한 전략문화를 발전시킬 가능성이 매우 희박하다고 주장했다. 즉 전략문화는 성공적인 안보방위정책의 기본조건으로 공동의 이익과 세계관을 반영해야 하는데 유럽연합의 경우 문민권력을 지향하는 공동체의 핵심가치와 정당한 무력사용에 대한 공동개념의 부재로 초국가적 수준에서 전략문화를 육성하는 것이 현실적으로 어렵다는 것이다.[147]

유럽전략문화의 가능성을 긍정적으로 평가하는 학자들은 몇몇 관점에서 그에 대한 의견을 제시한다. 상당수는 유럽연합의 국제적 역할과 책임, 그리고 정치통합의 당위성의 관점에서 접근했는데 주로 유럽주의적 시각을 갖는 정치지도자와 정책전문가 그룹이었다. 다른 일련의 학자들은 구성주의적 시각을 바탕으로 정체성과 규범 등의 개념을 활용한 사례연구를 통해 국가외교정책의 결정론적 해석을 내세우는 신현실주의 이론을 비판하고 전략문화의 형성과 작동기제를 규명하려 시도했다.[148]

과연 전략문화가 개별 국가가 아닌 유럽연합과 같은 지역공동체, 또는 초기적 형태의 초국가체가 단일한 아니면 공동의 전략문화를 발전시킬 수 있는가? 전략문화가 단시일 내에 그리고 유럽연합지도부의 주도에 의해 형성될 수 있는 것인가? 이들 질문에 대하여 각국 전략문화의 수렴 가능성을 지지하는 전문가들은 민주주의와 다원적 가치를 위주로 한 유럽 내 정치문화의 전반적인 수렴현상으로 인해 국가 간 다양한 전략규범 또한 수렴될 것으로 전망한다. 메이어는 이러한 규범적

수렴현상이 세 가지의 양태를 보이고 있으며 그를 입증할 명확한 근거가 존재한다고 주장했다.[149]

그는 유럽연합 내 규범적 수렴현상은 (1) 제한된 평화적, 또는 자위지향적인 유럽전략문화로의 지향추세; (2) 반대로 특히 평화적이거나 자위지향적인 국가들이 자신들의 주요가치와 목표의 추구를 촉진하기 위해 적극적인 태도로 변화되는 흐름; (3) 유럽 내 존재하는 모든 전략문화들이 질적 변화를 일으켜 중간지점, 혹은 혼합된 규범세트로 수렴하는 현상 등 세 가지의 양상을 갖고 있다는 것이다. 메이어는 회원국 정부들이 위협의 중요도와 우선순위에 이견이 있을 수 있고 국내사정으로 행동하기 위한 정치적 의지를 결여할 수 있다는 점을 인정한다. 그럼에도 불구하고 전략문화의 수렴현상은 이미 명백한 형태로 진행되고 있다고 주장한다. 그에 의하면 전략문화는 네 가지 유형의 규범을 갖고 있으며 이들은 모두 사회적 학습효과에 의해 영향을 받는다.[150] 그는 개별국가의 전략문화는 흔히 생각하는 것보다 훨씬 유연하게 변화하는 속성을 갖고 있으며 유럽의 경우 1989년 이래 세 가지 유형의 학습 및 적응의 압력에 직면해왔다고 주장한다. 이들 세 가지 압력은 (1) 변화하는 위협인식; (2) 제도적 사회화; (3) 위기학습의 파급효과이다.[151]

만일 전략문화를 공유된 가정과 의사결정 규칙의 집합으로 이해한다면 전략문화는 누구에 의해 어떻게 관리되는가하는 의문이 제기될 수 있을 것이다.[152] 실제 대다수의 국가들의 경우 다양한 정치지도자와 기관들이 어떤 방식으로든 역사적 해석과 외교정책 경로의 개발에 개입하고 있고, 이것은 다시 특정 정치행위자에 의한 정치적 제휴 및 합의도출을 촉발한다. 듀필드는 국가적 성향의 제도적 원천은 실질적으로 정책의 수립과 집행을 담당하는 중앙정부의 부서들에 있다는 견해를 제시했다. 이들 기구들은 조직과정과 관례, 그리고 표준 업무절차에 의해 정책을 수립하고 정책결정자에게 제공하는 정보의 유형을 제약한다.[153] 버거 또한 "정치문화는 상호의존적인 관계 속에서 존재하는 규범과 정치제도의 결합물로 간주되어야 한다."고 주장했다.[154] 정책결정 엘리트가 새로운 안보환경 속에서 외교정책의 목표 및 정책수정의 폭과 방향을 규정하는데 핵심적인 역할을 담당한다는 것은 많은 사람들에게 쉽게 받아들여진다.

버거의 연구에 의하면 전략문화는 엘리트 간 '협의된 현실(negotiated reality)'로 간주될 수 있으며 지도자들은 다원주의나 역사적 책무와 같이 깊숙이 각인된 확신에 대해 존중하는 경향이 있다. 그러나 그들은 전략문화 전통을 언제 어디서 자기 것이라고 주장할지를 스스로 선택할 수 있으며, 외교정책 행위에 있어서 허용될 수 있는 이전의 경계를 언제 어디서 뛰어넘을 것인지를 용의주도하게 결정할 수 있다. 결국 엘리트 행태에 대한 연구에 의하면 정치지도자들은 "문화의 전략적 이용자"이며 핵심적인 외교안보정책 논의에서 가능한 것들의 한계를 재규정하는 역할을 한다고 볼 수 있다는 것이다.[155] 그밖에도 정당과 정치연합 등 정치제도 또한 외교안보정책 행태에 영향을 미친다는 가정에 입각한 일련의 연구들은 국가의 행위가 정부 기구와 조직 내에 존재하는 조직문화와 제도적 성향의 작용이라는 주장을 제기하고 있다.[156]

전략문화에 대한 대다수의 연구는 전략문화가 오래 지속되고 쉽게 변하지 않는다는 속성을 강조한다. 특정 국가의 정체성과 규범, 그리고 정치문화는 일반적으로 오랜 기간의 역사적 경험을 통해 집단적인 의식과 신념으로 사회화된 것이기 때문에 쉽게 변하지 않으며 환경과 상황이 변화하더라도 그에 대한 여과기능으로 인해 새로운 인식과 가치체계의 발전이 제약된다고 이해된다.[157] 그러나 지난 10여 년간 구성주의적 시각의 확산과 더불어 문화의 가변성을 강조하면서 어떠한 조건에서 새로운 문화가 형성되거나 변화하는가에 대한 경험적 연구가 활발하게 진행되어왔다. 예를 들면 앞에서 언급한바와 같이 독일과 일본의 전략문화를 연구하는 학자들은 주로 냉전 및 탈냉전 시대 두 나라의 평화적이고 신중한 대외정책 성향에 초점을 맞춘다. 그렇다면 제2차 세계대전 이전의 침략적이고 팽창주의적인 이들 국가들의 공격적인 전략문화와 외교안보군사정책이 전후 그렇게 짧은 기간에 평화적으로 바뀐 이유를 어떻게 설명할 것인가의 의문이 제기될 수 있을 것이다.[158]

어떤 조건에서 전략문화가 변화하고 외교정책결정이 전략문화의 전통적인 경계를 넘어서는가에 대해서 란티스(G. S. Lantis)는 자신의 경험적 연구로부터 최소한 두 개의 조건이 전략문화 딜레마를 초래하며 안보정책의 변화를 유발한다고 주장했다.[159] 첫 번째는 외부로부터의 쇼크인데 독일의 경우 1990년대 발칸반도에서의 비극이 기존의 비개입주의적 태도와 입장에 큰 변화를 야기한 것으로 이해된다. 둘째는 전략사상의 기본교리가 상호간 직접적으로 충돌하는 상황에서 새로운 변화가 촉발될 수 있다고 이해된다. 예를 들면 독일과 일본의 평화적 대외정책 방향은 테러리즘의 위협이나 국제평화유지활동의 필요성 증대 등 다른 가치나 목표와 심각하게 충돌할 때 큰 변화가 발생할 수 있다는 것이다. 란티스는 이러한 전략문화 딜레마가 외교정책의 새로운 방향을 규정하고 역사적 내러티브의 재구성을 필요로 한다고 주장했다. 따라서 외교안보정책의 기본방향의 전환을 포함한 전략문화의 매우 극적이고 갑작스러운 변화는 가능한 것으로 이해되며 유럽연합의 경우 대내외적인 상황변화에 의해 회원국들이 새로운 전략개념을 채택함으로써 기존의 문민권력 지향적인 안보인식과 태도에 큰 변화가 발생할 가능성을 완전히 배제할 수는 없다는 것이다.

유럽연합의 경우 통상적인 의미의 지역공동체도 아니고 연방, 또는 초국가적 통일체도 아닌 모호한 성격의 정체라는 점에서 매우 특별한 전략문화를 갖게 될 것으로 보인다. 근대적 형태의 국가형성 과정은 반복되는 전쟁의 경험을 통한 국가정체성 형성과 매우 긴밀한 관계가 있다는 것을 보여준다. 국제체제에 내재되어 있는 불확실성과 무정부적 속성, 그리고 외부로부터의 끊임없는 위협의 제기는 국가 내 사회구성원 간 결집과 강력한 리더십, 그리고 다양한 정책수단과 자원의 효율적 육성과 사용, 그리고 그에 관한 국민적 합의를 가능케 해준 근본적 조건이었다.

21세기 초 유럽연합이 직면하고 있는 대내외적 상황은 근대 이후 개별국가들의 국가형성 과정과는 매우 상이하며 따라서 현재 진행되고 있는 유럽전략문화 형성의 성격과 내용 또한 다를 수밖에 없을 것이다. 회원국 간 상이한 국가정체성, 상호 이질적 전략문화의 공존, 그리고 현시점에서 그를 조율할 수 있는 제도적 장치가 결여되어 있다는 점에서 이른 시기 내에 유럽연합 수준에서의 단일한 전략문화의 성립가능성은 상당히 낮은 것으로 보인다. 방위산업 분야에서의 회원국 간 협력과 EU전투단 (EU Battle Groups)의 결성 등 일련의 발전에도 불구하고 공동외교안보정책과 유럽안보방위정책 분야의 정책수렴과 통합은 경제 및 통화분야와 비교하여 매우 서서히 진행되고 있으며 많은 대내외적 도전과 제약요인이 존재한다. 존스톤은 하나의 사회적 실체(공동체, 기구, 국가 등) 내에 다중적 문화가 존재할 수 있지만 그 안에는 일반적으로 지배적인 위상을 보유하고 있는 하나의 문화가 존재하며 그에 속한 구성원들은 현상유지를 선호하는 경향이 있다고 주장했다.[160] 그러나 앞에서 논의한 바와 같이 유럽연합의 핵심 국가들은 대외정책 분야에서 서로 상당한 간극을 보여주고 있고, 이들 간의 미묘하고 복잡한 힘의 균형관계는 이들로 하여금 정치적 수사를 뛰어넘는 본질적인 변화의 추구를 매우 어렵게 만들고 있다. 물론 유럽연합 내에서 가장 강력한 영향력을 보유하고 있는 '빅-3' (프랑스, 독일, 영국)가 유럽전략문화의 육성 필요성에 합의한다면 본질적인 변화가 발생할 수 있을 것이다.

유럽연합의 복잡한 의사결정체계로 인해 이들 세 회원국의 합의만으로 모든 것을 결정할 수는 없겠지만 1998년 프랑스와 영국 정상 간 합의된 생-말로 선언에서 예시되었듯이 이들 간의 합의는 공동외교안보정책과 유럽안보방위정책에서의 큰 돌파구를 마련해줄 것이다. 특히 유럽연합이 외부로부터 심각한 공동의 적, 또는 위협에 직면하고 유럽이사회, 또는 다른 초국가적 기구나 지도자들이 지도력을 발휘하고 유럽의 대다수 일반시민들이 그를 중심으로 결집할 경우 유럽연합은 국제정치 내 강력한 전략적 행위자로 등장할 수 있을 것이다. 그러나 위에 언급한 현실적인 조건들과 제약요인들을 고려할 때 유럽전략문화는 매우 서서히, 다중적으로, 그리고 신중하게 전개될 것으로 보인다.

제5절 결론: 공동외교안보정책에의 함의

일반적으로 국가와 초국가적 행위자를 포함한 각종 정치공동체들의 전략문화는 매우 다양한 구성요소를 갖고 있으며, 개별적인 요소들이 이들 공동체의 전략문화의 생성과 발전에 어떤 작용을 하는가에 대한 연구는 아직 초보적인 단계이다. 또한 전략문화가 대외정책의 수립과 집행에 어떤 방식으로 작용하는가에 대해서도 학자에 따라 상이한 견해가 제시되고 있다. 이러한 개념적, 방법론적 모호성에도 불구하고 전략문화는 국제영역에서 특정 국가 또는 정치공동체의 안보인식과 지향성, 전략적 사고의 특징과 행동의 패턴을 이해하는데 매우 유용한 개념이다. 부쓰가 언급한 바와 같이 전략문화는 '전쟁과 평화 이슈들에 관한 행위 및 그와 관련된 일련의 패턴'으로 간주될 수 있으며, 따라서 조미니 방식의 '과학'이라기보다는 클라우제비츠 방식의 '예술'의 성격을 갖고 있다.[161] 즉 전략문화는 국가 및 비국가 행위자들의 전략개념과 행동에 영향을 미치는 중요한 변수이지만 개별 정책이 의도한, 또는 예기치 못한 전략적 결과로 귀결되는지 여부는 결국 정책결정자의 전략적 판단과 결단, 정책수단과 자산, 행위의 효능, 그리고 때로는 다른 계산치 못한 요소들에 상당부분 의지할 수밖에 없는 것이다.

전략문화는 흔히 반영구적인 지속성과 견고성을 갖고 있는 것으로 이해되어왔지만 지난 수년간 진행된 연구들에 의하면 상당한 정도의 가변성을 갖고 있으며 일정한 조건 하에서는 단기간에 새로이 형성되거나 극적으로 변화될 수도 있는 것으로 이해된다. 그러나 유럽연합의 경우 여러 가지 대내외적인 제약요인으로 인하여 예측 가능한 미래에 견고한 공동의 전략문화를 육성하는 것은 쉽지 않을 것이며, 따라서 국제정치적 행위자로서의 유럽연합의 안보역할 또한 오랜 기간에 걸쳐 서서히, 단계적으로 확대될 것으로 예상된다.

지난 수십 년간 역내 국가 간 협력과 통합을 통해 형성된 유럽공동체는 문민권력으로 대변되는 공동체의 가치와 규범, 그리고 정체성에 바탕을 두고 평화적이고 협력지향적인 대외정책을 일관되게 추진해왔다. 1990년대 이후 탈냉전 시대의 새로운 대내외적 상황 속에서 유럽연합은 심각한 딜레마에 직면했고 1998년 영-불간 생-말로 협상을 통해 자신의 대외적 정체성과 안보역할을 새로이 재구성할 수 있는 역사적 전기를 맞게 되었다. 그러나 유럽헌법의 무산 및 최근 리스본조약(Treaty of Lisbon)의 비준과 관련된 불확실성을 감안할 때, 유럽연합이 가까운 미래에 강력한 유럽전략문화를 창출하고 효과적인 대외정책능력을 확보하는 것은 불가능할 것으로 판단된다. 리스본조약의 비준 여하에 따라 유럽연합은 점차 공동의 전략문화 발전을 위한 제도적 기반을 확보할 수 있을 것이며 개별 회원국의 안보방위정책 간 수렴현상이 점진적으로 진행됨에 따라 상당히 제한된 형태이긴 하지만 군사력 사용을 포함한 국제영역에서의 안보역할을 확대할 수 있을 것이다.

유럽의 대내외적인 안보환경에 극적인 변화가 없는 한 규범권력으로서의 유럽연합의 정체성과 비군사적인 역할은 앞으로도 상당기간 계속 유지될 것으로 보인다. 유럽이 갖고 있는 여러 가지 현실적 여건 및 제약요인을 고려할 때 유럽전략문화는 개별국가들의 전략문화와 병렬적인 형태로 발전하고 회원국들은 사안에 따라, 특히 심각한 외부 위협이나 위기상황에 직면할 경우 핵심 국가들을 중심으로 유럽연합 보다는 NATO나 다른 틀 속에서 더욱 효과적인 협력방안을 모색할 것으로 예측된다. 물론 이 경우 유럽연합 및 대다수의 회원국들은 보조적인 위치에서 그러한 전략적 연대의 결성에 참여하고 지원할 수 있을 것이다.

■ 참고문헌

온대원. 『유럽연합의 공동안보방위정책』. (서울: 높이깊이, 2007).

온대원. “유럽연합의 대외정책과 국제적 역할의 모색.” 『유럽연구』. 제25권 1호 (2007년 봄), pp. 29-54.

온대원. 『유럽연합의 대전략과 동아시아 정책』. (서울: 높이깊이, 2006).

Alastair Iain Johnston, “Thinking about Strategic Culture”. *International Security*. Vol. 19. No. 4 (Spring 1995), pp. 33-64.

Alexander Wendt “Anarchy Is What States Make of It: The Social Construction of Power Politics”. *International Organization*. Vol. 46. No. 2 (Spring 1992), pp. 391-425.

Alexander Wendt “Constructing International Politics”. *International Security*. Vol. 20. No. 1 (Summer 1995), pp. 71-81.Alyson J. K Bailes. “The European Security Strategy: An Evolutionary History”. *SIPRI Policy Paper*. No. 10. SIPRI (February 2005).

Allen Sens and Stroett, Peter. *Global Politics: Origins, Currents, Directions.*

Ontario: Nelson Thompson Learning, 2002; 2nd ed.
Andrew Moravcsik. "Preference and Power in the European Community: A Liberal Intergovernmental Approach". *Journal of Common Market Studies*. Vol. 31. No. 4 (1993), pp. 473-523.
Ann Swidler. "Culture in Action: Symbols and Strategies". *American Sociological Review*. No. 51 (April 1986), pp. 273-286.
Asle Toje. "The EU Strategic Culture". *The Oxford Journal on Good Governance*. Vol. 2. No. 1 (2005), pp. 9-16.
B. S. Klein. "Hegemony and Strategic Culture: American Power Projection and Alliance Defence Politics". *Review of International Studies*. Vol. 14. No. 2 (1988).
Christopher Heusgen. "Is There such a Thing as a European Strategic Culture?". *Oxford Journal on Good Governance*. Vol. 2, No. 1 (2005), pp. 29-32.
Christopher O. Meyer. "Convergence towards a European Strategic Culture? A Constructivist Framework for Explaining Changing Norms". *European Journal of International Relations*. Vol. 11. No. 4 (November 2005), pp. 523-549.
Colin S. Gray. "National Style in Strategy: The American Example". *International Security*. Vol. 6. No. 2 (1981), pp. 21-47.
Colin S. Gray. *Nuclear Strategy and National Style*. Lanham, Maryland: Hamilton Press, 1986.
Colin S. Gray. "Strategic Culture as Context: The First Generation of Theory Strikes Back". *Review of International Studies*. No. 25 (1999), pp. 49-69.
Colin S. Gray. *Modern Strategy*. Oxford: Oxford University Press, 1999.
David R. Jones. "Soviet Strategic Culture". Jacobsen, Carl G. (ed.). *Strategic Power: USA/USSR*. London: St. Martin's Press, 1990.
Daewon Ohn. *The Resurgent Great Power in the World System: China's Grand Strategy and Military Modernisation, 1978-1998*. Ph.D. Thesis, London School of Economics (April 2000).
Elizabeth Kier. "Culture and Military Doctrine". *International Security*. Vol. 19.

No. 4 (Spring 1995), pp. 65-93.

Elmar Brok and Norbert Gresch. "Paving the Way to a European Culture of Security". *Oxford Journal on Good Governance.* Vol. 2. No. 1 (2005), pp. 17-20.

Geffrey S. Lantis. *Strategic Dilemmas and the Evolution of German Foreign Policy Since Unification.* Westport, Connecticut: Praeger, 2002.

Geffrey S. Lantis. "Strategic Culture: From Clausewitz to Constructivism". *Strategic Insights.* Vo. 4. Issue 10 (October 2005), pp. 1-15.

Harry Eckstein "A Culturalist Theory of Political Change". *American Political Science Review.* No. 82 (1998).

Hedley Bull. *The Anarchical Society.* London: Macmillan, 1977.

Jack L. Snyder. *The Soviet Strategic Culture: Implications for Limited Nuclear Options, R-2154-AF.* Santa Monica, California: Rand Corporation, 1977.Javier Solana. "Thoughts on the Reception of the European Security Strategy". *The Oxford Journal on Good Governance.* Vol. 1. No. 1 (2004), pp. 17-19.

Johannes Bohnen, "Germany". Howorth, Jolyon and Menon, Anand. (eds.). *The European Union and National Defence Policy.* London: Routledge, 1997, pp. 49-65.

John Gaffney. "France, the Use of Force and the Power of Strategic Culture". Longhurst, Kerry and Zaborowski, Marcin. (eds.). *Old Europe, New Europe and the Transatlantic Security Agenda.* London: Routledge, 2005.

John S. Duffield. "Political Culture and State Behavior: Why Germany Confounds Neorealism". *International Organization.* Vol. 53. No. 4 (Autumn 1999), pp. 765-803.

John S. Duffield. *World Power Forsaken: Political Culture, International Institutions, and German Security Policy After Unification.* Stanford, California: Stanford University Press, 1999.

Jolyon Howorth. "Discourse, Ideas, and Epistemic Communities in European Security and Defence Policy". *West European Politics.* Vol. 27. No. 2 (2004), pp. 211-234.

Jolyon Howorth. "From Security to Defence: The Evolution of the Common Foreign and Security Policy". Christopher Hill and Michael Smith. (eds.). *International Relations and the European Union.* Oxford: Oxford Univeristy Press, 2005, pp. 179-204.

Julian. Lindley-French. "In the Shade of Locarno: Why European Defence is Failing". *International Affairs.* Vol. 78, No. 4 (2002), pp. 789-811.

Ken Booth. *Strategy and Ethnocentrism.* London: Croom Helm Ltd., 1979.

Ken Booth. "Strategic Culture: Validity and Validation". *Oxford Journal on Good Governance.* Vol. 2. No. 1 (2005), pp. 25-28.

Kerry Longhurst. "The Concept of Strategic Culture". Kummel, Gerhard and Prufert, Andreas D. (eds.). *Military Sociology.* Baden-Baden: 2000.

Kerry Longhurst. and Marcin Zaborowski (eds.). *Old Europe, New Europe and the Transatlantic Security Agenda.* London: Routledge, 2005.

Michael Baum, "How Necessary Is a Common Strategic Culture?". *Oxford Journal on Good Governance.* Vol. 2. No. 1 (2005), pp. 33-34.

Michael Mandelbaum. *The Fate of Nations: The Search for National Security in the 19th and 20th Centuries.* Cambridge: Cambridge University Press, 1988.

Paul Cornish and Geoffrey Edwards. "Beyond the EU/NATO Dichotomy: The Beginning of a European Strategic Culture". *International Affairs.* Vol. 77. No. 3 (2001), pp. 587-603.

Paul Luif. "The Strategic Cultures of 'Old' and 'New' Europe". *The International Spectator.* No. 2 (2006), pp. 109-112.

Per M. Martinsen. "The European Security and Defence Policy (ESDP): A Strategic Culture in the Making?" a paper presented for the ESPR Conference, Section 17 Europe and Global Security, Marburg (18-21 September 2003).

Peter J. Katzenstein. (ed.). *The Culture of National Security: Norms and Identity in World Politics.* New York: Columbia University Press, 1996.

Peter J. Katzenstein, Robert O. Keohane, and Stephen, Krasner. "International

Organization and the Study of World Politics". *International Organization.* Vol. 52. No. 4 (Summer 1998), pp. 645-685.

Richard J. Ellis and Michael Thompson (eds.). *Culture Matters: Essays in Honor of Aaron Wildavsky.* Boulder, Colorado: Westview Press, 1997.

Stanley Hoffman "The Crisis in Transatlantic Relations". Lindstrom, Gustav. (ed.). *Shift or Rift: Assessing US-EU Relations after Iraq.* Paris: EU Institute for Security Studies, 2003, pp. 13-20.

Sten Rynning. "The European Union: Towards a Strategic Culture?" *Security Dialogue.* Vol. 34. No. 4 (December 2003), pp. 279-296.

Stephen Peter Rosen. "Military Effectiveness: Why Society Matters". *International Security.* Vol. 19. No. 4 (Spring 1995), pp. 5-31.

Stephen Peter Rosen. "Less May Be Better in EU Security and Defence Policy". Oxford Journal on Good Governance. Vol. 2, No. 1 (2005), pp. 45-50.

Thomas Banchoff. *The German Problem Transformed: Institutions, Politics, and foreign Policy, 1945-1995.* Ann Arbor, Michigan: University of Michigan Press, 1999.

Thomas U. Berger. *Cultures of Antimilitarism: National Security in Germany and Japan.* Baltimore, Maryland: Johns Hopkins University Press, 1998.

Thomas U. Berger. "From Sword to Chrysanthemum: Japan's Culture of Anti-militarism". *International Security.* Vol. 17. No. 4 (Spring 1993), pp. 119-150.

Valerie M. Hudson. (ed.). *Culture and Foreign Policy. Boulder.* Colorado: Lynne Rienner Publishers, 1997.

제3장

범유럽정당의 발전과 한계

김응운

제1절 서론

오늘날 현대정치에서 정당은 민주정치체제의 필수적인 요소이다. 1992년 마스트리히트조약(The Maastricht Treaty)을 통해 단순한 경제공동체를 너머 정치적 사회적 단일체 추진을 절대기제로 채택하며 탄생한 유럽연합이 진정 단일한 민주정치체로 자리 잡기 위해서는 그에 걸맞은 정당, 즉 유럽연합 차원에서 조직화된 정당이 존재하고 유럽 민주주의의 전통에 부합하는 정당정치가 형성되어야 하는 것은 지극히 당연한 논리일 것이다. 그럼에도 불구하고 아직 범유럽정당이 유럽연합의 방향과 정책에 관한 단일유럽국민의 의사를 대의하고 중앙권력 수행자의 배출을 통해 정책결정에 반영하는 유럽정당정치의 실현은 요원하다. 진정한 범유럽정당이 형성되고 있지 못할뿐더러 유럽연합 거버넌스(Governance)의 정책결정 주체는 범유럽정당이 제시한 선량들이기 보다는 각 회원국의 대표자나 정부 간 협의를 통해 형성된 관료들이라 할 수 있기 때문이다. 범유럽정당의 본 무대라 할 수 있는 유럽의회(European Parliament)는 오랫동안 자문기구에 지나지 않았으며 최근 그 권한이 강화되었다고 할지라도 법안발의권마저 보유하지 못하고 있는 공동입법기구일 뿐인데 비해 유럽연합 정책결정에 있어 여전히 유럽이사회(European Council)와 유럽연합 각료이사회(Council of the European Union) 그리고 심지어 집행위원회(European Commission)의 비중이 높은 실정이기 때문이다.

따라서 유럽연합의 운영상에서 소위 '민주성의 결핍(democratic deficit)'을 지적하는 많은 학자들이 초국적 정당체제가 필요함을 주장하는 것은 놀라운 일이 아니다. 유럽통합에 있어 기능주의적 접근방식에 이론적 논리를 제시한 바 있는 하스(Ernest Haas)는 유럽통합운동의 초창기인 1958년에 이미 자신의 저서에서 정당이 국가 차원뿐만 아니라 유럽연합차원에서도 '통합의 중요한 가교(crucial carriers of intergration)'일 수 있음을 강조한 바 있다.[162] 1978년 다비드 마르캉(D. Marquand)은 자신의 논문에서 정치의 기본구조가 유럽차원의 정치가 국가 정체성과 개별국정부 중심으로 조직되어져 있는 '국가들의 유럽(Europe des patries)'으로부터 정치적 경쟁이 정당정치체제를 통해 조직화 되어지는 '정당들의 유럽(Europe des partis)'으로 전화되지 않으면 부상하는 범유럽 정치체가 민주적일 수 없을 것이라고 주장하였다.[163] 프랑스 정당학자 셀레르(Daniel-Louis Seiler)도 유럽의회의 허약성을 지적하며 그 위상 강화의 수단으로 법적 권한강화 이외도 각 회원국의 선거방식 통일과 범유럽정당의 형성을 강조하였다.[164] 이는 1975년에 유럽의회 토론에서 보수주의자 교섭단체 대표이던 영국의 피터 커어크 경(Sir Peter Kirk)이 주장하였던 내용과 유사한 것이었다.

덧붙이자면 이러한 주장들은 단지 유럽연합의 정치체제와 관련해서만 범유럽정당의 중요성을 국한시키지 않았을 것이다. 범유럽정당의 형성과 활약은 유럽시민과 권력의 거리를 좁히고 유럽연합 회원국민의 유럽인으로서의 정체성과 연대를 강화하기 위해서도 필요하기 때문이다. 본 글에서 우리는 유럽차원 정당의 형성 과정과 현황을 살펴보고 그 한계와 요인을 분석하게 될 것이다.

제2절 범유럽정당 형성 과정과 배경

1. 유럽의회의 발전과 조직

전통적으로, 특히 서구사회에서 의회주의와 의회의 발전이 정당발전에 있어 매우 중요한 요인이었음은 잘 알려진 일이다. 의회가 사회의 다양성을 수렴, 집약, 표출하는 다원주의적 대의기구이기 때문이다. 같은 맥락에서 유럽의회가 범유럽정당 발전의 핵심적인 제도적 여건임을 부정할 수 없다.

유럽의회는 유럽통합의 모태라 할 수 있는 유럽석탄철강공동체(ECSC: European Coal and Steel Community) 때부터 이미 각 회원국 의회에서 선정된 대표들로 구성된 의원총회 형태로 존재하였으며 유럽원자력공동체에도 각기 유사한 의원총회가 설치되어져 있었다. 이러한 의원총회들은 1958년 유럽경제공동체(EEC: European Economic Community)의 창설과 더불어 하나로 통합되어졌으며 4년 뒤인 1962년에 '유럽의회(European Parliament)'라는 명칭을 채택하여 오늘에까지 이르고 있다. 유럽의회의 권한 역시 점진적으로 확대되어 왔다. 유럽의회는 오랫동안 자문역할로만 그쳤으며 각료이사회(유럽연합이사회)가 전적인 입법권을 행사하여 왔다. 그러나 1986년 단일의정서(SEA: Single European Act)에 의해 입법과정에 있어서 유럽의회의 협력절차와 동의절차가 부여되었으며 1992년 마스트리히트조약에 의해 보다 강력한 공동결정절차가 도입되기에 이른다. 2009년 리스본조약은 이러한 공동결정절차에 의거해야 할 입법분야를 농업, 에너지 정책, 이민, 내무사법 분야, 공공 보건 및 EU 예산을 포함하는 40여 개 분야로 확대하였다.

유럽의원 의석수는 기본적으로 각 회원국의 인구를 고려하여 차등적으로 분배되며(표 1) 1979년 선거 이래 각 회원국에서 배당된 인원의 의원을 직선제로 선출한다. 2004년 중동부 유럽국가들을 비롯한 새로운 10개국의 가입으로 25개 회원국일 당시 총 732석이던 총 의석수는 루마니아와 불가리아의 추가 가입으로 785까지 늘었다가 현재는 736석이다. 리스본조약(The Treaty of Lisbon)에서 정한 방식에 따르면 현재(2009년-2014년)의 총 의석수가 751석이어야 했으나 조약 비준이 지체되는 바람에 이전의 니스조약(Treaty of Nice)에 근거하여 의석수를 정할 수밖에 없었던 것이다.

선출된 유럽의원들은 민주국가의 의회 내에서와 마찬가지로 원내교섭단체를 중심으로 활동한다. 일정수의 의원을 확보하여 원내교섭단체를 결성하면 그 크기에 따라 비례적으로 부여되는 발언권과 발의권을 행사하게 되며 유럽의회 부의장, 상임위원회 의장 및 부의장 등의 직책 역시 비례적 규칙에 따라 분배받을 수 있게 된다.

원내교섭단체제가 미처 실행되지 않았던 유럽의회 초창기부터 각 회원국 의회에서 파견된 유럽의원들은 이념적 근접성에 따라 회동하게 되었으며 반원형의 의사당은 '좌파', '중도파', '우파' 등으로 의원들의 좌석이 배열되는 경향을 띠고 있었다.[165] 더욱이 오늘날 유럽의회 내규는 유럽의원들이 출신국가를 너머 정치적, 이념적 유대에 의해 교섭단체를 구성하도록 유도하고 있다. 2004년 7월 20일 이전에는 2개국 출신 의원들로 교섭단체를 구성할 경우 최소 23인, 3개국일 경우 18인, 4개국 이상일 경우 14인으로 차등적 기준을 적용하였으며 2008년 3월 채택된 현 유럽의회내규 제29조는 적어도 총회원국 수의 5분의 1에 해당하는 국가에서 선출된 의원들을 포함하는 최소 20인의 의원을 보유해야만 교섭단체를 구성할 수 있도록 정하고 있다.

(표 1) 회원국별 유럽의원 의석 수(불가리아와 루마니아 가입 이후)

회원국	2004-2009 의석수	2009-2014 의석수	회원국	2004-2009 의석수	2009-2014 의석수
벨기에	24	22	룩셈부르크	6	6
불가리아	18	17	헝가리	24	22
체코	24	22	몰타	5	5
덴마크	14	13	네덜란드	27	25
독일	99	99	오스트리아	18	17
에스토니아	6	6	폴란드	54	50
아일랜드	13	12	포르투갈	24	22
그리스	24	22	루마니아	35	33
스페인	54	50	슬로베니아	7	7
프랑스	78	72	슬로바키아	14	13
이탈리아	78	72	핀란드	14	13
키프러스	6	6	스웨덴	19	18
라트비아	9	8	영국	78	72
리투아니아	13	12	전체	785	736

(출처) 유럽의회 홈페이지 www.europarl.eu.int

2. 유럽의원 직선제의 채택

보통선거제 역시 의회주의의 발전 못지않게 정당발전의 주요한 요인을 형성한다. 보통선거를 통해 국민들 속에 뿌리내리면서 정당들은 민주주의적 정당성을 확보함과 동시에 정치권에서 위상이 강화될 수 있기 때문이다. 본래 유럽의회는 각 회원국 의회에서 선발 파견된 의원들로 구성되어 있었지만 로마조약(Treaty of Rome)은 직접보통선거 원칙을 채택한 바 있다. 그러나 유럽이사회 의결을 통해 유럽의원의 직접보통선거제가 실질적으로 채택된 것은 1976년의 일이며 1979년 유럽의원선거에서 처음 시행되기에 이른다. 이로써 유럽의회는 유럽연합 기구 중 유일하게 유럽연합시민의 직접적인 대의기구가 될 수 있었고 유럽의원선거는 범유럽연합 차원으로 치러지는 유일한 선거가 될 수 있게 된 것이다. 더욱이 1992년 마스트리히트조약에 의해 유럽연합시민권 개념이 도입되면서부터 회원국 시민은 자국이 아닌 자신이 거주하는 다른 회원국에서도 유럽의원선거의 선거권과 피선거권을 행사할 수 있게 되고 2004년부터는 각 회원국별로 치러지는 선거의 방식 또한 일원화되면서 진정한 유럽선거에 한걸음 더 다가가게 된다.

3. '유럽차원 정당' 관련 규정의 제정

대부분의 서유럽국가에서는 이미 헌법에 정당 설립 및 활동의 자유, 정당의 활동 목적 및 그 제한 등을 포함하는 정당의 지위 관련 조항을 담고 있다. 이러한 조항들의 실정법적 효력이 강한 것은 아니지만 정당재정에 대한 국고지원을 가능케 하는 법적 근거를 제공한다. 유럽연합도 탄생 당시부터 그러한 경향을 수용하여 '정당에 관한 조항'을 도입하였고 2003년부터는 유럽정당에 대한 재정지원을 채택하게 된다.

마스트리히트조약 제138a조는 "유럽차원의 정당은 연합 내 통합의 중요한 요인이다. 유럽차원의 정당은 연합시민의 유럽인 의식 형성과 정치적 의사 표출에 기여한다."고 규정하였고 리스본조약 제10조는 "연합의 운영은 대의민주주의에 기초한다. 시민은 연합차원에서 유럽의회에 직접적으로 대표된다. 모든 시민은 연합의 민주적 운영에 참여할 권리를 갖는다. 모든 결정은 가능한 한 공개적으로 그리고 가능한 한 시민들 가까이서 취해져야 한다. 유럽차원의 정당은 유럽인으로서 정치적 의식 형성 및 연합시민의 의사 표출에 기여한다."고 다시 규정하고 있다. 이러한 규정은 유럽의 민주주의가 정당의 존재, 성장, 활동과 매우 밀접하게 연결되어 있으며 정당이 유럽연합 내 민주화의 발전에 중요한 역할을 행사해야 한다는 점을 의미하는 것이라 할 수 있다.[166] 더불어 2003년 6월에 채택되고 2004년 2월 15일부터 발효하게 된 '유럽정당의 지위와 재정지원에 관한 규정(Regulation (EC) No 2004/2003 of the European Parliament and of the Council of 4 November 2003 on the regulations governing political parties at European level and the rules regarding their funding)'은 '유럽차원의 정당(political party at European level)'을 좀 더 구체적으로 정의하고 그 정당들에 대한 유럽연합 공동예산의 재정지원 요건을 제시하며 범유럽정당 형성의 실질적인 물리적 동인을 제공하고 있다.[167] 이 규정에 따르면, '유럽차원의 정당'이 되기 위해서는 아래의 조건들을 갖추어야 한다.

- 당사가 소재한 회원국에서 법인격을 보유해야 한다.
- 유럽연합의 설립원칙, 특히 자유, 민주주의, 인권 및 기본권 존중, 법치주의 원칙을 준수해야 한다.
- 유럽의회선거에 참여하였거나 참여할 의도를 가져야 한다.
- 가장 최근의 유럽의회 선거에서 적어도 전체 회원국 수의 4분의 1 이상 국가에서 유효표의 3% 이상을 득표했거나 혹은 이미 각국 의회 의원이나 광역의회 의원 또는 유럽의회 의원을 배출했어야 한다.
- 연간 수입 및 지출에 관한 연례보고서를 공개하여야 한다.
- 자산 및 채무에 관한 연례보고서를 공개하여야 한다.
- 500유로를 초과하는 기부자와 기부금의 내역을 제출하여야 한다.
- 어떠한 익명의 기부도 받을 수 없다.
- 연간 그리고 건당 1만 2천 유로를 초과하는 기부금을 받을 수 없다.
- 유럽의회 내 교섭단체의 예산으로부터 기부금을 받을 수 없다.
- 개별 회원국 정당의 연간 예산의 40%를 초과하는 기부금을 받을 수 없다.
- 공공단체가 소유나 재정기여 등을 통하여 지배적인 영향력을 행사할 수 있는 기업으로부터는 기부금을 받을 수 없다.

• 유럽연합에서 재정지원 이외의 다른 수입원으로부터 적어도 정당 예산의 25%를 충당하여야 한다.
• 지원받고자 하는 회계연도 이전 11월 15일까지 요청서를 제출하여야 한다.

상기 요건을 구비한 정당은 공동체예산으로부터 2008년 기준 연간 8백 4십만 유로의 재정지원을 받을 수 있지만 유럽연합에서 지원한 재정은 유럽정당의 정강정책과 관련된 지출만을 보전하고 어떠한 경우에도 개별국가 정당의 재정을 지원할 수 없도록 되어 있다. 이러한 조건에 근거한 인정 여부는 매년 유럽의회사무처에서 판단한다.

제3절 범유럽정당의 양태

1. 범유럽정당의 현황

드 바엘(Jean-Michel Waele)과 코만(R. Coman)이 관찰한대로, 범유럽정당의 발전은 여러 단계로 구성된다.[168] 유럽 정당들이 초국가적 연합을 모색하는 첫 번째 단계는 유럽석탄철강공동체의 의원총회에서 정치그룹이 만들어지는 때이며 두 번째 단계는 최초의 정당연합이 형성되는 시기로 유럽의원 직선제 도입 전후인 1970년대라 할 수 있다.[169] 이후 1980년대의 정체기를 겪은 뒤 마스트리히트조약에 의해 유럽차원의 정당에 대한 역할의 인정 및 제도화가 이루어지는 1992년부터 범유럽정당의 지위와 재정지원에 관한 규정이 채택된 2003년까지가 네 번째 단계로 범유럽정당 형성의 움직임이 다시금 활기를 띠게 되는 '부활의 시기'가 이어진다. 그 뒤 2004년부터 중동부유럽국가를 비롯한 12개국이 새로이 가입하면서 범유럽정당 운동의 지평이 확장되는

새로운 단계가 시작되었다 할 수 있다.[170]

유럽석탄철강공동체가 출범했을 당시 의원총회 내에서 기독민주주의 그룹, 사회주의 그룹, 자유주의 그룹의 세 개 그룹이 있었지만 이는 어디까지나 교섭단체에로 원내 범주에 국한된 것이었다. 회원국 정당들의 본격적인 '초국가화(transnationalisation)'는 유럽의원 직선제가 도입되고 난 직후라 할 수 있을 것이다. 1974년부터 1976년 사이에 앞의 세 정치세력이 유럽의회 교섭단체 차원을 넘어선 정당연합을 형성하게 되었던 것이다.

범유럽 정당연합 형성에 가장 빠른 행보를 보인 것은 사회주의 세력이다. 사회주의 인터내셔널이 시사하는 것처럼 국제협력의 오랜 전통을 갖고 있던 유럽의 사회주의자들은 1974년 4월 사회주의 계열 정당, 사회민주주의 계열 정당, 영국의 노동당 등을 규합하여 유럽공동체사회당연맹(European Community Socialist Federation)을 창설하였다. 사회당연합은 마스트리히트조약 비준 직후인 1992년 11월 헤이그(Hague) 전당대회를 통해 유럽사회당(PES: Party of Europeans Socialistes)으로 당명을 개정하게 된다.

사회주의자들에 뒤를 잇는 것은 자유주의 세력이었다. 역시 유럽통합 운동 초창기부터 원내 교섭단체를 구성하여 왔던 자유주의 세력은 1976년 3월 자유민주당연맹(European Federation of Liberal and Democratic Parties)을 출범시켰다. 바로 1986년 이탈이아 카타니아(Catania)에서 확대된 규모로 재창당된 유럽자유민주개혁당연맹(ELDR: European Federation of Liberal Democratic and Reforme Parties)의 전신이다.

대부분의 서유럽 국가 내에 보편적으로 유사 계열의 정당을 확보하고 있으며 1925년부터 기독국민당대회를 개최하였고 제2차 세계대전 직후에는 'New International Teams' 결성을 통해 국제적 연대를 도모해 왔던 기독민주주의 세력도 거의 유사한 시기에 정당연합을 창설하였다. 유럽의 기독민주주의 세력은 1965년 창설된 유럽기독민주연합

(European Union of Christian Democrats)을 바탕으로 1976년 4월 유럽국민당(EPP: European Peoples Party)을 결성하였다.

최초의 직선제 유럽의원선거 직전 새로운 정당연합들이 흐름에 동참하게 된다. 1978년 4월 일부 우파정당들에 의해 오스트리아 잘츠부르크(Salzburg)에서 유럽민주연합(EDU: European Democratic Union)이 창설되었으며 지역과 주변지대의 이익 수호를 표방하는 지역주의 정당들도 같은 해에 유럽자유동맹(EFA: European Free Alliance)을 결성하였다. 유럽자유동맹은 1993년에 유럽국민민주당-유럽자유동맹으로 당명을 변경하게 된다. 환경주의 세력 역시 뒤늦게 범유럽정당 창당 대열에 합류하였다. 70년대에 이미 유럽국가의 녹색당 간에 협력 움직임이 시작되었지만 조직적인 연합 형태가 나타난 것은 1984년 유럽녹색당조정기구(European Coordination of Green Parties)가 만들어지면서부터이다. 이 기구는 1993년 유럽녹색당연맹을 거쳐 2004년 2월에 유럽녹색당(EGP: European Green Party)으로 개명되게 된다.

이 밖에도 2004년 5월 로마에서 공산당을 비롯한 좌파정당들로 결성된 유럽좌파당(Party of the European Left), 민족주의적이고 유럽회의론적 입장을 표방하며 2002년 형성된 국가들의 유럽을 위한 동맹(AEU: Alliance for Europe of the Nations), 2004년 4월 프랑스의 프랑수아 베이루(F. Bayrou)와 이탈리아의 프란체스코 루텔리(F. Rutelli)의 주도로 창설된 유럽민주당(EDP: European Democratic Party), 2005년 창설된 유럽무소속민주동맹(AIDE: Alliance of Independent Democrats in Europe), 유럽연합 민주주의자당(EU Democrats) 그리고 최근 2008년 12월 아일랜드 사업가 디클런 간레이(D. Ganley)가 리스본조약 비준을 위한 아일랜드 국민투표 당시 조직한 유럽회의주의적 정당인 리베르타스(Libertas) 등이 존재하고 있는 상태이다. 이 중 2010년 12월 1일 현재 '유럽차원의 정당'으로 공식 인정받고 있는 정당은 10개(표 2 참조)이며 이 외에도 10여 개의 정당들이 유럽연합의 재정지원을 받지 못하는 상태에서 활동 중이다.

범유럽정당들은 개별 회원국 정당조직과 유럽연합 제도 하의 정당조직을 함께 아우르는 '우산형 조직구조(umbrella organisation)'를 가지고 있으며 특히 유럽의회 내 교섭단체와 밀접한 관계를 맺고 있고 유럽선거에서 참여정당의 국가선거공약과 유럽이사회 직전에 회동하는 정당지도자들의 주장을 조율(coordination)하는 역할을 수행한다.[171] 이러한 활동을 위하여 범유럽정당들은 고유의 정관, 의사결정절차, 지배구조, 예산, 보좌진 등을 보유하고 있다. 그러나 거의 대부분의 범유럽정당들은 단일화된 위계구조를 가진 진정한 정당이라기보다는 아직은 정당연맹에 가깝다. 1992년 마스트리히트조약 체결 이후 여러 정당연맹들이 '연합(Union)' 또는 '연맹(Federation)' 등의 명칭을 버리고 '정당(Party)'이라는 명칭을 채택하고 좀 더 범유럽적 구조를 갖추기 위해 노력하고 있지만 아직은 국가정당에 비해 취약하고 병렬적인 구조에 머무르고 있는 실정이다.[172] 이와 관련해서는 본 글의 뒷부분에서 좀 더 자세히 말하기로 한다.

(표 2) 유럽차원정당 현황 (2010년 기준)[173]

정당명	영문명	약칭	이념
유럽국민당	European People's Party	EPP	기독민주주의, 유럽연합주의
유럽사회당	Party of European Socialists	PES	사회민주주의, 유럽연합주의
유럽자유민주개혁당	European Liberal Democrat and Reform Party	ELDR	자유주의, 중도우파,
유럽녹색당	European Green Party	EGP	환경주의
유럽보수개혁동맹	Alliance of European Conservatives and Reformists	AECR	중도우파, 유럽회의론
유럽좌파당	Party of the European Left	PEL	공산주의, 사회주의
유럽민주당	European Democratic Party	EDP	중도, 유럽통합주의

정당명	영문명	약칭	이념
유럽자유동맹	European Free Alliance	EFA	중도좌파, 지역주의, 유럽회의론
유럽연합 민주주의자당	EU Democrats	EUD	주권주의
유럽기독정치운동	European Christian Political Movement	ECPM	기독민주주의, 유럽회의론

(출처) 유럽의회 홈페이지 www.europarl.eu.int

2. 유럽의회 내 교섭단체 현황[174]

역사적으로 볼 때, '원내정당'이라 할 수 있는 유럽의회 내 교섭단체 형성은 원외정당의 범유럽화를 선행하여 이루어졌다. 두 차원의 조직 간에 서로 밀접한 연계가 존재하지만 서로 완전히 일치되지는 않는다. 하나의 정당에 소속된 의원들이 나뉘어 여러 개의 교섭단체를 형성할 수도 있으며 서로 다른 정당 출신 의원들이 하나의 교섭단체를 구성할 수도 있다. 또한 그 구성, 즉 교섭단체의 수와 명칭, 그리고 구성의원이 매 의회마다, 심지어는 한 의회 중에 바뀔 수도 있다.

앞서 언급한 것처럼, 유럽석탄철강공동체의 의원총회 내에도 이미 기독민주주의 그룹, 사회주의 그룹, 자유주의 그룹, 세 개의 교섭단체가 결성되어 있었던 것이다. 1970년대 들어 범유럽정당의 모색이 강화되었을 뿐 아니라 유럽의회의 원내교섭단체의 수도 크게 늘게 된다. 예컨대 처음 직선제로 선출된 1979-1984 유럽의회에는 교섭단체의 수가 총 7개로 증가하였으며 1989-1994 의회에서는 총 10개에 이르기도 하였다. 이는 유럽의원 선거가 거의 모든 회원국에서 군소세력의 진출을 용이하게 만들어주는 비례대표제를 채택하고 있다는 사실에 기인한 바가 크며 통합유럽의 지리적 확대, 특히 이질적 정당 스펙트럼을 보유한 중동부 유럽 국가의 가입도 영향을 미쳤다고 할 수 있다.

현재의 유럽의회 내에는 (표 2)에서 보는 바와 같이 유럽국민당 소속 의원들로 구성된 유럽국민당그룹(EPP), 이탈리아 민주당 소속 의원들이 함께 결성한 유럽연합진보동맹(S&D: Progressive Alliance of Socialists and Democrats PES), 자유민주주의연합(ALDE: Group of the Alliance of Liberals and Democrats for Europe), 유럽국가연합(UEN: Union for Europe of the Nations Group), 유럽 내 지역주의 정당들이 결성한 유럽자유동맹(EFA: European Free Alliance)과 유럽녹색당이 결합되어 있는 Greens-EFA 그룹, 유럽민주주의자당(European Democrats)과 국가들의 유럽을 위한 연합(Union for Europe of the Nations) 등 통합에 반대하는 유럽회의론자들이 모여 2009년 유럽의회 선거 직후 창설한 유럽보수개혁 그룹(European Conservatives and Reformists), 유럽좌파당과 북구녹색당들이 함께 형성한 GUE-NGL 그룹(Confederal Group of the European United Left-Nordic Green Left), 그리고 일단의 우파 주권주의 의원들로 구성된 자유민주유럽(Europe of Freedom and Democracy) 그룹 등 총 7개의 교섭단체가 있다.

(표 3) 유럽의회 교섭단체 현황

교섭단체명	2004-2009 의회 점유의석수(비율)	교섭단체명	2009-2014 의회 점유의석수(비율)
EPP-ED 그룹	288(36.7%)	EPP 그룹	265(36%)
PES 그룹	217(27.6%)	S&D 그룹	184(25%)
ALDE 그룹	100(12.7%)	ALDE 그룹	84(11.4%)
Greens-EFA 그룹	43(5.5%)	Greens-EFA 그룹	55(7.5%)
GUE-NGL 그룹	43(5.5%)	ECR 그룹	54(7.3%)
ID	41(5.2%)	GUE-NGL 그룹	35(4.8%)
UEN 그룹	22(2.8%)	EFD 그룹	31(4.2%)
무소속	31(4.0%)	무소속	28(3.8%)
전체	785(100%)	전체	736(100%)

(출처) 유럽의회 홈페이지 www.europarl.eu.int

3. 유럽의회의 정당체제

유럽의회는 줄곧 중도좌파인 유럽사회당(PES) 그룹과 중도우파인 유럽국민당(EPP) 그룹의 양대 교섭단체가 주도하고 있다. 이 두 정당은 최초의 직선의회(1979-1984)에서 54%, 다섯 번째 의회(1999-2004)에서는 66%, 2004-2009년 의회에서는 64%, 현 의회(2009-2014)에서는 61%를 점유하고 있다. 그러나 두 정당 어느 편도 과반수 의석을 확보하지 못하는 상태이다. 유럽의회의 다당제적 분열상이 정치세력의 양극화로부터 형성되는 다수파를 구성할 수 없게 만들 뿐 아니라 입법과정에서 협력절차나 공동결정절차가 법안의 2차 독회에서 의사정족수의 3분의 2에 이르는 가중다수결을 요구하는 만큼 다수파의 형성을 더더욱 어렵게 만드는 것이다. 이러한 상황에서 최근 자유민주주의연합(ALDE) 그룹(2004년 출범한 의회 이전에는 ELDR 그룹)이 지분을 확대하며 양대 정당 사이에서 영향력을 강화하고 있어 소위 '2.5 정당제'라 말할 수 있다. 이러한 상황으로 인하여 유럽의회는 자주 사회주의자들과 기독민주주의자들 간의 암묵적 합의에 기초한 '중도결탁'으로 운영되는 모습을 보인다.[175] 예컨대 유럽의회 의장 선출 시에 두 그룹이 자주 임기의 절반씩(2년 반) 의장직을 교대로 수행하기로 합의하는 것이다. 이런 면에서 유럽의회는 양대 정당의 소위 '대연합(grand coalition)'에 의해 주도되어지고 있다고 판단하게 만든다.[176]

그러나 표결에서 각 교섭단체의 행태를 자세히 들여다보면 좌우의 도식이 유럽사회당(PES: 현 의회에서는 S&D 그룹)-유럽국민당(EPP) 연합구도와 중첩되어 있으며 두 균열축 간의 비중이 시기에 따라 변화를 보이고 있음을 발견할 수 있다[177]. 처음 세 차례 유럽의회에서는 사회주의 세력을 중심으로 급진좌파 세력과 녹색당계열이 좌파 블록을 형성하고 EPP를 중심으로 자유주의 세력, 프랑스 드골주의 세력, 영국 보수당 세력이 우파 블록을 형성하고 있었다. 각 정치세력은 이념적으로 가까운 이웃 정치세력과 같은 방향으로 의사를 표출하는 경향이 지배적이었던 것이다. 그러나 1994년 의회부터는 유럽사회당(PES), 유럽국민당(EPP) 그리고 자유주의연합(ALDE)의 세 주요 교섭단체가 전통적인 이념 블록 못지않게 동일한 투표성향을 보였다. 결국 사회주의 그룹과 기독민주주의 그룹 사이에 존재하는 것으로 보였던 '대연합'은 겉보기보다 지배적인 것이 아니었으며 특히 1999년 이후로는 이 두 정치세력 간 경쟁이 강화되는 현상이 나타나고 있다. 이 양대 세력 간 경쟁에서 제3의 주요정당인 유럽자유민주주의개혁당(ELDR 이후 ALDE)의 역할 또한 증대되고 있다. 자유주의 그룹은 사안에 따라 때로는 유럽사회당(PES)과 때로는 유럽국민당(EPP)과 같은 방향으로 투표하면서 중간자 역할을 수행하고 있기 때문이다.

제4절 범유럽정당 발전의 한계

범유럽정당은 이의 형성과 지금까지의 발전에도 불구하고 아직 미흡한 수준에 머무르고 있다. 범유럽정당들은 국가정당들이 지배하는 유럽의 정치무대의 주역이 되지 못하고 있다. 범유럽정당들은 내적 조직의 발전에도 불구하고 민주국가의 정당들이 일반적으로 수행하는 역할은 물론이거니와 '유럽인 의식의 함양이나 공동의사의 형성 및 표출을 위한 기여'라는 유럽연합이 자신들에게 부여한 역할마저 거의 충족시키지 못하고 있다.

프랑스의 정치학자 폴 마녜트(P. Magnette)는 2003년의 저서에서 범유럽정당의 발전을 가로막는 세 가지 제약을 지적한 바 있다.[178] 첫째, 범유럽정당연합 내 회원정당들이 갖고 있는 개념 및 이해 사이에 상당한 이질성이 존재한다는 점이며, 둘째, 유럽선거에서 선거의 인물중심

성향이 부재하다는 점이고 셋째로는 유럽연합 제도의 기능적 성격과 권한에 있어 '분절(segmentation)'이 존재한다는 사실이다. 오늘날까지도 이러한 분석은 여전히 유효하다.

우리는 유사한 관점에서 범유럽정당 발전의 제약요인을 다음 세 가지로 요약할 수 있을 것이다. 먼저 가장 중요한 것이라 할 수 있는 유럽연합 제도상의 제약을 거론할 수 있다. 모든 민주정치체제에서 정치체가 정당성을 확보하는 주된 방법 중 하나는 정당정치체제이다. 내적으로 위계적 조직을 가지며 서로 간에 공공정책과 정치적 직책을 둘러싼 충돌이 아닌 논쟁을 벌이는 정당들이 있어야 하는 것이다.[179] 그러나 유럽연합의 제도상, 범유럽정당이 정책결정이나 정책결정자 선택을 주도할 수 없는 상황이다. 한 마디로 말하여 유럽연합은 진정한 정부를 갖고 있지 못하며 범유럽정당들의 주요 활동기관인 유럽의회의 권한은 기껏해야 한정된 분야에서 공동입법권만을 갖고 있을 뿐이며 대부분의 유럽연합차원의 정책은 유럽이사회나 각료이사회에 의해서 결정된다. 유럽이사회가 각국의 정당정치를 통해 선출된 대통령이나 수상으로 구성되어 있고 각료이사회의 장관들 또한 출신국의 정당정치의 파생물이라 할 수 있지만 참여자의 선출에 범유럽정당이 직접 개입되지 않으며 그들이 자신의 국가를 대표하는 성격을 지니는 정부간 기구이다. 집행위원회 역시 위원장 임명에 유럽의회의 동의를 필요로 하는 등 범유럽정당의 영향이 있을 수 있지만 집행위원의 선발은 회원국들의 배분으로 이루어지는 게 현실이며 무엇보다 그들의 본분은 유럽공동체의 초국가적 이해를 추구하는 것이다. 리스본조약으로 개정된 유럽연합조약 제10조에 연합의 운영은 대의민주주의에 기초해야 한다고 명시되어 있지만 이러한 개념은 서유럽의 전통적인 대의정부체제와 거리가 있으며 오히려 대의민주주의를 실행하는 두 개의 방식, 즉 유럽이사회 및 각료이사회를 통한 정부 간 방식과 유럽의회를 통한 방식을 병행함으로써 대의와 통치를 구분하고 있는 것이다. 다시 말하여 정당이 대의와 정부를 관장하는 정당정부, 정당정치체제를 억제하고 있는 것이다.[180] 이러한 구도에서 유럽의회의 역할은 명백한 한계가 있을 수밖에 없으며 범유럽정당의 중요성 또한 제한될 수밖에 없다.

또 다른 요인은 유럽의원선거방식 차원에서 찾아볼 수 있다. 로쥐(J. Lodge)가 말한 대로, '민주성의 결핍'은 유럽공동체의 민주적 운용에 있어 이론과 현실 사이에 존재하는 상당한 간격을 지칭하기 위해 사용되는 개념이다.[181] 본래 선거방식과 관련된 용어로 간주되어져서 유럽의회가 로마 조약에서 정한 방식, 즉 직선제로 선출되어진다며 이 간격이 사라질 것이라 생각했었다. 그러나 직선제 도입만으로 유럽의회가 진정한 대의기구가 되고 진정한 범유럽정당을 활성화시키기에는 충분하지가 않다. 각국 단위로 치러지는 유럽의원선거는 각국 정당 중심으로 이루어지고 있으며 선거이슈 또한 국내정치적 성격의 것이 지배적이다. 범유럽정당이 회원국들에게 공동으로 적용될 수 있는 정강을 채택하는 추세가 강화되고 있지만 회원정당의 이질적 개념과 이해를 노출시키지 않기 위해 일반적이고 추상적인 범주를 넘어서지 못하고 있는 것이다. 1992년 유럽시민권의 도입으로 유럽시민이 자신의 출신국뿐 아니라 자신이 거주하는 회원국에서도 선거권과 피선거권을 행사할 수 있도록 되었지만 거주국의 현실 인식 및 거주국 내 인지도에 있어 괴리감이 있어 상징성을 넘어 실효성을 갖는데 무리가 있다. 더욱이 앞에서 지적한바와 같이 유럽의회의 권한이 강력하지 못한 만큼 시민들의 참여가 매우 미약한 상태이다. 유럽연합의 여론조사인 Eurobarometer가 2005년 7월에 실시한 여론조사에 따르면 응답자의 50%만이 유럽의원이 유럽연합시민들에 의해 직접 선출된다는 사실을 알고 있는 것으로 나타났다는 점은 시사하는 바가 크다.[182] 이러한 상황은 정당이나 유럽의원들이 범유럽적 인식을 강화시키는데 있어 많은 부담이 될 수밖에 없으며 출신국의 이해관계로부터 완전히 자유로울 수 없게 만드는 것이다. 많은 국민들은 자국 출신의 유럽의원들을 유럽무대에서 자국의 이익을 위해 활동해야 하는 대사로 간주하는 경향이 있으며 신규가입국인 중동부 유럽국가에서 이러한 경향은 더욱 강하게 나타난다.[183]

마지막으로 범유럽정당의 불충분한 의지와 내부구조상의 한계를 지적하지 않을 수 없다. 많은 범유럽정당들이 공식적으로는 진정한 범유럽정당을 구축하겠다는 의지를 표출하고 있지만 단일화된 위계질서적 구조를 갖추고 회원정당의 목소리를 낮추는 노력은 상당히 미미한 상태이다. 예컨대, 유럽사회당은 1992년 전당대회에서 공동체 관할 분야와 동일한 분야에서 다수결방식을 도입하였으며 공동선거정강을 채택하기로 결의하였다. 또한 유럽녹색당은 1990년대부터 이미 내부의 만장일치제를 포기하고 유럽각료이사회와 유사한 가중다수결 표결방식을 당의 의사결정방식으로 채택하였으며 2003년에 유럽의원선거에서 공동후보자명부 제시, 공동선거캠페인 실시 등을 합의하면서 내부구조 개선 노력을 선도하고 있지만 다른 정당의 경우 여전히 회원정당의 병렬구조를 벗어나지 못하고 있는 실정이다. 당원가입 문제에 있어서도 범유럽정당의 독립성은 매우 미약하다. 국가정당들과 달리 범유럽정당은 개인당원으로 구성되어 있지 못하다. 물론 유럽사회당(PES)이나 유럽녹색당(EGP), 유럽자유민주개혁당(ELDR)을 필두로 많은 범유럽정당들이 정관에 개인적 가입을 허용하고 있지만 그 홍보나 실질적 노력에 있어서는 매우 부족한 상황이다. 이 중 그나마 상대적으로 개인 당원 비중이 높은 정당은 유럽녹색당(EGP)과 유럽자유민주개혁당(ELDR)이다.

제5절 결론

유럽연합의 민주성 결핍의 주된 요인 중 하나는 유럽연합 제도와 연합시민들 간 유대의 취약성이라 할 수 있다. 이러한 상황을 개선하기 위해서는 범유럽정당의 발전과 역할 제고가 매우 필요한 요소이다. 진정한 그리고 강한 범유럽정당 없이 민주적 유럽연합이 완성될 수 없으며 유럽통합운동이 성공할 수 없을 것이다.

거꾸로 범유럽정당의 형성과 활약은 상당 부분 유럽의 제도적 통합 수준과 유럽의회 역할의 강화에 달려 있다. 레이넨(J. Leinen)은 2007년에 유럽연합의 헌법 제정이 더 강력한 범유럽정당을 보유하기 위한 일차적 조건이라고 강조한 것은 바로 이러한 맥락에서라고 볼 수 있다.[184] 유럽헌법안은 유럽을 완전한 민주주의 모델에 근접하게 만들 수 있다는 것이다. 이 안에 따라 연합시민들은 유럽의원선거에서 투표하면서 단지 유럽연합의 정책 프로그램만을 결정하는 것이 아니라 위정자나 통치세력을 결정하게 될 것이며 예외적인 분야를 제외한 광범위한 분야에서 공동입법절차를 도입함으로써 유럽의회의 위상과 권한을 강화시킬 수 있을 것이기 때문이었다.

주지하다시피 유럽연합헌법 조약은 프랑스와 네덜란드의 비준 실패로 좌초되었으며 그 대부분의 실질적 내용을 담은 리스본조약으로 거듭났고 우여곡절 끝에 리스본조약이 모든 회원국의 비준에 성공함으로써 발효되었다. 그렇다면 과연 우여곡절 끝에 리스본조약이 발효된 이래 범유럽정당의 양상과 위상에 걸맞은 발전적 변화를 이루어내고 있는가?

사실 리스본조약은 유럽연합을 단일한 정치체로서 발전시키고 유럽의 공동정치공간을 필연적으로 확대하는 제도 개혁을 담고 있다. 유럽이사회 상임의장제가 도입되었고 유럽의회의 공동입법권 적용범위도 확대되었다. 그러나 범유럽정당의 가시적인 발전은 드러나지 못하고 있다. 이는 어쩌면 리스본조약의 제도 개혁이 유럽이사회 상임의장의 권한 강화나 특히 유럽의회의 위상 강화에 소극적이었기 때문일 수 있다. 아니면 범유럽정당 차원에서 그 효과가 나타나기에는 좀 더 시일이 필요한 것인지도 모른다.

■ 참고문헌

한국유럽학회 유럽시민권연구단. 『통합유럽과 유럽시민권 II: 정체성의 딜레마와 공동체의 미래』 (서울: 높이깊이, 2005).

Amie Kreppel. *The European Parliament and Supranational Party System: A Study in Institutional Development.* Cambridge: Cambridge University Press, 2002.

Christianthos Tassis. “European Union and Political Parties: the Case of the Party of European Socialists(PES)”.

http://www.psa.ac.uk/journals/pdf/5/2007/Tassis.pdf(2008년 12월 29일 검색)

Daniel-Louis Seiler. La vie politique des européens. Paris: Economica, 1998.

David Marquand. “Towards a Europe of the Parties”. *Political Quarterly.* Vol. 49. No. 1978.

Giovanni Sartori. *Parties and Party Systems: A Framework for Analyse, Vol. I.* Cambridge: Cambridge University Press, 1976.

Guillaume Delmotte. “Des partis pour l'Europe?: Les partis politiques européens à l'approche des élections au Parlement européen de 2009”, 28/01/2008, http://strasbourg.cafebabel.com/fr/post/2008/01/30/Des-partis-pour-lEurope-Les-partis-politiques-europeens-a-lapproche-des-elections-au-Parlement-europeen-de-2009

Jean-Michel de Walee and Ramona Coman. “Les partis politiques européens”. *European Issues.* No. 134, Fondation Robert Schman, 2004.

Jean-Louis Quermonne. Le système politique de l'Union européenne, 5e éd., Paris: Montchrestien, 2002.

Jo Leinen. “Des partis politiques européens forts pour une Union européenne démocratique”, 12/09/2007.

Mogens N. Pederson. *The European Union : How Democracy is it?*. London: SAGE, 1996.

Pascal Delwit and Jean-Michel van de Waele. La démocratisation en Europe centrale et orientale : La coopération paneuropéenne des partis politiques, Paris: L'Harmattan, 1998.

Paul Magnette. Le régime politique de l'Union européenne. Paris: Presses de la FNSP, 2003.

Peter Mair. "Electoral Democracy and Political Representation in the European Union". Paper prepared for the Conference on Representation Immigration and the 2009 Election to the European Parliament. Indiana University (April 1 2008).

Rudy Andeweg. "The Reshaping of National Party Systems". in Hayward, J. (ed.). *The Crisis of Representation in Europe.* London: Frank Cass, 1995.

Simon Hix. "A supranational Party System and the Legitimacy of the European Union". *The International Spectator.* 4/2002.

Simon Hix and Christopher Lord. *Political parties in the European Union.* New York: St. Martin's press, 1997.

Zsolt. Enydi. "Europeanisation of Central Eastern European Party System". (http//.epsnet.org/2005/pps/Enyedi.pdf).

제4장

유럽연합 회원국 간 경제적 이해관계의 상충

박노호

제1절 서론

'하나의 유럽'을 향한 유럽인들의 꿈은 이미 1400년대부터 시작되었으나 이 시기부터 시작하여 유럽은 크고 작은 전쟁의 각축장이었다는 것 또한 부인할 수 없는 사실이다. 수백 년에 걸친 유럽 각국의 갈등과 대립의 표면적 원인은 정치적 또는 인종적, 종교적 성격을 띠고 있었으나, 그 궁극적인 원인과 목표는 경제적 실리의 추구였었다. 그렇다고 해서 600년 가까운 세월 동안의 유럽 내의 갈등과 충돌을 유럽에만 있었던 특이한 현상으로 해석할 수는 없을 것이다. 인류가 일정한 조직을 만들어 가면서 끊임없이 제기되었던 것이 정치적, 경제적, 문화적, 종교적, 인종적 차이에 기인한 각종 이해관계의 상충이었으며, 이러한 갈등관계를 부드럽게 처리했다면 그 시기는 평화의 시기였고 그렇지 않은 경우에는 필연 전쟁으로 이어졌던 것이 역사적 경험일 것이다. 따라서 유럽의 과거와 현재에 대한 이해, 특히 유럽 각국 간의 갈등과 대립에 대한 이해는 이러한 역사 인식에서 출발해야 할 것이다.

유럽통합의 실질적인 움직임을 제2차 세계대전 종전으로부터 상정할 때, 유럽의 통합작업은 근본적으로 제3차 세계대전, 또는 유럽 대륙

내에서의 대규모 전쟁을 억제하고자 하는 유럽인들의 정치적 염원에서 출발하였다. 따라서 2차 세계대전 종식 직후 이러한 정치적 목표를 정치적 접근 방법에 의해 달성코자 하는 시도들이 있었으나, 관련 당사국들의 이해관계가 첨예하게 대립되어 실현되지 못하였다. 정치적 접근방법은 무위로 끝났지만 지상의 과제로 남아있던 전쟁억지와 평화유지라는 목표를 달성하기 위해 대두된 것이 경제적 접근방법이었으며, 1951년의 유럽석탄철강공동체의 출범이 그 단초가 되었다. 정치적 목표를 달성하기 위해 우회적으로 경제적 접근방법을 선택했던 것이었으며, 이러한 접근 방법은 정치적 목표가 달성되었다고 판단되는 오늘날에도 그 의미를 잃지 않고 있다.

유럽석탄철강공동체의 출범 이후 1957년의 유럽경제공동체(EEC: European Economic Community), 1967년의 유럽공동체(EC: European Community), 그리고 1992년의 유럽연합(EU: European Union)에 이르는 유럽통합의 일련의 발전과정을 거치면서 유럽 각국은 유럽통합의 근원적 목표였던 유럽대륙 내에서의 전쟁억지와 평화유지에 성공했음은 물론 이와 함께 경제적 번영과 민주주의의 진전을 동시에 이루어 냈다. 유럽연합으로의 확대 재편 이후 1999년에 이루어진 단일통화 도입이라는 역사적인 사건은 유럽 각국의 결속이 공공해 지고 있으며, 유럽의 통합작업이 성공적인 궤도에 진입하였음을 나타내는 대표적인 예라고 할 수 있을 것이다. 유럽 통합작업의 진전과 함께 유럽 내에서의 평화유지, 경제발전, 그리고 민주주의의 신장이 동시에 이루어진 것이다.

그러나 2차 세계대전 이후 유럽이 추구했던 평화, 번영, 자유 등의 목표를 달성한 지금 유럽의 통합작업은 구체적이고 실질적인 지향점과 그 동인을 상실했다고도 볼 수 있다. 이미 달성한 이러한 목표들을 지속적으로 유지하려는 일련의 노력들이 오히려 그 목표 자체를 위협하는 현상까지도 나타나고 있는 것이다. 가령 유럽 전체의 평화, 번영, 자유를 증진시키기 위한 유럽연합 차원에서의 각종 규제가 회원국들의 주권을 심각하게 침해하고 있으며, 또한 회원국 내에서의 민주주의의 발전에 걸림돌이 되고 있는 것이다. 이러한 맥락에서 유럽의 일반 대중이 유럽연합의 각종 정책에 대해 무관심하거나 아니면 아예 모르고 있다는 소위 유럽연합과 유럽시민간의 괴리라는 심각한 문제는 그 해결점을 찾지 못한 채 더욱 심각한 상황으로 치닫고 있다. 유럽연합 차원의 지나친 의욕이 자칫 유럽통합 작업의 원초적인 목표였던 갈등과 분쟁의 해소를 근본적으로 침해할 수도 있다는 비판적 시각을 마냥 무시할 수만은 없을 것이다.

유럽통합의 당위성과 그 성과를 정확히 이해하기 위해서는 우선 유럽통합의 목표였던 평화, 번영, 자유 등의 달성과정을 재점검해 볼 필요가 있을 것이다. 평화의 유지와 관련해서는 과연 유럽통합 작업의 결과로 유럽에서의 평화가 유지된 것인 지에 의문을 제기해 볼 수 있다. 유럽의 통합 작업이 평화유지에 기여한 바를 부인할 수는 없지만, 동시에 미국을 중심으로 한 NATO의 역할 또한 부인할 수 없는 중요한 요인이었다. 유럽의 경제 발전 또한 유럽의 각종 협력 및 통합 노력의 산물임에는 분명하지만 같은 시기에 미국에서도 그리고 아시아 제국에서도 유럽 못지않은 경제발전이 이루어졌다는 사실을 무시할 수 없을 것이다. 민주주의의 신장 면에서도 마찬가지이다. 유럽통합 작업에 참여하고자 하는 의욕이 그리스, 스페인, 포르투갈에서의 독재 종식과 민주화 쟁취의 요인이 아니라고 얘기할 수는 없지만, 이들 회원국의 정치적 민주화에 브뤼셀이 어떠한 영향력을 행사했는지에 대해서는 의문을 제기할 수밖에 없으며, 구소련 및 동구권의 붕괴와 관련해서는 그 역할이 더욱 미미하였음을 인정하여야 할 것이다. 이러한 시각은 유럽통합 작업의 의미를 축소시키기 위한 것이 아니라, 제2차 세계대전 이후 유럽이 이룩한 정치, 경제, 사회 등 모든 분야에서의 모든 업적이 순수하게 유럽통합 작업의 산물만은 아니며 따라서 유럽통합 작업의 의미를 객관적으로 파악하기 위해 필요한 과정이 될 것이다.

그렇다고 유럽통합 작업에 대한 회의적 시각에 너무 큰 비중을 둘 필요도 없을 것이다. 실제로 단일통화 도입과 관련하여 미국의 학계를 중심으로 심각한 우려의 목소리와 함께 비판적 시각이 팽배했던 적이 있다.[185] 마틴 휄드스타인(M. Feldstein)은 단일통화의 도입이 정치적 긴장을 고조시켜 궁극적으로 회원국 간의 갈등을 증폭시킬 수도 있다고 주장하였다.[186] 그러나 유로 도입 10년이 지난 지금 유로 도입 비판론자들의 목소리는 상당히 작아지고 있다는 사실만 보더라도 유럽통합 작업에 대한 비판론에 너무 많은 비중을 둘 필요는 없을 것이다. 그러나 이와 함께 유럽에서 일어난 모든 일들이 순수하게 유럽통합의 결과물이라는 인식 역시 잘못된 것임을 잊지 말아야 할 것이다.

이러한 인식을 바탕으로 본 장에서는 유럽연합 회원국 간의 경제적 이해관계를 둘러싼 갈등 구조의 형성과 그 해결책에 대해 고찰하게 될 것이다. 인류는 다양한 성향의 개인들이 집단생활을 시작한 이래 일정한 단위와 조직을 형성해 왔고 그 운용을 위해 특정의 공동체적 의사결정 메커니즘을 발전시켜 왔다. 그러나 어떤 의사결정 메커니즘을 선택했든 지에 관계없이 그 결정 자체는 필연적으로 이해관계의 상충을 수반하게 된다. 일부가 혜택을 받고 나머지는 손해를 보는 경우가 있을 수 있고, 모두 혜택을 받거나 손해를 보지만 그 정도에 차이가 나는 경우 등이 있을 수 있을 것이다. 또한 그 혜택이나 손해의 내용이 정치적이거나 경제적일 수도 있고 아니면 기타 다양한 사회적 욕구를 내용으로 할 수도 있을 것이다. 그러나 일반적으로 어떠한 사회적 욕구 측면이 된다 할지라도 이해관계의 대립이 특정 측면에 국한되어 발생하는 것이 아니라 복합적으로 일어나게 되어 있다. 따라서 본 장에서 경제적 갈등을 고찰한다 하여 정치적, 사회적, 문화적 이해관계와 확연히 구별되는 것은 아니라는 사실에 유의해야 할 것이다.

어떤 조직이나 단위이든 관계없이 이해관계의 상충이 발생하는 주된 요인은 그 단위를 구성하는 구성원들의 다양성에서 비롯된다. 현재 유럽연합은 27개 회원국으로 구성되어 있으며, 정치적, 사회적, 문화적 배경의 다양성 못지않게 경제적으로도 다양한 성향을 보이고 있다. 회원국 간 경제적 갈등을 다른 측면에서의 갈등과 확연히 구분 지을 수는 없지만 본장에서는 회원국 간 갈등이 직접적으로 경제적 이해관계의 충돌에 있다고 일반적으로 판단되는 부분에 집중하여 조망할 것이다.

유럽연합 회원국 간의 경제적 갈등을 주제로 하는 본 장은 서론에 이어 제2절에서 인구, 경제 규모, 생활수준 등 회원국 간 경제적 갈등을 유발시킬 수 있는 회원국 구성상의 구조적 불균형과 유럽연합 각종 기구에서의 회원국의 대표성에 대해 살펴보게 될 것이다. 회원국 구성상의 구조적 불균형은 개별 회원국이 유럽연합의 회원국 여부를 떠나 원천적으로 지니고 있는 경제 지표 상의 차이를 의미하며, 회원국의 대표성이란 개별 회원국이 유럽연합의 회원국으로서 각종 기구 내에서 점유하고 있는 의사결정권의 크기를 의미한다. 제3절에서는 각 회원국이 지대한 관심을 보이고 있는 유럽연합 예산의 세입과 세출을 분석하고 여기서 발생되는 회원국 간의 경제적 이해관계의 상충을 살펴보게 될 것이다. 이어서 제4절에서는 유럽연합 회원국 간 경제적 이해관계 상충의 실례로 프랑스가 발단이 된 '룩셈부르크 타협(Luxembourg compromise)'과 영국의 주장으로 이루어진 '영국 예산환급금(UK rebate)', 그리고 의사결정 메커니즘을 둘러싼 폴란드의 반발로 빚어졌던 '야기엘로니안 절충안(Jagiellonian Compromise)' 등 3가지 사례를 집중적으로 분석하게 될 것이다. 유럽연합 내 회원국 간 경제적 이해관계의 상충을 적나라하게 드러내는 이 3 가지 실례의 분석을 통해 유럽연합이 안고 있는 문제점을 종합적으로 조망할 수 있을 것이다. 제5절은 본 장을 요약하고 정책적 시사점을 도출하게 될 것이다.

제2절 경제적 이해관계 상충 발생의 근본적 원인

1. 회원국 구성의 구조적 불균형

1) 인구 규모의 불균형

유럽연합은 2009년 현재 27개 회원국에 4억 9,500만 명의 인구를 거느린 거대한 조직이다. 한 국가 또는 한 국제기구의 세력을 가늠할 수 있는 중요한 척도 중에 하나가 인구임을 고려할 때 5억에 육박하는 인구를 가진 유럽연합은 세계에서 중국, 인도 다음의 세 번째 인구 대국으로서 정치적, 사회적 영향력 못지않게 경제적으로도 막강한 세력을 형성하고 있는 조직이다.

그러나 유럽연합의 5억 인구는 대외적으로는 그 막강한 영향력을 행사하지만, 유럽연합의 인구 분포는 개별 회원국 간에 심각한 불균형을 나타내고 있으며 회원국 간에 이해관계의 충돌을 야기하는 중요한 요소가 되고 있다. (그림 1)에 나타나 있듯이 유럽연합에서 가장 인구가 많은 독일은 말타 인구의 200배가 넘는 8,230만 명의 인구를 가지고 있다. 독일 다음으로 프랑스, 영국, 이태리, 스페인의 인구가 4,000만을 상회하고 있으며, 동유럽국가 중 폴란드의 인구가 3,800만 정도로서 그 뒤를 따르고 있다. 루마니아가 2,160만, 그리고 네덜란드가 1,640만 정도로서 비교적 인구가 많은 나라에 속한다. 이후 1,120만의 그리스에 이어 벨기에, 포르투갈, 체코, 헝가리, 스웨덴, 오스트리아, 불가리아가 인구 500만 이상 1,000만 미만의 국가에 속한다. 덴마크, 슬로바키아, 핀란드, 아일랜드, 리투아니아, 라트비아, 슬로베니아, 에스토니아의 인구가 100만에서 500만 정도의 분포를 보이고 있으며, 사이프러스, 룩셈부르크, 말타의 인구는 100만 미만으로서 유럽연합 회원국 중 인구 최소국에 속한다.

(그림 18) 유럽연합 회원국의 인구 규모(2007)

(단위: 백만명)

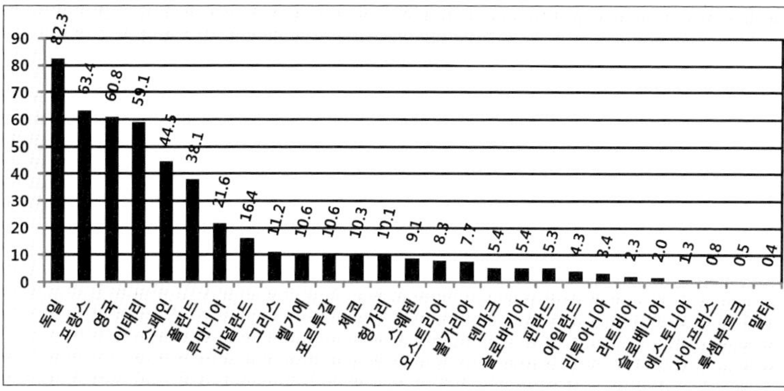

(출처) Eurostat (2008), p. 25.

독일, 프랑스, 영국, 이태리, 스페인 등 유럽연합의 인구 규모 상위 5개국이 유럽연합 전체 인구의 63%를 차지하고 있는 반면, 슬로베니아, 에스토니아, 룩셈부르크, 사이프러스, 말타 등 하위 5개국의 전체 인구 점유율은 4%를 약간 상회하고 있다. 유럽연합 27개국 사이에서 나타나고 있는 이러한 극심한 인구 규모의 불균형은 유럽연합 내 각종 기구에서의 의사결정 메커니즘의 결정에 영향을 미치게 되며, 또한 유럽연합의 각종 정책의 결정 및 그 집행과정에 있어서 이해관계의 충돌을 필연적으로 수반하게 된다.

2) 경제규모의 다양성

유럽연합 27개 회원국은 인구뿐만 아니라 그 경제 규모에 있어서도 천차만별의 모습을 보여주고 있다. 경제규모의 척도인 GDP를 보면 2006년 독일의 GDP는 2조 3,220억 유로에 달하고 있는 반면 말타의 GDP는 50억 유로로 독일의 0.2% 정도에 불과하다. 이러한 회원국 간 경제규모의 차이는 필연적으로 회원국 간의 경제적 이해관계의 상충을 야기하게 된다. (그림 2)가 보여주는 바와 같이 27개 회원국 중 소위

4대 강국인 독일, 프랑스, 영국, 이태리가 1조 유로 이상의 GDP를 기록하고 있으며, 그 뒤를 스페인과 네덜란드가 잇고 있다. 다음으로는 벨기에, 스웨덴, 폴란드, 오스트리아, 덴마크, 그리스, 아일란드, 핀란드, 포르투갈이 대략 1,500억 유로에서 3,000억 유로 사이의 GDP 중위국에 속한다. 2004년 확대 이전의 소위 EU-15 중 룩셈부르크를 제외한 14개 국가가 GDP 15위권에 들어 있으며, 신흥 회원국 중 폴란드가 유일하게 9위를 기록하고 있다. 12개 신흥 회원국 중 11개 회원국의 경제 규모가 1,000억 유로 미만이며, 라트비아, 사이프러스, 에스토니아, 말타의 GDP는 200억 유로를 넘지 못하고 있다.

(그림 19) 유럽연합 회원국 GDP 규모 (2006)

(단위: 10억 유로(경상가격))

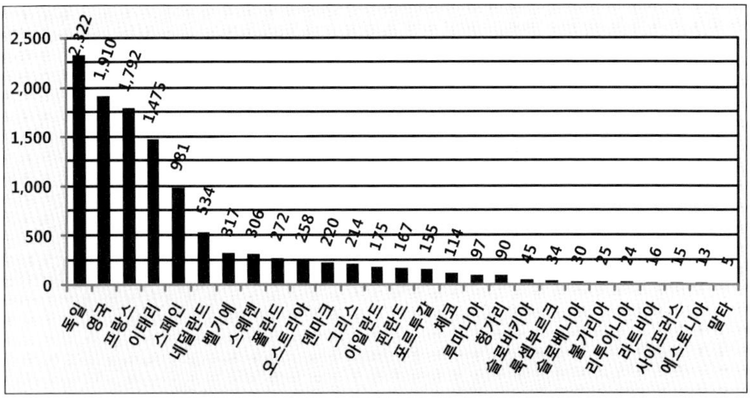

(출처) Eurostat (2008), p. 100.

독일, 영국, 프랑스, 이태리, 스페인 등 유럽연합의 GDP 상위 5개국이 유럽연합 전체 GDP의 73% 이상을 차지하고 있는 반면, 발트 3국과 사이프러스, 말타 등 GDP 하위 5개국의 전체 GDP 중 점유율은 0.5%에 머물고 있다. 유럽연합 27개 회원국 내의 심각한 경제 규모 간 차이는 유럽연합의 각종 정책의 결정 및 그 집행과정에 있어서 이해관계의 파생을 필연적으로 수반하게 된다.

3) 회원국 간 빈부 격차

회원국 간 인구 규모나 GDP 규모의 차이보다 더욱 심각한 갈등의 소지가 있는 것은 회원국 국민들 간의 빈부의 격차라고 할 수 있다. 생활수준을 1인당 GDP를 기준으로 보았을 때 2006년의 경우 세계 최고를 기록하고 있는 룩셈부르크가 65,400 유로인데 반해 가장 최근에 유럽연합에 가입한 불가리아나 루마니아의 1인당 GDP는 9,000 유로에 못 미치고 있다. (그림 3)에 나타나 있듯이 유럽연합 평균 1인당 GDP는 23,500 유로로서 2004년 확대 이전의 EU-15 중 그리스와 포르투갈만이 평균치에 약간 못 미칠 뿐 나머지 13개 회원국은 모두 유럽연합 평균치를 상회하고 있다. 한편 2004년과 2007년에 신규 가입한 12개 신입 회원국 모두가 유럽연합의 평균치를 밑돌고 있다.

(그림 20) 유럽연합 회원국 1인당 GDP 규모 (2006)

(단위: 유로, PPS)

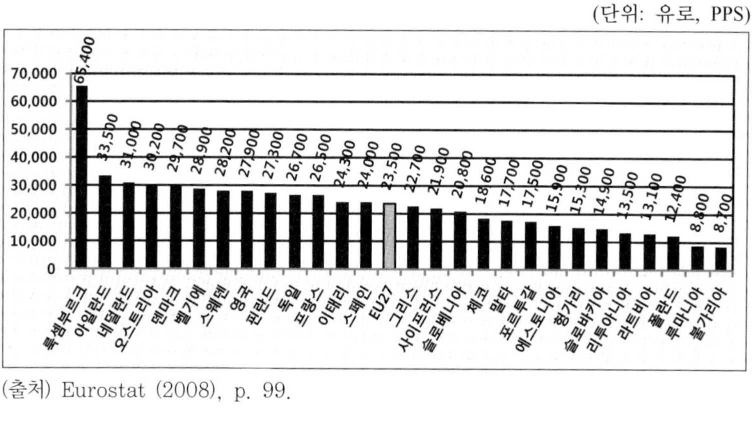

(출처) Eurostat (2008), p. 99.

일반적으로 1인당 GDP가 낮은 회원국이 유럽연합 차원에서의 각종 혜택을 더 많이 받으려 할 것이고 비교적 부유한 나라들은 그 부담을 지게 되기 때문에 유럽연합 내에서는 남북문제에 기인한 갈등이 내재되어 있다. 또한 2004년 이전에 가입한 국가들은 비교적 부유한 국가들이고 2004년 이후에 가입한 국가들은 대부분 동구권 국가들로 낮은 1인당 GDP를 보이고 있기 때문에 유럽연합 내 동서진영 간 경제적 이해관계의 상충이 첨예화 하고 있는 실정이다.

2. 회원국별 대표성의 문제

1) 유럽의회 의석수의 배분

유럽의회는 유럽인들에 의해 선출된 의원으로 구성되는 유럽연합의 유일한 기구로서 유럽인들의 민의를 반영한다는 의미에서 유럽연합과 유럽인 간의 민주주의의 성숙도를 보여줄 수 있는 대의기관이다. 1950년대 초기 단계에서의 유럽의회의 역할은 개별 독립국가의 의회가 각국의 정치체제에서 차지하는 비중에 비해 상당히 한정적이었으나 이제는 초기 단계의 상징적 의미에서 벗어나 유럽연합의 제도와 기구가 확대, 재편되는 과정에서, 그리고 유럽연합 내 제도와 기구에 대한 민주주의 요구가 높아짐에 따라 그 역할과 위상이 대폭적으로 증가되어 왔다.

유럽의회의 구성은 각 회원국으로부터 직접선거에 의해 선출되는 유럽의회 의원으로 구성된다. 유럽의회의 의석수는 유럽연합의 확대와 함께 변화해 왔는데 마스트리히트 조약이 체결된 1992년 이후 1994년까지는 총 518석이었으며, 1994년에는 567석으로 증가했다가 1995년 스웨덴, 핀란드, 오스트리아가 신규 회원국이 됨에 따라 626석으로 늘어났다. 2001년의 니스조약은 유럽의회의 의석 정수를 최대 732명으로 규정하였으며, 이에 따라 2004년 실시된 유럽의회 선거에서는 동년 가입한 10개 회원국을 포함한 25개 회원국에서 732명의 유럽의회 의원을 선출하였다. 2007년 루마니아와 불가리아가 가입한 이래 현재까지 유럽의회는 785명으로 구성되어 있다. 그러나 2009년에 치러지는 유럽의회 선거에서는 니스조약에 근접한 734명의 의원을 선출하게 된다. 한편 2007년 조인된 리스본조약(The Treaty of Lisbon)에 의하면 유럽의회는 의장을 포함하여 751명을 넘지 못하며, 각 회원국에 대한 의석의 배분은 인구수에 대해 체감비례적(degressively proportional)이되 1개 회원국의 의원 수 하한선은 6명으로 그리고 상한선은 96명으로 규정되어 있다.[187] 따라서 리스본조약이 모든 회원국에서 비준된 후에는 유럽의회의 구성이 이 조약에 의해 결정될 것이다.

(그림 21) 유럽연합 회원국의 인구 비율 및 유럽의회 의석수 비율 비교 (2009)

(단위: %)

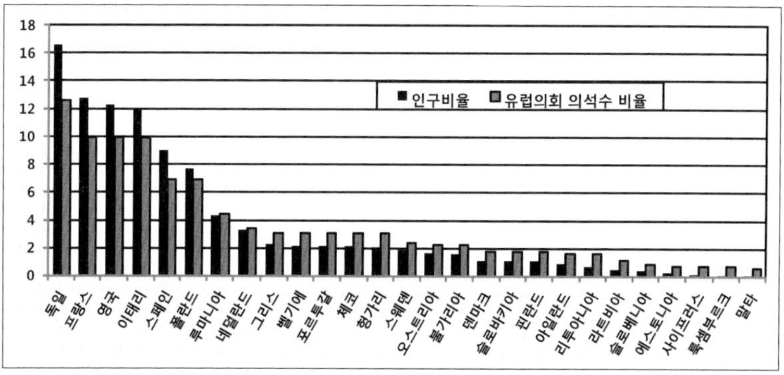

(출처) Eurostat (2008), p. 25; European Parliament (2009c).

(그림 4)는 유럽연합 회원국의 인구비율과 유럽의회의 785 의석 중 각 회원국이 차지하고 있는 의석수의 비율을 비교하여 보여주고 있다. 독일, 프랑스, 영국, 이태리, 스페인과 신흥회원국 중 폴란드는 의석 점유율이 인구 비율보다 적으나, 인구점유율이 4.36%인 루마니아부터 인구 최소국인 말타에 이르기까지 총 22개 회원국의 유럽의회 의석 점유율은 인구 비율을 상회하고 있음을 알 수 있다. 예를 들어 인구 점유율

16.62%인 독일의 유럽의회 의석수는 99석으로 총의석의 12.61%를 차지하는 반면, 0.08%의 인구점유율을 나타내고 있는 말타의 의석수는 5석으로 총의석의 0.64%를 차지하고 있다. 유럽연합의 인구 최대국인 독일은 유럽의회에 99명의 의원을 파견하고 있으며, 프랑스, 영국, 이태리가 각각 87명을, 그리고 스페인과 폴란드가 각각 54명의 유럽의회 의원을 파견하고 있다.

현재 유럽의회는 785명의 의원으로 구성되어 있는데, 각 회원국에 대한 의석의 배분은 원칙적으로 인구에 비례하나 완전한 정비례는 아니다. 그 이유는 인구 비례에 맞추어 의석을 배분할 경우 인구가 적은 회원국의 의석수는 그 의미를 상실할 만큼 작은 반면 인구 대국인 독일이나 프랑스, 영국, 이태리 등의 의석수는 의회에서의 의사결정에 결정적 역할을 할 수 있을 만큼 크기 때문에 적절한 조정이 필요했기 때문이다. 리스본조약에서 언급하고 있는 각 회원국에 대한 유럽의회 의석 정수의 이러한 체감비례적 배분은 인구 대국의 영향력을 부분적으로 양보하는 대신 인구 소국의 영향력을 인구 비율 이상으로 확대시켜 유럽연합에의 참여 동기를 부여하는 한편 인구 소국들의 경제적 이익을 보호할 수 있도록 마련된 제도적 장치라 말할 수 있다.

따라서 유럽의회의 구성에 있어서 이미 회원국 간의 경제적 이해관계의 충돌을 예방코자 하는 조치들이 취해진 것으로 해석할 수 있다. 그러나 유럽의회의 권한과 기능이 확대되고 있는 추세에 비추어 볼 때 이러한 조치가 유럽연합 회원국 중 작은 나라들의 경제적 이해관계를 충분히 보장할 수 있는 장치라고 단언할 수 없으며, 또한 유럽의회에서의 이러한 체감비례적 의석의 배분을 소위 대국들이 언제까지 그리고 어느 선까지 용납할 수 있을 것인가에 대한 의문은 여전히 남아있게 된다. 실제로 리스본조약에서는 대국들의 영향력을 확대시키기 위한 일련의 조치들이 취해졌으나 이 조약의 발효를 위해서는 27개 회원국 전체의 비준을 요건으로 하고 있기 때문에 아직은 그 조치가 구체화되지 못하고 있는 상황이다.

3. 이사회의 투표수 배분

유럽연합 이사회 또는 유럽연합 각료이사회는 유럽연합의 주요 의사결정기구로서 유럽의회와 같이 1950년대의 창설 조약들과 함께 설치되었다.[188] 각료이사회는 회원국을 대표하며, 이사회에는 각 회원국 관련 부처의 각료 1인씩이 참여한다. 어떤 이사회에 어떤 각료가 참석하는 지는 의안의 성격에 따라 달라진다. 가령 환경 관련 안건을 다루는 이사회에는 각 회원국의 환경 관련 각료가 참석하며 흔히 '환경이사회'라 칭한다. 유럽연합의 대외관계는 총무·외무이사회가 관장하는데, 이 총무·외무이사회의 책임 영역은 상당히 광범위하여 이 이사회에 참여하는 각료는 외무각료에 국한되지 않고 회원국이 정하는 어떤 각료라도 참석할 수 있다.

각료이사회에는 2009년 현재 총무·외무이사회, 경제·금융이사회, 사법·내무이사회, 고용·사회정책·보건·소비자문제이사회, 경쟁이사회, 교통·통신·에너지이사회, 농수산이사회, 환경이사회, 교육·청소년·문화이사회 등 총 9개의 분야별 이사회가 설치, 가동 중에 있다. 매년 4회 정도 유럽연합 회원국의 대통령 또는 수상들과 유럽연합집행위원회 위원장이 회동을 가지는데, 이 모임을 유럽이사회(European Council)라 한다. 유럽이사회에서는 각료이사회 차원에서 결정할 수 없는 사안들을 결정하게 되는데, 그 구성이나 성격으로 보아 최상층 각료이사회라고 볼 수도 있을 것이다. 유럽이사회와 각료이사회에서의 의사결정은 동일한 가중치에 동일한 방식을 따른다.

각료이사회는 유럽연합의 주요 의사결정 기구로서 다음과 같은 기능을 수행한다.

- 유럽연합의 법안 결정(대부분의 경우 유럽의회와 공동 결정)
- 회원국 간 경제정책의 골격 조정
- 유럽연합과 제3국 또는 국제기구와의 각종 조약 체결
- 유럽의회와 공동으로 유럽연합 예산 승인
- 유럽이사회의 지침에 근거하여 유럽연합의 공동외교안보정책 개발
- 범죄 문제에 있어서 각 회원국의 경찰 및 사법기관 간 공조체제 조정

유럽이사회와 각료이사회의 의장은 각 회원국마다 6개월씩 윤번제로 맡게 된다. 따라서 의장국이 되는 회원국은 이사회의 주요 안건 및 의사일정을 조정하고 유럽이사회 및 각종 각료이사회의 회의를 주관하게 된다. 유럽이사회의 의장은 이사회 사무총장의 보좌를 받는데 사무총장은 유럽연합의 공동외교안보정책 담당 고위대표가 맡게 된다. 결국 유럽이사회에서는 유럽연합이 필요로 하는 제반 사항의 커다란 골격이 정해지고 각료이사회는 유럽연합집행위원회와 함께 그 세부사항을 준비하는 한편 준비된 사안에 대한 최종적인 결정을 하게 된다고 볼 수 있다. 따라서 유럽이사회가 되었든 각료이사회가 되었든 유럽연합의 제반 제도와 규정을 심의 결정하기 때문에 이사회의 의사결정 방식은 모든 회원국의 초미의 관심사가 아닐 수 없으며, 그 결과 나타난 의사결정 방식은 상당히 복잡한 양상을 띠게 되었다.

각료이사회와 유럽이사회에서의 결정은 원칙적으로 투표에 의해 이루어진다. 그러나 실질적으로 투표에 의해 결정되는 경우는 극히 부분적이며, 거의 모든 경우에 회원국 간에 소위 '의견의 일치'를 보아 안건을 결정한다. 투표가 이루어지는 경우, 의사결정의 방법으로는 관련 사안에 따라 만장일치제도와 가중다수결 제도가 적용되고 있다. 회원국의 이해관계가 첨예하게 대립되는 사안에 대해서는 만장일치제가 적용되는데, 조약의 개정, 회원국의 확대, 다년간 예산안, 공동외교안

보정책, 조세정책, 망명 및 이민정책 등에 관한 사안이 만장일치의 대상이다. 그 밖의 대부분의 안건에 대해서는 다수결의 원칙이 적용되는데, 이사회 고유의 가중다수결(QMV: Qualified Majority Voting) 제도가 적용된다.

이사회의 가중다수결 제도는 우선 인구를 기준으로 각 회원국에 가중치가 부여된다는 것이 특징이다. 따라서 이사회의 표결 과정에서 각 회원국의 투표수는 서로 다르며, 인구가 많은 회원국에 보다 많은 투표수가 부여되나 이 투표수가 회원국의 인구에 정비례하는 것은 아니다. 대체적으로 보아 이사회에서의 각 회원국의 투표수는 유럽의회의 의석정수 배분에서처럼 인구수에 체감비례하지만 일정한 수식에 의해 산출된다기보다는 체감비례를 원칙으로 하되 정치적 타협에 의해 정해졌다고 볼 수 있다. 이사회의 가중다수결 제도는 1958년 유럽경제공동체가 창설되면서부터 적용되기 시작하였는데, 당시 총 17표 중 독일, 프랑스, 이태리가 각각 4표를, 네덜란드와 벨기에가 각각 2표를 그리고 룩셈부르크가 1표를 행사하도록 되어 있었다.

(표 1) 회원국별 이사회 투표수 및 경제사회/지역위원회 위원수 배정 (2009)

회원국	이사회 가중치		경제사회/지역위원회 위원 배정	
	투표수	%	위원수	%
독일, 프랑스, 영국, 이태리	29	8.41	24	6.98
스페인, 폴란드	27	7.83	21	6.10
루마니아	14	4.06	15	4.36
네덜란드	13	3.77	12	3.49
그리스, 벨기에, 포르투갈, 체코, 헝가리	12	3.48	12	3.49
스웨덴, 오스트리아, 불가리아	10	2.90	12	3.49
덴마크, 슬로바키아, 핀란드, 아일란드, 리투아니아	7	2.03	9	2.62

회원국	이사회 가중치		경제사회/지역위원회 위원 배정	
	투표수	%	위원수	%
라트비아, 슬로베니아, 에스토니아	4	1.16	7	2.03
사이프러스, 룩셈부르크	4	1.16	6	1.74
말타	3	0.87	5	1.45
EU27	345	100.00	344	100.00

(출처) European Communities (2001), pp. 82-84; European Communities (2007a), pp. 160-163.

이사회의 총 투표수와 투표수의 각 회원국에 대한 배분은 회원국의 확대와 함께 변천을 거듭해 왔는데, 2001년의 니스조약, 2004년의 유럽헌법조약, 2007년의 리스본조약 모두에서 27개 회원국을 상정하고 총 투표수를 345표로 결정하고 있다. 독일은 유럽의회에서 프랑스, 영국, 이태리보다 많은 의석을 차지하고 있지만, 이사회에서는 독일을 포함한 소위 4대 강국이 29표로 동일한 의결권을 가지고 있다. 니스조약에서 리스본조약에 이르는 유럽연합의 주요 조약에는 각 회원국에 가중치를 부여하여 이사회에서의 표결권을 설정하는 한편, 유럽연합의 자문기구인 경제사회위원회와 지역위원회의 구성에 있어서도 각 회원국에 가중치를 부여하여 회원국 간에 위원수를 배분하고 있다. 이사회에서는 참여 인원은 회원국 당 1명이지만 그 비중에 차이가 있는 것이고, 경제사회위원회와 지역위원회의 경우에는 그 구성 자체에 가중치를 부여하여 서로 다른 수의 위원이 각 회원국에서 파견되어 업무에 종사하도록 되어 있다. 경제사회위원회와 지역위원회의 회원국별 위원 수 배정은 동일하다.

(표 1)에 나타나 있듯이 이사회에서의 각 회원국별 투표수는 독일, 프랑스, 영국, 이태리 등 4대 강국에 각각 29표씩이 배분되며, 스페인과 폴란드가 각각 27표씩을 행사하도록 되어 있다. 이들 6개국의 투표

수 합은 170표로서 이사회 의결권의 49% 이상을 차지하고 있다. 이후 루마니아가 14표, 네덜란드가 13표를 차지하고 있고 벨기에, 체코, 그리스, 헝가리, 포르투갈이 각각 12표를 차지하고 있다. 그 다음으로는 오스트리아, 불가리아, 스웨덴이 각각 10표, 덴마크, 아일랜드, 리투아니아, 슬로바키아, 핀란드가 각각 7표씩을 차지하고 있다. 인구 소국인 사이프러스, 에스토니아, 라트비아, 룩셈부르크, 슬로베니아에는 각각 4표씩이 배분되어 있으며, 인구 최빈국인 말타에는 3표가 배분되어 있다. 6대 인구 강국의 의결권이 49%인데 반해 6대 인구 소국의 의결권은 7%를 넘지 못하고 있다.

(그림 22) 유럽연합 회원국의 인구 비율 및 이사회 투표수 비율 비교 (2009)

(단위: %)

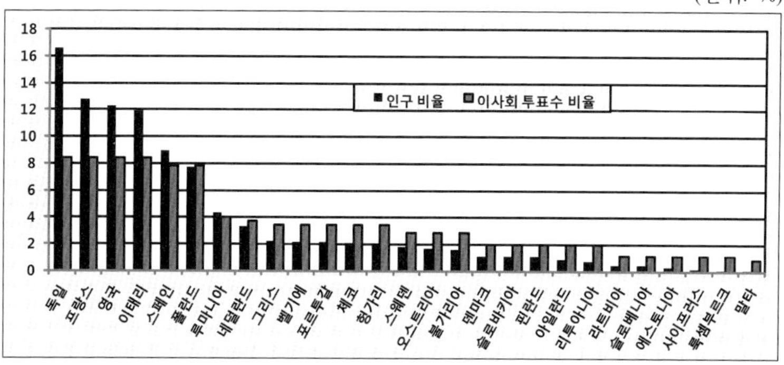

(출처) European Communities (2001), p. 82; Eurostat (2008), p. 25.

(그림 5)가 보여주고 있듯이 이사회에서의 투표수는 인구에 비례하되 체감적으로 비례하도록 배분되어 있다. 독일, 프랑스, 영국, 이태리 등 인구 4대 강국은 이사회 투표수의 비율이 인구비율에 비해 현저히 낮은 반면 스페인과 폴란드, 그리고 루마니아와 네덜란드는 인구 비율에 근접하고 있음을 알 수 있다. 인구 1,100만 정도의 그리스를 포함한 인구

소국들의 이사회 투표수는 인구비율보다 현저히 높게 배정되어 있다.

4. 이사회의 가중다수결제도

이사회에서의 논의 및 의사결정 과정에서 각 회원국에게 인구에 체감비례하게 투표수를 부여했다 해서 모든 일이 끝나는 것은 아니다. 투표수를 체감비례하게 배분했을지라도 의결 요건을 어떻게 결정하느냐에 따라 일단의 회원국들, 특히 인구 대국들이 의사결정의 방향을 결정하거나 또는 그 반대의 현상이 나타날 수 있기 때문이다. 이미 언급했듯이 이사회에서는 몇몇 주요 사항에 대해서는 만장일치를 원칙으로 하고 있다. 그 이외의 대부분의 경우 의사결정 메커니즘으로서 가중다수결제도를 채택하고 있는데 이 가중다수결의 원칙은 회원국의 확장과 함께 변해 왔으며 세월이 흐르면서 더욱 복잡한 양상을 띠게 되었다.

1958년 유럽경제공동체(EEC) 당시 17표로 출발한 이사회 총투표수는 1973년 제1차 확대에 따라 회원국에 대한 투표수의 배분에 커다란 변화가 있었으며 이를 기본 골격으로 2차, 3차, 그리고 4차 확대까지는 신입 회원국에 대한 새로운 투표수의 배분으로 총투표수가 늘어나는 형식이었다. 1995년 제4차 확대 이후 유럽연합이사회의 총투표수는 87표였으며 가중다수결제도는 총투표수 87표 중 62표(71.3%)를 통과 요건으로 하고 있었다. 따라서 26표가 반대를 하면 안건의 통과를 저지할 수 있었다. 그러나 인구 대국에 더 많은 투표수가 배분되었기 때문에 71.3%가 15개 회원국의 71.3%를 초과하는 11개국을 의미하지 않으며, 또한 인구 소국에 인구비율보다 높은 비율의 투표수가 배분되었기 때문에 총투표수의 71.3%가 회원국 전체 인구의 71.3% 이상을 대변하지 못하는 문제점을 안고 있었다.

이러한 문제점을 해결하고 또 2004년으로 예정되어 있던 10개 회원국 확대에 대비하기 위해 유럽연합은 2001년 니스이사회에서 체결된 니스조약에 새로운 가중다수결제도를 명시하였는데 이 가중다수결제도는 이사회에서 결정되는 안건의 대표성을 제고시키는 효과를 거두기는 하였으나 이사회의 의결 가능성을 저하시키는 역효과 때문에 거의 실패작으로 평가되고 있다. 니스조약의 가중다수결제도에서 상정된 안건이 이사회를 통과하려면 다음과 같은 조건을 충족시켜야 한다.

- 회원국의 50% 또는 3분의 2 이상 찬성[189] (즉 14개 회원국 또는 19개 회원국의 찬성)
- 총투표수 345표 중 255표 이상 찬성 (총투표수의 73.9% 이상 찬성)
- 유럽연합 회원국 전체 인구수의 62% 이상 찬성[190]

2007년 6월 유럽연합 회원국의 정상들은 브뤼셀 유럽이사회에서 2001년의 니스조약에 명시된 가중다수결제도를 2014년 10월 31일까지 적용하고, 2014년 11월 1일부터 2017년 3월 31일까지는 니스조약의 가중다수결제도와 새로운 가중다수결제도를 혼용하는 과도기를 거친 다음 2017년 4월 1일부터 전면적으로 새로운 다중다수결제도를 적용하기로 합의하였다.[191] 리스본조약에 명시되어 있는 새로운 가중다수결제도에서는

- 회원국의 55% 또는 72% 이상이 찬성(15개 회원국 또는 20개 회원국의 찬성)하되 유럽연합 회원국 전체 인구수의 65% 이상을 대표하는 경우
- 또는 상정된 안건의 기각 요건을 충족시키지 못하는 경우에 상정된 안건이 이사회 통과 요건을 충족시키는 것으로 보고 있다. 리스본조약에는 통과를 위한 조건과 함께 상정된 안건을 기각시킬 수 있는 조건이 명시되어 있는데

- 최소한 4개 회원국이 상정된 안건에 반대하는 경우나
- 또는 일부 회원국이 표결에 참여하지 않는 경우 참여 회원국 전체 인구의 35%를 대표할 수 있는 최소한의 회원국 수에 1개 회원국을 더한 수의 회원국이 상정된 안건에 반대하는 경우에는 상정된 안건의 이사회 통과 요건이 충족되지 않는 것으로 보고 있다.

리스본조약에 따른 가중다수결 제도는 이전의 제도에 비해 몇 가지 특징을 가지고 있다. 우선 회원국에 체감비례적으로 배분된 투표수의 기능이 없다는 것이다. 345표의 총투표수 중 일정 비율의 투표수를 획득해야 안건이 통과된다는 것이 종래의 관행이었는데 리스본조약에서는 이를 폐지하고 27개 회원국 중 55% 또는 72%의 조건과 인구 65%의 조건만이 남아 있게 되었다. 또 하나는 상정된 안건을 기각할 수 있는 가능성을 열어 놓았다는 점이다. 리스본조약에 의한 가중다수결에서는 상정된 안건에 반대하는 회원국들이 일정 수에 다다르면 통과 요건의 구비 여부에 관계없이 해당 안건을 부결시킬 수 있게 되었다. 이로써 소위 소국들이 대국들의 전횡을 견제할 수 있는 제도적 틀이 마련되었는데 이는 리스본조약에 따라 이사회에서의 가중다수결 요건 중 그간 인구에 체감비례적으로 배분되었던 투표수의 의미가 사라지면서 상대적으로 취약해진 소국들의 이해관계를 보장하기 위한 조치로 풀이된다.

2007년 12월 13일 체결된 리스본조약은 각 회원국에서의 비준 절차를 거쳐야 한다. 체결된 후 순조롭게 진행되던 비준 절차는 2008년 6월 아일랜드의 국민투표에서 반대표가 다수를 차지하면서 주춤하는 듯했으나 2009년 5월 현재 아일랜드에서의 2차 국민투표와 체코 상원에서의 인준 절차만을 남겨 놓고 있는 상태이다. 리스본조약에 대한 비준 절차가 종료되고 나면 2014년까지는 니스조약에 의거한 가중다수결제도가 적용되고 2014년 11월 1일부터는 리스본조약에 의한 가중다수결제도가 점진적으로 적용되기 시작할 것이다.

이사회에서의 의사결정 메커니즘의 근저를 형성하는 각 회원국에 대한 투표수의 배분과 변천을 거듭해 온 가중다수결제도의 원칙은 유럽연합 회원국 구성의 다양성을 제도 안에서 포용하고 그 다양성에서 비롯되는 각종 이해관계의 대립을 완화시키며 궁극적으로 대국에 의한 횡포를 염려하는 소국들의 불안을 해소시켜 주려는 목적을 가지고 있다. 그러나 어떠한 제도를 채택한다 할지라도 회원국의 다양성에서 비롯되는 이해관계의 상충을 100% 다 해소할 수는 없는 일이며 따라서 제도적 장치의 설치에도 불구하고 이해관계의 충돌은 불가피하며, 제도적 장치 자체의 변화 역시 지속적으로 요구될 것이다.

제3절 유럽연합 예산 측면에서의 갈등

1. 유럽연합 예산의 규모와 구성

유럽연합의 예산은 일반 독립국가의 예산과는 상당한 차이를 보인다. 독립국가의 예산이 국가 운영 전반에 소요되는 규모인데 반하여 유럽연합의 예산은 제한적일 수밖에 없는 유럽연합의 각종 정책 및 이를 위해 소요되는 경비에 국한되기 때문이다. 유럽연합의 예산은 집행위원회가 준비하고 유럽연합이사회와 유럽의회가 이를 승인하게 되는데 예산의 원칙에 따라 세입과 세출이 균형을 이루어야 한다.

(그림 6)과 (그림 7)은 각각 유럽연합의 2007년도 세입과 세출의 구성을 보여주고 있다. 2007 회계연도의 경우 유럽연합의 총수입은 1,175억 6,300만 유로였으며 총지출은 1,163억 6,050만 유로였다. 유럽연합의 예산 규모는 27개 회원국 전체 국민총소득의 1% 정도를 차지하고 있으며, 체코공화국의 국민총생산과 비슷한 수준으로서 27개 회원국 정부지출의 2.1% 정도에 해당한다. 유럽연합의 연간 총 재정 재원은

소위 자체재원(own resources)에 의해 충당되는데, 2007년의 경우 자체재원 중 GNI재원이 62.9%를 차지하여 압도적인 비중을 나타내고 있으며, 그 다음으로 부가세재원이 16.5%, 전통관세재원이 14.1%를 차지하고 있다. 한편 총세출은 2007년의 경우 지속가능성장에 37.5%, 자연자원의 보존 및 관리에 46.3%가 지출되어 이 두 가지 항목이 단연 압도적인 위치에 있으며, 행정에 소요되는 경비는 총세출의 6.2%에 불과하다.

(그림 23) 유럽연합 세입 구성(2007)

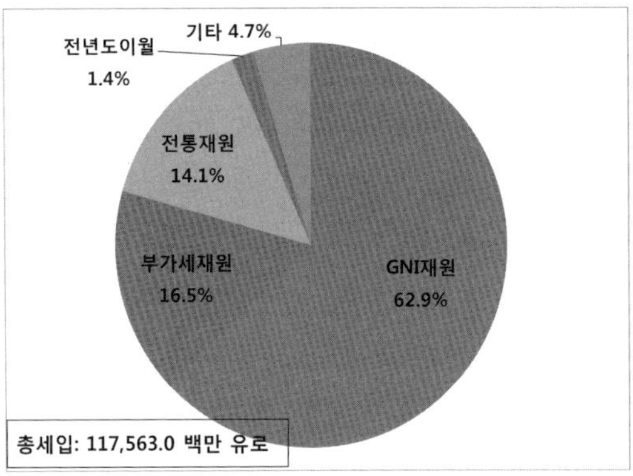

(그림 24) 유럽연합 세출 구성(2007)

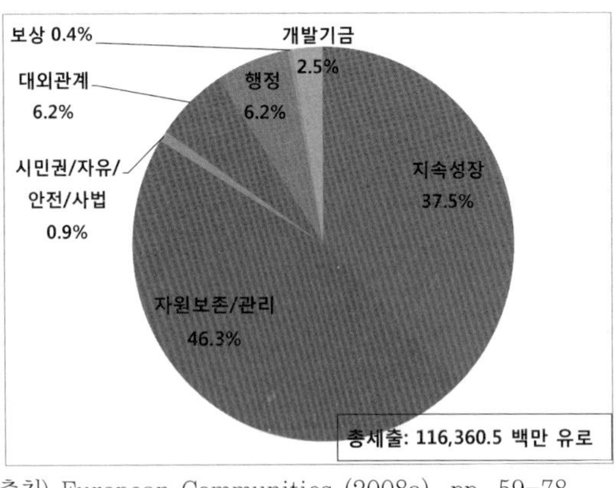

(출처) European Communities (2008a), pp. 59-78.

(그림 8)에서 알 수 있듯이 유럽연합의 예산 규모는 유럽연합 회원국의 확대, 정책 영역의 확장 등에 따라 지속적으로 증가되어 왔다. 총지출을 기준으로 보았을 때, 1958년 8,130만 ECU에 불과했던 예산은 1988년 424억 9,520만 ECU로 증가되었으며, 2004년에는 1,023억 9,840만 유로를 기록하여 처음으로 1,000억 유로를 돌파한 후 2007년에는 1,163억 6,050만 유로를 기록하고 있다.[192]

(그림 25) 유럽연합 예산 총수입 및 총지출의 변화 추이 (1970-2007)

(단위: 백만 유로)

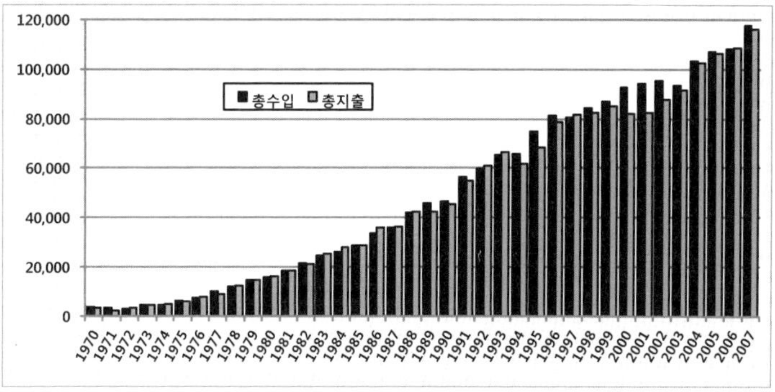

(출처) European Communities (2008a), pp. 59-78.

유럽연합의 예산 자체가 회원국의 분담에 의해 조달되며, 조달된 예산의 대부분이 각종 명목으로 각 회원국에게 배분되기 때문에, 예산의 규모가 커지면 커질수록 회원국 간의 이해관계 상충의 여지가 넓어지게 된다. 또한 이처럼 증가일로에 있는 유럽연합의 예산이 어디까지 증가할 것인가 하는 문제는 회원국은 물론 유럽연합 자체에게도 심각한 고민이 아닐 수 없다. 이러한 문제를 해결하기 위하여 유럽연합은 1988년부터 소위 '다년간 재정계획'(Multi-annual Financial Framework)의 원칙에 합의하고 1988년부터 1992년까지는 5개년 계획을, 이후에는 7개년 계획을 수립하여 재정 운용의 효율성 제고를 위해 노력하고 있다. 이러한 노력의 일환으로 유럽연합 재정의 상한선을 회원국 간 합의에 의해 결정하게 되는데, 현재 이 한도는 유럽연합 회원국 전체 국민총소득의 1.24%로서 예산 편성에 있어서 회원국의 합의가 없는 한 어떠한 이유로도 이 1.24% 상한선을 침범할 수 없다. 실질적인 측면에서 보면 1990년에 1%를 약간 상회한 적이 있으나 대부분 1% 미만을 유지하고 있다.

2. 유럽연합 예산의 세입과 세출

유럽연합의 재정 수입은 자체 재원(own resources)과 기타 재원으로 구성되어 있다. 2007년 예산의 경우 총예산 1,175억 6,300만 유로 중 자체 재원이 93.5%를 차지하고 나머지 6.5% 정도가 기타 재원이었다. 유럽경제공동체의 출범 초기에는 공동체의 예산이 각 회원국의 재정기여에 의존하고 있었으나 1970년 4월 21일 회원국의 재정기여는 자체 재원으로 대체되었으며, 이로서 공동체는 재정적인 독립을 확보할 수 있었다.

자체재원은 크게 네 가지로 나뉜다. 그 첫 번째가 농산물 및 설탕에 부과되는 관세수입이며, 두 번째가 기타 물품에 부과되는 관세수입이다. 이 두 가지를 전통적 자체재원이라 한다. 세 번째로는 부가가치세 수입인데 모든 회원국 GNP의 50%를 부가가치세 과세대상 상한선으로 하고 과세대상에 최고 0.5%의 범위 내에서 일률적인 부가가치세율을 적용하고 있다. 소위 "제4 재원"이라 하는 네 번째 재원은 1988년부터 도입된 제도로서 회원국 국민총소득에 일정 백분율을 일률적으로 적용하게 된다. 이 국민총소득 재원은 다른 재원의 규모를 추정한 후 예산 부족분을 보충한다는 성격이기 때문에 "추가 재원"이라고 불리기도 한다. 이 밖에도 '영국예산환급금'이라 하여 영국의 유럽연합에 대한 예산 분담과 유럽연합으로부터의 지원금 간 현격한 차이를 보상하기 위하여 각 회원국이 부담하는 항목이 있는데 이 항목도 자체재원의 한 항목을 구성한다. 또한 내무 및 사법정책의 일부 분야에 덴마크(2003년부터)와 영국, 아일랜드(2006년부터)가 참여하지 않고 있는데 미미한 액수이긴 하지만 이를 반영하기 위한 예산상의 조정이 자체재원의 한 항목을 구성하고 있다.

일반적으로 보아 전통자체재원은 각 회원국이 유럽연합을 대신하여 제3국으로부터의 수입 물품에 관세를 부과하고 이를 다시 유럽연합에 이전하는 것이기 때문에 엄밀한 의미에서 각 회원국이 부담하는 것은 아니다. 각 회원국은 다만 관세부과 및 징수비용으로 총 징수액의 25%를 보전 받고 있다. 그러나 부가가치세 재원이나 GNI재원, 그리고 영국 예산환급금이나 내무사법재원 등은 각 회원국이 부담하는 것이라서 이들을 회원국의 재정분담이라 할 수 있다. 따라서 총 자체재원에서 전통 자체재원을 제외한 부분이 각 회원국의 분담에 의해 조달되는 것이다. 그리고 각 회원국이 분담하는 부분의 크기는 총자체재원의 구성 내용에 따라 달라지며, 분담 비중이 큰 회원국에게는 자연히 큰 부담이 지워지는 것이기 때문에 각 회원국들은 분담 비중을 최소화하기 위하여 노력하게 된다.

(그림 26) 유럽연합 자체재원 항목별 구성비 변화 추이 (1988-2007)

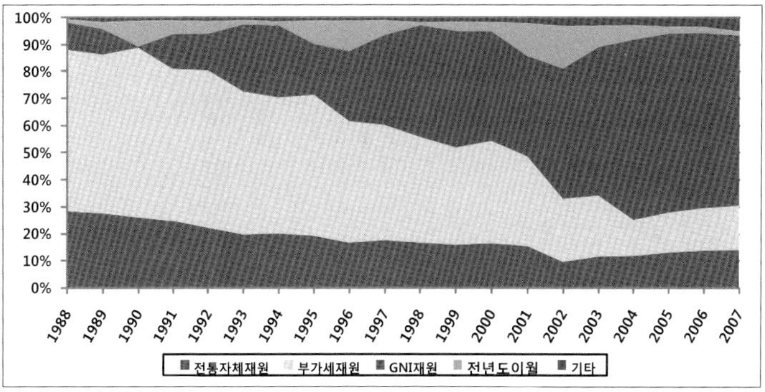

(출처) European Communities (2008a), pp. 59-78.

(그림 9)는 유럽연합의 재정수입원을 의미하는 자체재원의 각 연도별 구성비를 보여주고 있다. 국민총소득기준 자체재원, 즉 GNI재원이 1988년부터 시작되었기 때문에 이를 반영하기 위하여 1988년부터 2007년까지의 통계자료를 사용하였다. 그림에서 알 수 있듯이 GNI재원이 급격한 증가를 보이는 반면 부가세재원의 비중이 상응한 감소 추세를 나타내고 있다. 제3국으로부터의 관세 수입을 나타내는 전통자체재원 역시 그 비중이 완만한 감소세를 나타내고 있다. 이미 (그림 6)에서 보았듯이 2007년의 자체재원 중 GNI재원의 비율이 62.9%로서 자체재원 전체의 3분의 2에 가까우며, 부가세재원은 16.5%로서 개별 회원국의 재정적 부담으로 분류되는 이 두 가지 항목이 거의 80%에 육박하고 있다. 전통관세재원은 14.1%를 차지하고 있다.

부가세재원은 부가가치세의 과세대상에 일정 퍼센티지를 추가로 부과하는 형식이지만 GNI재원은 다른 모든 재원으로부터의 재정확보 가능성을 파악한 후 부족분을 보충하는 성격으로서 각 회원국의 국민총소득에 일정 퍼센티지를 부과하기 때문에 각 회원국의 심리적 부담이 더 클 수밖에 없다. 부가세재원은 간접세의 형식으로, GNI재원은 직접세의 형식으로 부과되는 것으로서 독립 국가의 조세의 개념과 크게 다르지 않다.

유럽연합의 각종 제도와 기구를 운영하고 제반 정책을 집행하기 위하여 일정 부분의 재정이 소요되며, 이를 다른 방법으로 조달할 수 없는 상황에서 그 상당 부분을 회원국의 직접적인 분담에 의존할 수밖에 없다는 사실에 모든 회원국이 동감할 것이다. 그리고 모든 회원국이 자국의 부담을 줄이기 위해 노력했다 할지라도 회원국 간에 합의된 재원 염출의 방법은 민주적으로 결정되었으며, 따라서 이에 대한 회원국의 반발이나 개정에 대한 욕구는 그다지 크지 않을 것이다. 그러나 유럽연합의 각종 정책에 따라 예산의 상당 부분이 각 회원국에게 분배되며, 그 분배의 규모가 정책의 성격에 달려 있다면 모든 회원국들이 정책에 영향을 미쳐 유럽연합으로부터 보다 많은 지원금을 받으려 노력하게 될 것이다. 이러한 의미에서 유럽연합이 재정 재원을 어떠한 방식으로 조달하느냐보다 더욱 심각한 갈등의 소지를 안고 있는 것이 유럽연합의 재정지출 내용이 될 것이다.

(그림 27) 유럽연합 재정지출 항목별 구성비 변화 추이 (1961-2006)

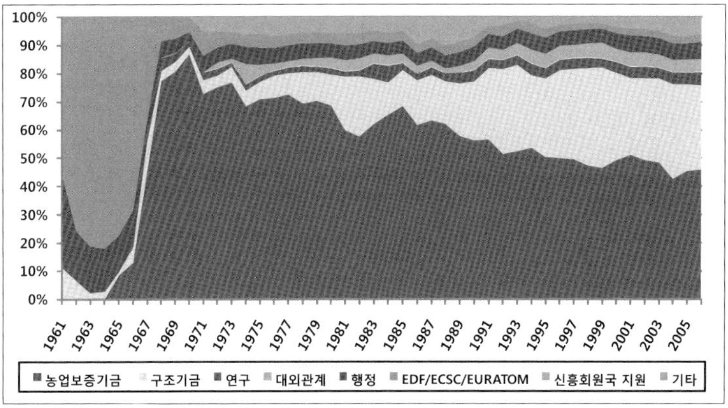

(출처) European Communities (2008a), pp. 59-78.

이미 언급했듯이 유럽연합은 일반 독립국가에 비해 지극히 한정된 분야에 한정된 내용의 정책만을 집행하고 있다. 따라서 예산도 특정 분야에 집중적으로 지출되는 구조를 가지고 있다. (그림 10)은 1961년부터 2006년까지 유럽연합 재정지출의 항목별 구성비의 변화를 보여주고 있다. 제도의 정착이 완성되지 않았던 1960년대 초반에 대한 논의는 접어두기로 하고 1960년대 후반부터 2006년까지의 흐름에서 가장 두드러진 특징은 농업보증기금과 구조기금이 재정지출의 대부분을 차지하고 있다는 사실과 또한 농업보증기금의 비중이 점점 줄어드는 대신 구조기금의 역할이 점증하고 있는 현상이다. 이 그림의 구조기금은 유럽농업지도기금, 유럽지역개발기금, 유럽사회기금, 결속기금 등을 포함하며, 유럽통합의 결과 산업적 구조조정이 필요할 경우 이에 소요되는 비용과 이로 인해 낙후된 지역의 발전을 위해 사용되는 기금이다. 한편 농업보증기금은 유럽연합의 공동농업정책(CAP)을 유지하기 위해 필요한 재원을 조달하는 기금이다.

유럽연합의 연간 예산의 대부분은 공동농업정책(CAP: Common Agricultural Policy)과 지역정책(Regional Policy)에 지출되고 있다.[193] (그림 10)이 보여 주고 있듯이 이 두 가지 정책에 소요되는 재원은 1960년대 후반 이래 줄곧 총예산의 80% 안팎을 차지해 왔다. 그나마 1970년대 중반까지는 총예산 중 공동농업정책 점유율이 70% 이상이었고 지역정책의 점유율은 10% 미만이었다. 따라서 초기 단계에서 각 회원국이 공동농업정책으로부터 얼마만큼을 지원받느냐는 모든 회원국의 초미의 관심사였으며, 그 결과는 종종 국내 정치에서 선거에 지대한 영향을 미치곤 했다. 또한 공동농업정책의 수혜 회원국들은 자국의 이익을 침범하는 어떠한 정책 변경에도 민감한 반응을 보였으며, 이로 인해 공동농업정책의 개혁은 더디고 부분적일 수밖에 없었다. 실제로 공동농업정책의 내용은 유럽통합 작업 내내 회원국 간 경제적 갈등의 중요한 요소가 되어 왔다. 이러한 문제점을 해결하기 위해 유럽연합은 수차례에 걸쳐 공동농업정책에 대한 개혁을 시도하였으며, 부분적인 성공의 결과 점진적인 단계를 거쳐 공동농업정책의 총예산 점유율을 50% 이하로 끌어내리는 데 성공하였고 이에 상응하는 예산의 절감분을 지역정책으로 전환할 수 있게 되었다. 그러나 지역정책이나 공동농업정책이나 회원국에게 지출되는 금전적 수혜이기 때문에 회원국으로서는 총 비중에는 큰 변화가 없이 단지 공동농업정책과 지역정책에 거의 비슷한 비중을 두고 예산확보에 신경을 써야 하는 상황이 되었다고 볼 수 있다.

3. 순기여 회원국과 순수혜 회원국

유럽연합 재정지출의 각 회원국에 대한 배분은 회계 상의 작업에 불과하며 각 회원국이 유럽연합의 구성원으로서 누리는 경제적 혜택의 극히 일부분만을 반영하고 있다. 유럽연합의 회원국으로서 각 회원국이 누리는 경제적 혜택은 그 대부분이 유럽경제통합, 유럽단일시장, 단일통화 등에서 비롯되는 것이며, 나아가 정치적 안정이나 안보의 확보 등도 간접적으로 상당한 경제적 혜택을 부여하고 있다. 그럼에도 불구하고 유럽연합의 예산 확보에 각 회원국의 분담 규모는 얼마이며 또한 유럽연합의 지출 예산 중 각 회원국에 배분되는 지출액의 규모는 얼마나 되는 지는 모든 회원국 국민의 지대한 관심사이며, 따라서 각 회원국의 집권 정부에게는 상당히 중요한 사안이 아닐 수 없다. 유럽연합은 유럽연합 예산 회계 상 나타나는 각 회원국의 순기여 또는 순수혜의 정도가 유럽연합의 회원국으로서 누리는 혜택이나 부담의 극히 일부분임을 강조하는 한편 예산상의 불균형 역시 개선해 나가야 하는 과제를 안고 있다.[194]

유럽통합작업에 참여함으로서 회원국이 누릴 수 있는 경제적, 비경제적 혜택의 총 규모에 비해 유럽연합 예산에서 각 회원국이 받을 수 있는 경제적 지원이 아주 작은 부분일지라도 예산상의 순수혜국이냐 아니면 순기여국이냐는 가시적이며 직접적으로 일어나는 사안이기 때문에 회원국 간의 갈등의 소지를 안고 있다. 실제로 유럽연합 회원국 간의 경제적 갈등의 대부분은 예산을 둘러싸고 일어나고 있다.

(그림 11)은 유럽연합의 1998 회계연도와 2007 회계연도의 각 회원국별 운영예산수지(Operational budgetary balance)를 보여주고 있다. 유럽연합은 1998년에는 15개 회원국이었으며, 2007년에는 27개 회원국으로 확대되었다. 여기서 운영예산이라 함은 유럽연합의 세입에서는 전통자체재원을 제외하고 세출에서는 행정비용을 제외함으로서 실질

적으로 각 회원국이 부담하고 또 각 회원국에게 지출되는 부분만을 계상하여 개별 회원국이 순수혜국이냐 아니면 순기여국이냐를 산출해 내는 방식이다.[195] 유럽연합으로부터의 수혜액이 부담금보다 크면 운영예산수지가 흑자가 되는 것이고 그 반대의 경우에는 운영예산수지의 적자로 기록된다.

(그림 11)에 나타나 있는 바와 같이 유럽연합이 15개 회원국으로 구성되어 있던 1998년의 경우 운영예산수지에서 최대의 흑자를 기록했던 회원국은 스페인이었으며, 그리스, 포르투갈, 아일랜드가 그 뒤를 잇고 있었다. 반면 독일은 최대 적자를 기록하면서 회원국 중 재정기여도가 가장 높은 나라였으며, 그 다음으로 영국, 네덜란드, 이태리, 프랑스 등의 적자 규모가 컸으며, 벨기에, 덴마크, 룩셈부르크, 오스트리아, 핀란드, 스웨덴 역시 적자를 기록하여 순기여국에 속했다. 벨기에와 룩셈부르크의 경우 행정비용이 재정지출에서 제외되었기 때문에 운영예산수지에서 적자를 기록한 것이다.

(그림 28) 유럽연합 회원국별 운영예산수지 비교 (1998, 2007)

(단위: 백만 유로)

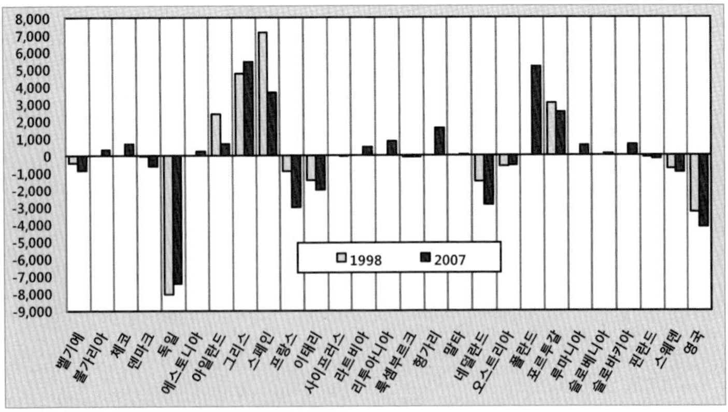

(출처) European Communities (2008a), p. 80.

한편 27개 회원국으로 구성된 2007년의 경우 대부분의 신흥회원국이 재정지출의 대상 회원국이었기 때문에 상당한 폭의 변화가 있었다. 우선 기존 회원국이었던 그리스와 신흥 회원국이었던 폴란드가 비슷한 수준의 흑자를 기록하였으며, 스페인과 포르투갈 역시 흑자를 기록하였다. 헝가리를 비롯한 그 밖의 신흥 회원국 대부분이 유럽연합으로부터 지원받는 금액이 부담액보다 큰 순수혜국이었다. 한편 순기여국을 보면 독일이 역시 최대 적자국으로서 유럽연합 재정의 최대 기여국임을 확인해 주고 있으며, 영국, 프랑스, 이태리, 네덜란드 등의 적자액도 증가하였음을 알 수 있다. 그 밖의 EU-15 회원국들의 순기여 규모도 약간씩의 증가를 나타내고 있다.

(그림 11)은 1998년과 2007년 두 해의 운영예산수지만을 보여주고 있지만 다른 회계연도의 유럽연합 재정의 지출 수입도 이와 크게 다르지 않다. 이미 언급했듯이 각 회원국은 순기여국이냐 순수혜국이냐, 그리고 수혜와 기여의 정도가 얼마냐에 깊은 관심을 가지고 있으며, 따라서 유럽연합에의 부담금을 줄이고 유럽연합으로부터의 수혜금액을 늘릴 수 있는 방법을 찾기 위해 부단히 노력할 수밖에 없는 실정이다. 따라서 예산 편성과 집행 자체는 물론 그 예산의 편성 자체에 영향을 미치는 유럽연합의 제반 정책의 수립 및 변경, 그리고 각종 제도와 기구의 설치 및 운영 등은 각 회원국의 경제적 이해관계와 직결되는 문제로서 이러한 사안이 발생할 때마다 회원국 간에 첨예한 이해관계의 상충으로 이어지는 것이 일반적인 현상이다.

제4절 경제적 이해관계 상충의 사례

1. 룩셈부르크 타협

룩셈부르크 타협(Luxembourg Compromise)이란 프랑스, 독일, 이태리, 베네룩스 3국 등 1966년 당시 유럽경제공동체 회원국 간의 쟁점 사항을 해결하기 위하여 회원국 간에 합의된 협정을 말한다. 당시 프랑스의 드골 대통령은 프랑스 농산물을 보호하기 위하여 보호주의 무역을 선호하고 있었다. 1965년 유럽연합집행위원회의 초대 위원장 할슈타인(W. Hallstein)은 집행위원회의 권한을 강화하고 공동체의 초국가적 성격의 일반적 증진을 제안하였다. 할슈타인 위원장은 또한 집행위원회에서 다루어지는 상무적 사안에 대해서 가중다수결제도의 사용을 확대할 것을 제안하였다.

그러나 드골 대통령은 할슈타인 위원장의 제안에 반대하였다. 당시 드골 대통령은 공동체의 공동농업정책에 소요되는 재원확보를 위한 협의를 이끌어내기 위해 많은 노력을 기울이고 있었으며, 그 시한이 1965년으로 다가오고 있었다. 할슈타인 위원장은 드골 대통령이 공동농업정책의 재원확보를 위한 협약에 실패함으로서 1965년 12월로 예정되어 있던 프랑스 대통령 선거를 앞두고 프랑스 농민들을 자극하는 상황을 만들지는 않으리라는 정치적 판단을 했다. 할슈타인 위원장은 드골 대통령이 공동농업정책의 재원확보를 위한 협약을 이끌어내기 위하여 할슈타인 위원장이 제안한 공동체의 제도적 개혁안에 타협할 것이라고 계산하였던 것이다. 6개 회원국 중 프랑스를 제외한 5개 회원국 모두 관련 사안에 대한 일체의 타협을 거부하고 프랑스가 개혁안 전체를 그대로 받아들일 것을 요구하였다.

이러한 상황에서 1965년 6월 28일부터 30일까지 팽팽한 분위기 속에서 회의가 진행된 끝에 드골 대통령이 내린 결정은 브뤼셀 주재 프랑스 대표부를 철수시키며 공동체의 제도적 개혁을 위한 어떠한 논의도 거부한다는 것이었다. 프랑스의 이러한 전략은 공동체의 역사상 소위 궐석 위기(empty chair crisis)를 초래하였다. 1965년 6월 30일부터 7개월간 계속된 이 궐석 위기는 1966년 1월 30일 룩셈부르크에서 열린 이사회에서 당시 이사회 의장이었으며 룩셈부르크의 수상이었던 베르

너(P. Werner)가 제안한 소위 룩셈부르크 타협에 의해 봉합되었다. 비공식적인 합의의 형태인 이 룩셈부르크 타협은 공동체의 특정 안건이 가중다수결의 대상이 되는 경우 어느 회원국이든지 그 회원국의 중요한 이해관계를 위협한다는 의사표명을 한다면 유럽연합집행위원회는 당해 사안의 결정을 유보하여야 한다는 내용을 담고 있다. 룩셈부르크 타협으로 말미암아 공동체에서의 가중다수결 표결은 대폭적으로 감소되고 대신 만장일치가 일반화되었으며, 이에 따라 유럽경제공동체에서의 의사결정은 그 효율성과 신속성이 심각하게 침해되게 되었다. 그럼에도 불구하고 프랑스의 드골 대통령은 이 제도를 고집하였는데 그 이유는 룩셈부르크 타협이 결국은 공동체 내에서의 어느 안건에 대해서도 프랑스에게 거부권을 행사할 수 있게 했으며, 이러한 제도를 통해 프랑스는 공동농업정책에 있어서의 프랑스의 이익을 고스란히 지킬 수 있었기 때문이다.

룩셈부르크 타협에 이르기까지의 일련의 사태는 유럽통합 작업을 지연시키고 할슈타인 집행위원장이 선호했던 연방주의(federalist)적 접근 방식 대신에 프랑스의 드골 대통령이 선호했던 다국간주의(confederalist)적 접근방식의 비중이 높아지는 등 한동안 유럽공동체의 활동에 심각한 영향을 미쳤다. 이러한 정치적 취약점은 회원국의 숫자가 늘어남에 따라 도저히 감당할 수 없는 장애가 되었고, 이를 타개하기 위하여 유럽공동체는 1987년 7월 1일의 단일유럽의정서에서 가중다수결에 의해 결정될 수 있는 안건의 영역을 대폭적으로 확대함으로서 정치적 취약점을 부분적으로 완화시키게 되었다. 그러나 룩셈부르크 타협은 회원국 외무장관들의 정치적 선언에 불과하여 조약 개정으로 이어질 수 없었으며, 따라서 이사회가 가중다수결이 적용되는 경우를 규정한 유럽공동체설치조약(로마조약)에 따라 의사결정을 하는 것을 막을 수는 없었다. 뿐만 아니라 가중다수결제도는 점진적으로 그 적용의 범위를 확대하여 일반적인 의사결정의 원칙이 되었으며 만장일치는 이제는 특별한 경우에만 적용되고 있는 실정이다. 그러나 실질적으로 의사결정 과정을 저지할 힘을 가지지 못한 일부 회원국들이 룩셈부르크 타협의 원칙을 적용시킬 것을 요구할 수 있으며, 이러한 맥락에서 여전히 그 효력을 지니고 있다고 볼 수 있다.

2. 영국의 예산환급금

영국은 프랑스의 반대로 유럽통합 작업에의 참여가 저지되다가 1973년에야 당시 유럽경제공동체의 회원국이 될 수 있었다. 영국은 회원국이 된 후 얼마 지나지 않아 영국이 공동체의 예산을 부담하는 부분에 비해 공동체로부터 받는 혜택이 터무니없이 작기 때문에 공동체의 예산 규정이 공정하지 못하다고 불만을 제기하기 시작하였고 그 차액을 보상해 줄 것을 요구하였다. 영국의 예산 환급 요구는 당시의 캘러한(J. Callaghan) 수상에 의해 영국에 대한 예산 분담의 과도기적 규정이 만료되는 1979년 이전에 최초로 제안되었고 이후 1984년 대처(M. Thatcher) 수상에 의해 완성되었다.

영국이 공동체에 가입하면 순재정기여국이 되리라는 것은 가입 이전부터 이미 알려져 있었던 사실이었다. 우선 영국은 다른 회원국들보다 훨씬 큰 규모로 역외 국가들과 무역을 하고 있었기 때문에 영국이 부과하여 공동체에 지불하는 관세수입은 다른 회원국에 비해 월등하게 많았다. 이러한 불균형은 역외 국가 재화에 대한 관세가 인하되면서 점진적으로 완화되었다. 또한 유럽경제공동체는 역내 소비자에게 주요 식품을 부담 없고 안정적인 가격에 공급한다는 것을 창설 원칙으로 하고 있었기 때문에 공동농업정책에 소요되는 예산은 공동체 예산의 대부분을 차지할 수밖에 없었다. 2007년의 공동농업정책의 공동체 예산점유율은 40% 정도이지만 1980년 당시에는 80%에 육박하였었다. 따라서 회원국 중 농업의 비중이 가장 낮았던 영국에게 지불되는 공동농업정책 관련 지원금은 상대적으로 낮을 수밖에 없었다. 이러한 상황은 이미 예견된 것으로서 전혀 새로운 것이 아니었음에도 불구하고 영국은 자국의 예산분담금에 대한 과도기적 규정이 만료되는 1979년 이전에 순재정기여 규모를 줄이기 위해 총력을 기울이고 있었다.

연속되는 유럽이사회에서 대처 수상은 영국의 요구가 받아들여지지 않는다면 영국이 공동체에 부담하고 있는 재정 분담금 전체의 지불을 유보하겠다며 이사회를 압박하였다. 영국의 예산 환급을 요구하는 대처 수상과의 장시간에 걸친 논쟁 끝에 유럽이사회는 1980년 4월 룩셈부르크에서 영국을 위한 특별조치에 합의하였으며, 그 내용은 1980년부터 82년까지 영국의 순재정기여 중 상당 부분을 환급해 준다는 것이었다. 이러한 특별 조치는 1983년까지 연장되었다. 그리고 1984년 6월의 퐁텐블로 이사회에서는 영국이 향후 순재정기여 중 약 3분의 2 정도를 매년 말에 환급받는다는 내용의 새로운 조치가 결정되기에 이르렀다. 이를 '영국 예산환급금(British rebate)' 제도라 한다.

영국 예산환급금이 결정되는 예산 불균형의 산출방식은 다음과 같다. 우선 유럽연합 전체 부가세 세원 중 영국이 차지하는 비중과 유럽연합이 회원국에게 지출하는 총액 중 영국에게 지출되는 부분의 비중과의 차이를 산출한다. 이 비중의 차이에 유럽연합의 회원국에 대한 지출 총액을 곱한다. 이 금액을 영국의 초과부담으로 보았으며 이 초과 부담의 66%에 해당하는 금액을 영국 예산환급금의 명목으로 영국에 지급한다는 것이었다.[196]

1984년에 결정되어 현재까지도 계속되고 있는 이 '영국 예산환급금' 제도는 영국에게만 적용되는 것이었으며, 이로 인한 재정 부족분은 영국보다 경제적으로 열악한 상황에 있었던 회원국을 포함한 9개 회원국에게 고스란히 전가되었다. 그러나 각 회원국이 부담하는 영국예산환급금의 상대적 비중은 시간이 흐르고 회원국의 수가 증가함에 따라 변화를 거듭해 왔다. 이 제도의 시행 당시에는 순재정기여 비중이 가장 큰 독일은 독일에게 할당된 영국 예산환급금의 3분의 2만 내는 것으로 합의하였었다. 그 결과 이태리와 프랑스가 영국 예산환급금 총액의 반 이상을 부담하게 되었다.

이러한 산출 방식은 1988년에 국민총소득 기준 자체재원이 도입되고 부가세재원의 상한선이 정해지면서 1988 자체재원결정(ORD: Own resources decisions)에 의해 수정되었다. 이 수정 과정에서 소위 영국 특혜(UK advantage)가 생겨났는데 이는 1985년 이후 발생되는 자체재원에 대한 어떠한 변화에도 영국 예산 환급금이 영향을 받지 않도록 하기 위한 조치였다. 1994년의 자체재원결정은 종전의 조치를 재확인하였다. 2000년 자체재원결정에서는 영국 예산환급금제도에 대한 새로운 규칙이 정해졌는데, 1985년부터 2001년까지 영국 예산환급금 배당액의 3분의 2만 지불했던 독일은 2002년부터는 이를 4분의 1로 축소하며 네덜란드, 오스트리아, 스웨덴도 2002년부터는 4분의 1만을 지불한다는 내용이었다. 이 규칙은 또한 영국 예산환급금 이외의 제규정의 변화에 의해 발생되지만 영국에게 유리하게 적용되는 추가혜택은 이를 중립화하여야 한다는 내용을 담고 있다. 영국에게 유리하게 작용할 수 있는 추가혜택이란 2000년까지 총 징수액의 10%에 해당하던 회원국에 대한 관세징수 비용의 지급이 총 징수액의 25%로 대폭 확대됨으로서 발생되는 것과 2004년 4월 30일 이후 가입하는 신규회원국 지원금과 관련된 것을 말한다. 2007년 자체재원결정에서는 신규회원국 지원금과 관련된 추가혜택을 2014년 이후에는 폐지하며 대신에 2009년부터 점진적으로 회원국 확대와 관련된 새로운 공제제도를 도입하기로 하였다.[197]

2005년 6월에 있었던 브뤼셀 유럽이사회에서는 프랑스가 영국 예산환급금의 문제점을 지적하며 이의 폐지를 시도하였으나 당시 영국의 블레어(Tony Blair) 수상은 2007-2013 7개년 재정계획의 수립에 있어서 공동농업정책의 지출 축소가 없는 어떠한 형태의 영국 예산환급금 제도 변경에도 동의할 수 없음을 확실히 하였다. 이 시기에 영국 언론을 장식했던 것은 유럽헌법에 대한 국민투표에서 실패함으로서 빚어진 정치적 위기를 타개하기 위해 프랑스의 시락(J. Chirac) 대통령이 영국 예산환급금 문제를 들고 나온 것이라는 의혹이었다. 그러나 프랑스의 의도에 관계없이 당시 유럽연합집행위원회가 일부 회원국의 과도한 재정 부담을 경감시킬 수 있는 제도적 장치에 대한 안건을 상정해 놓고 있었기 때문에 2007-2013 재정계획을 수립함에 있어서 영국 예산환급금에 대한 검토는 피할 수 없는 과제였었다. 이 장치는 영국을 제외한 독일, 오스트리아, 네덜란드, 스웨덴 등 순재정기여 회원국들이 그들의 순재정기여 비중에 대해 지속적으로 문제를 제기해 왔기 때문에 만들어진 것으로서, 이들 국가들은 정상적으로 할당된 영국 예산환급금 부담액의 4분의 1만 지불하고 있었다. 집행위원회가 제안한 이 일반교정장치(Generalised Corrective Mechanism)는 영국을 제외한 모든 순재정기여 회원국의 지지를 받고 있었다.

2005년 6월 브뤼셀 이사회에서는 유럽연합의 예산 규모 역시 중요한 의제였다. 2003년 12월 영국, 프랑스, 독일, 네덜란드, 오스트리아, 스웨덴 등 6개 순재정기여 회원국은 2007-2013 장기재정계획의 총예산은 유럽연합 국민총소득의 1%로 제한되어야 한다는 의견을 집행위원회에 서면으로 공식 제출하였다. 이들 6개 순재정기여 회원국들은 유럽연합의 재정지출을 국민총소득의 1%로 제한함으로서 그들의 재정부담을 경감시키고자 하는 목적을 가지고 있었다. 그러나 유럽연합집행위원회는 총소득의 1.14%를 예산 상한선으로 제시하였다.

2005년 브뤼셀 이사회에서 이사회 의장이었던 융커(Jean-Claude Juncker) 룩셈부르크 수상은 유럽연합 예산의 상한선으로 국민총소득의 1.056%를 절충안으로 제시하였다. 영국이 의장의 예산안을 거부하고 이에 동조하는 회원국이 있는 한 이에 반대하는 회원국은 영국 예산환급금 문제에 매달리기보다 예산의 규모를 정하는 일이 더 효율적

이라고 판단하고 있었다. 그러나 영국 예산환급금의 규모는 공동농업정책 예산이 감소되거나 폐지될 때까지 지속된다는 원칙이 이미 정해져 있었고, 2013년까지의 공동농업정책 지출 규모는 2002년 10월에 이미 블레어 수상을 비롯한 회원국 정상 간에 합의되어 있었기 때문에 영국으로서는 크게 염려하지 않아도 되는 상황이었다.

3. 야기엘로니안 절충안

2007년 전반기의 이사회 의장국은 독일이었으며 후반기에는 포르투갈이 이어받게 되어 있었다. 2007년 말까지는 유럽헌법조약의 비준 실패에 따라 마련된 소위 개정조약(Reform Treaty)에 대한 최종 합의를 도출해 낸다는 것이 유럽연합의 목표였다. 이미 언급했듯이 니스조약에서 폴란드에 배분된 이사회 투표수는 27표로서 스페인과 동등하며 독일, 프랑스, 영국, 이태리보다는 2표 적은 의결권을 가지고 있었다. 헌법조약으로부터 개정조약, 그리고 리스본조약으로 이어지는 일련의 과정에서는 니스조약과는 전혀 다른 내용의 가중다수결제도가 논의되고 있었다.

그런데 폴란드에서는 이미 2003년부터 야당의 유력 정치인 로키타(J. Rokita)를 필두로 니스조약에 명시된 의사결정 메커니즘 고수를 요구조건으로 좌파인 집권 여당을 압박하고 있었다. 새로운 제도에 의해 의결권에 가장 심각한 피해를 보는 것이 폴란드였다. 따라서 폴란드는 자국의 의결권 감소를 야기하는 개혁 조치에 반대하며, 니스조약의 고수에 혼신의 힘을 기울이고 있었다. 그러나 결국 좌파 집권내각은 니스조약의 의사결정 메커니즘 사수를 포기했으며, 뒤이은 우파 집권내각의 야로스와프 카친스키(J. Kaczyński) 수상 역시 니스조약의 사수를 고집하지 않았다. 이에 대한 대안으로 카친스키 수상이 들고 나온 것이 유럽연합이사회에서의 회원국에 대한 투표수 배분 방법의 변경에 관한 폴란드의 제안이었다.

폴란드는 인구수의 제곱근을 기준으로 하는 소위 펜로wm 방식의 채택을 주장하였다.[198] 폴란드에 의하면 펜로즈 방식으로 각 회원국의 이사회 투표수를 결정하면 인구 대국과 인구 소국 회원국 사이의 투표수의 차이를 줄일 수 있다는 것이었다. 체코는 폴란드의 제안에 일정 부분 지지를 표명하였지만 만일 폴란드가 이를 근거로 거부권을 행사한다면 동조할 수 없음을 분명히 하였다. 이외 모든 회원국들은 이 방법에 반대하였다. 폴란드의 이 제안에 대해 이미 여러 차례 토론을 거부했던 독일은 2007년 6월 이사회에서 안건으로 채택하는 데 동의하였다.

이 펜로즈 방식은 2003년 암스테르담조약 개정과 관련하여 스웨덴에 의해 제기된 바 있으며 2007년에 폴란드가 이 문제를 다시 제기한 것이다. 현대의 발달된 컴퓨터 기능을 사용한다면 모든 회원국의 모든 국민들이 동일한 의결권을 가질 수 있도록 가중다수결의 최적 수준을 구성하는 통과최저선을 정하는 것이 어렵지 않다는 것이다. 2009년 현재의 27개 회원국의 경우 이 통과최저선은 61.6%이며, 회원국의 수가 증가함에 따라 통과최저선은 점점 더 낮아질 것이다. 펜로즈 방식에 의해 산출된 통과최저선은 게임이론상 최적 배분이며, 폴란드의 야기엘로니안 대학 교수들에 의해 제안되었다 해서 '야기엘로니안 타협안(Jagiellonian Compromise)'이라 불린다.[199]

2005년 10월에 치러진 폴란드 대통령 선거에서 '법과 정의당(PiS)'의 레흐 카친스키(L. Kaczyński) 후보가 당선되었다. 동시에 치러진 의회 선거 결과 역시 법과 정의당이 소수내각을 구성하였으며, 2006년 7월에는 대통령의 쌍둥이 형인 야로스와프 카친스키가 수상직에 오르는 세계 역사상 보기 드문 정치 상황이 연출되고 있었다. 이사회에서의 의결권 축소 저지를 위한 카친스키 형제의 주장과 행동은 유럽의 정치 지도자들에게 심각한 분노를 자아내게 하고 있었다. 유럽이사회를 코

앞에 둔 2007년 6월 19일 야로스와프 카친스키 수상은 2차 세계대전을 거론하며 만일 독일에 의해 폴란드인 6백만이 죽지만 않았다면 현재 폴란드 인구는 6,600만이 되었을 것이라는 해괴한 주장을 펼쳤다. 따라서 폴란드에게 배분되는 이사회의 투표수가 독일 등 대국들에 비해 현저히 낮을 수 없다는 것이 그의 주장이었다.

(그림 29) 니스조약 방식과 리스본조약/펜로즈 방식 간 이해득실 비교

(단위: %)

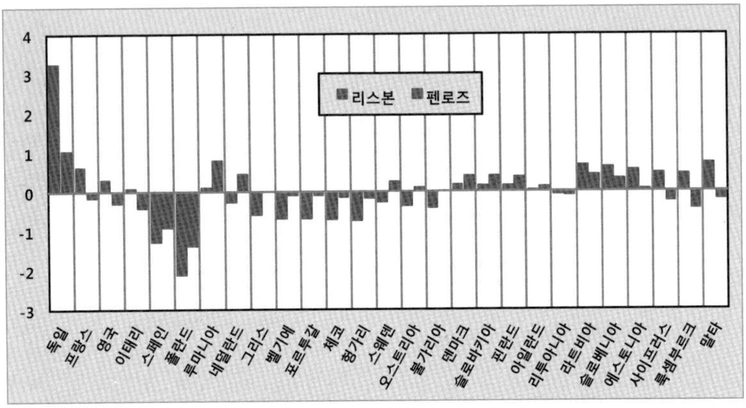

(출처) European Communities (2001), p. 82; Słomczyński and Życzkowski (2007), p. 17.

(그림 12)는 현재의 니스조약 방식이 2017년 이후 전면적으로 적용될 예정인 리스본조약 방식으로 전환될 경우와 펜로즈 방식을 채택할 경우에 각 회원국의 의결력(voting power)에 어떠한 영향을 주는지 보여주고 있다. 여기서 의결력이란 단순히 각 회원국에 차등 배분된 투표수를 의미하지 않으며 실질적으로 표결에 임했을 경우 찬반을 가를 수 있는 결정적 역할을 할 수 있는 가능성을 나타내는 투표통계학적 용어이다.[200] (그림 12)에 나타나 있듯이 리스본조약에 명시된 의사결정방식으로 가는 경우 가장 큰 피해자는 폴란드와 스페인을 비롯하여

인구 중상위권 국가들이다. 반면 가장 큰 수혜자는 독일과 프랑스를 비롯하여 인구 하위국들이다. 폴란드의 입장에서는 자국 의결력의 현저한 저하를 수용할 수 없음은 물론 강대국, 특히 2차 세계대전의 구원이 있는 독일의 영향력이 증대되는 것은 결코 좌시할 수 없었던 것이었다. 카친스키 형제가 2차 세계대전까지 운운하며 독일의 영향력 확대에 반기를 들었던 것은 폴란드의 국내 정치 상황에 비추어 어떤 측면에서는 이해가 가능할 수도 있을 것이다. 그러나 이러한 반발은 이미 예견되었던 것이라 볼 수 있다. 유럽연합은 2004년 폴란드의 가입에 대비하여 이사회에서의 투표수 배분에서 이미 폴란드에게 스페인과 같고 독일 등 4대 강국보다 2표 적은 27표의 투표수를 배분하기로 결정했었다. 그러나 이러한 결정은 인구수를 기준으로 한 이사회의 투표수 배분에서 그 근거를 찾을 수 없는 순전한 정치적 결정이었으며 이를 바로 잡으려는 과정에서의 충돌은 불가피한 것이었다.

그렇다면 폴란드가 니스조약 방식의 고수를 포기하면서 제기한 펜로즈 방식을 채택한다면 각 회원국의 의결력에 어떠한 변화가 있을 것인가를 살펴보기로 하자. (그림 12)에서와 같이 펜로즈 방식으로 가장 큰 혜택을 보는 회원국은 독일, 루마니아, 네덜란드를 비롯하여 인구 중하위국들이며, 반면 폴란드와 스페인을 비롯하여 일부 인구 대국과 인구 중상위국 일부, 그리고 인구 최하위국의 의결력이 축소되는 것으로 나타나고 있다. 이 두 가지 시나리오를 비교해 보면 두 방식 간에 득실이 엇갈리는 회원국들이 있는가 하면 득과 실에서의 정도가 달라지는 회원국들이 있다. 폴란드는 펜로즈 방식을 채택한다 할지라도 의결력의 감소는 피할 수 없는 상황이며 그것도 회원국 중 가장 큰 감축의 규모이다. 그러나 리스본조약 방식과 비교해 볼 때 폴란드의 감소분은 대폭 줄어든다. 폴란드가 줄기차게 제기했던 독일의 영향력은 펜로즈 방식에 의해서도 증대된다. 그러나 그 증대의 정도가 펜로즈 방식에 따르면 리스본조약 방식에 비해 현격히 줄어들게 된다.

결국 폴란드의 전략은 폴란드의 의결력 감소를 최소화시킴과 동시에 독일의 영향력 증대를 최대한 억제시킬 수 있는 방안으로 니스조약 방식의 고수를 주장했으며, 사정이 여의치 않자 이를 포기하고 펜로즈 방식의 채택을 주장하였던 것이다. 펜로즈 방식에 의하면 폴란드의 의결력은 리스본조약 방식에 비해 그 감소폭이 줄어드는 반면 독일의 영향력은 그 증가 폭이 줄어든다. 이로서 폴란드는 피할 수 없는 상황에서 자국의 이익 침해를 최소화 하되 독일의 영향력 증대를 최대한 억제할 수 있는 수단으로 펜로즈 방식의 채택을 주장했던 것이다. 이와 함께 폴란드는 인구 4대 강국과 인구 7대 소국에게 불리하게 작용하는 펜로즈 방식을 채택함으로서 영향력의 증대, 또는 감소의 억제 효과를 보게 되는 폴란드와 스페인을 포함한 16개 회원국의 지지를 이끌어 낼 수 있으리라고 계산하였을 것이다. 결국 이사회는 폴란드가 원했던 모든 것들을 받아들이지 않았다. 그러나 이사회가 폴란드의 요구를 완전히 무시했던 것도 아니었다.

2007년 6월 이사회는 끈질긴 협상 끝에 6월 23일 아침 극적으로 절충안에 합의하였다. 이 합의안에 따르면 현재 적용되고 있는 니스조약에 규정된 이사회의 의사결정 방법을 2014년까지 적용하며, 2014년부터 2017년까지는 과도기로서 점진적으로 새로운 제도를 적용하되 1개 이상의 회원국이 원하는 경우에는 니스조약의 제도를 적용할 수 있다는 것이다. 또한 2014년부터는 1994년에 유럽연합의 소국 회원국들이 그들의 이해에 반하는 결정에 대해 재심을 요구할 수 있도록 허용했던 소위 '요아니나 타협안(Ioannina Compromise)'의 수정안을 적용한다는 내용도 포함되어 있었다.

요아니나 타협안은 1994년 3월 27일 그리스의 요아니나 이사회에서 1년 후에 있을 유럽연합의 4차 확대를 앞두고 회원국 외무장관들 간에 비공식적으로 합의된 내용이다. 요아니나 이사회에서의 결정 사항 중 스웨덴, 핀란드, 노르웨이, 오스트리아 등 4개 신규 회원국이 가입하는

1995년 이후의 가중다수결제도에 대한 이사회 결정이 있었으며, 이 결정은 노르웨이의 가입이 국민투표에서 부결됨에 따라 약간의 수정이 있었다. 여기에서 합의된 타협안은 이사회의 회원국 중 투표수 23표(4차 확대 이전의 저지선) 이상 26표(새로운 저지선) 이하를 대표하는 회원국 또는 회원국들이 특정 사안에 대해 이사회가 가중다수결 제도를 적용하는 데 반대하며 그 의사를 표현한다면 이사회는 가능한 모든 방법을 동원하여 그리고 합리적인 기간 내에 총 87표 중 최소 68표의 찬성을 얻을 수 있는 만족할 만한 대안을 제시하기 위하여 최선을 다 하여야 한다는 내용을 담고 있었다.

1997년의 암스테르담조약은 부속 선언문에서 요아니나 타협안을 다음 회원국 확대 시까지 연장 적용한다고 선언하였다. 이후 요아니나 타협안은 2001년 니스조약의 조항에 의해 대체되었으나, 2007년 6월 브뤼셀 이사회에서 개정조약(Reform Treaty)에 대한 협상을 진행하던 중 다시 논의의 대상이 되었다. 이 논의는 다시 리스본조약에 정리되어 있는데 소국 회원국들이 그들의 이해에 반하는 이사회의 결정에 대해서 재심을 요구할 수 있도록 하는 내용을 담고 있으며, 리스본조약이 모든 회원국에서 비준 절차가 끝난다면 요아니나 타협안의 수정안은 2014년부터 점진적으로 적용될 것이다.

제5절 결론 및 정책적 시사점

1. 유럽연합 내 경제적 갈등과 해결

유럽연합 회원국 간의 경제적 이해관계의 상충은 원천적으로 회원국 구성의 다양성에서 비롯되며, 유럽연합 내 각종 기구에서의 회원국의 대표성 문제는 다양성의 제도 내 흡수를 통한 부분적 해결을 의미하는 한편 새로운 갈등 요소로 작용하고 있다. 물론 경제적 이해관계의 상충이 순수하게 경제적 요인에 의해서만 발생되는 것은 아니며, 다분히 경제 이외의 다른 요소와 복합적인 관계를 이루면서 발생된다. 그리고 이러한 이해관계의 상충은 유럽연합뿐만 아니라 어떠한 개인 간 또는 국가 간 조직에서도 일어나는 현상으로서 유럽연합만의 특이 현상이 아니라는 점이 강조되어야 할 것이다.

경제적 성격이 강한 다양성을 보면 인구 규모, 경제 규모, 그리고 회원국 간 생활수준의 차이 등을 들 수 있다. 독일을 위시한 인구 규모 상위 5개국이 유럽연합 전체 인구의 63%를 차지하고 있는 반면, 인구 최소국 말타를 비롯한 하위 5개국의 인구 점유율은 4%를 약간 상회할 뿐으로서 유럽연합은 인구 규모에서 회원국 간에 천차만별의 모습을 보여주고 있다. 경제 규모 역시 유럽연합 27개 회원국 간에 현격한 차이를 나타내고 있는데, 유럽연합의 GDP 상위 5개국이 전체 GDP의 73% 이상을 차지하고 있는 반면, 하위 5개국의 전체 GDP 중 점유율은 0.5%에 머물고 있다. 유럽연합 회원국의 1인당 GDP는 2006년의 경우 룩셈부르크가 65,400 유로인데 반해 가장 최근 유럽연합에 가입한 불가리아나 루마니아의 1인당 GDP는 9,000 유로에 불과한 실정이다. 인구 규모, 경제 규모, 생활수준 등의 차이는 그 자체가 문제가 되는 것이 아니라 유럽연합 내 각종 정책 결정 과정에 있어서 이해관계 상충의 원인을 제공하기 때문에 경제적 갈등의 상수로 작용하고 있다.

유럽연합은 회원국의 다양성에서 비롯되는 이러한 갈등의 소지를 줄이고 통합으로의 길을 재촉하기 위해 이 다양성을 제도 내에 흡수하기 위해 공동체 출범 초부터 여러 가지 조치들을 취해 왔다. 특히 모든 회원국의 모든 국민들에게 가능한 한 동등한 의결력을 부여하기 위해 인구 규모를 각 회원국의 공동체 내 대표성의 근간으로 하고 있으며, 여기에 소위 체감비례의 원칙을 적용해 왔다. 유럽의회에서 각 회원국이 차지하고 있는 의석 수, 그리고 이사회에서의 각 회원국의 투표 수

등은 유럽통합에의 참여 동기를 높이기 위하여 인구 소국에게 인구 비례보다 높은 비중의 배분율을 부여하고 있다.

유럽의회에서의 의석수나 이사회에서의 투표수 못지않게 중요한 것은 어떠한 의사결정제도를 적용하느냐 하는 문제이다. 의결력이 비교적 취약한 소국들은 만장일치제도를 선호할 것이고, 인구 대국들은 유럽연합 운영의 효율성 제고를 이유로 단순다수결 또는 가중다수결 제도를 선호하는 것이 대체적인 경향이다. 일반적으로 보아 인구 규모나 경제 규모가 큰 회원국들은 유럽통합에 더 적극적이며, 따라서 인구 및 경제규모 중하위국들의 적극적인 참여를 독려하기 위하여 소국들의 이익을 보호해 줄 수 있는 제도적 장치가 항상 마련되어 왔다. 특히 보다 신속하고 효율적인 의사결정 메커니즘의 운용을 위해 만장일치를 예외로 하고 대부분의 안건을 가중다수결에 의해 처리하려는 움직임에 가속도를 붙이기 위해서는 소국들의 반발을 무마할 수 있는 제도적 장치가 선결 요건이었다. 이에 따라 현재 적용되고 있는 니스조약 방식까지는 이사회에서의 총투표수를 각 회원국에 인구에 체감비례하게 분배해 왔지만, 2017년부터 전면적으로 도입될 리스본조약 방식에서는 소위 2중 다수결제도를 도입하여 약소국들이 강대국들의 전횡을 제어할 수 있는 가능성을 확대시켜 놓았다.

어떠한 조직이 되었든 의사결정 메커니즘과 함께 그 조직의 운영을 위해서는 일정 부분의 재정이 요구된다. 유럽연합 역시 회원국의 확대 및 정책 영역의 확장에 따라 예산의 규모가 점증해 왔다. 그러나 27개 회원국, 5억 인구를 망라하는 유럽연합이지만 그 예산의 규모는 개별 독립국가에 비해 상당히 작은 편으로 전체 국민총소득의 1% 안팎에 머물고 있다. 유럽연합의 세입 및 세출 구조를 보면 세입은 자체 재원으로 이루어지며, 자체재원 중 대부분은 소위 GNI재원으로 충당하고 있다. 이외에도 부가세재원이나 관세로 이루어진 전통자체재원도 회원국의 경제규모 및 교역 규모에 따라 그 규모가 달라지기 때문에 경제규모가 큰 회원국이 세입의 대부분을 부담하게 되어 있는 구조이다. 한편 세출 구조를 보면 유럽연합의 전통적인 지출 분야인 공동농업정책의 비중이 절대적이었으며, 최근 들어 그 비중이 점감하고는 있지만 그 감소분을 지역정책이 차지하고 있기 때문에 농업의 비중이 크거나 낙후 지역이 많은 회원국에게 더 많은 지출이 이루어지고 있다. 문제는 세입 부담 비중이 큰 회원국과 지출 혜택을 많이 받는 회원국이 일치하지 않는다는 사실이다. 필연적으로 부담은 크면서 혜택은 적은 순기여 회원국과 함께 그 반대로 순수혜 회원국이 공존할 수밖에 없는 것이다.

따라서 유럽연합의 예산에 대한 분담을 둘러싸고 끊임없는 갈등이 반복되어 왔으며, 이 갈등은 때로는 유럽연합에 대한 재정기여를 줄이고자 하는 노력으로, 때로는 유럽연합으로부터의 재정수혜를 증가시키고자 하는 노력으로 나타났다. 물론 모든 회원국들이 유럽연합의 회원국으로서 누릴 수 있는 최대의 혜택이 유럽연합으로부터 받는 소규모의 재정수혜가 아니라 단일시장의 형성이나 공동통화의 도입 등 유럽통합에 따른 경제적 수익이라는 점에 공감하면서도 각 회원국의 국내정치 상황으로 말미암아 순기여국이냐 아니면 순수혜국이냐에 신경을 쓰지 않을 수 없는 상황이다.

유럽 통합 작업은 끊임없는 갈등의 표출과 그 갈등을 치유하고 봉합해 나가는 과정의 연속이었다고 볼 수 있다. 그 갈등의 내용이 모두 경제적 성격을 띤 것은 아니었을지라도 어떠한 갈등이건 필연적으로 경제적 이해관계의 상충을 포함하고 있었다. 이번 장에서 예로 든 경제적 이해관계 상충의 세 가지 사례 역시 경제적 요소만이 있는 것은 아니었다. 룩셈부르크 타협은 프랑스의 반발로, 영국 예산환급금 문제는 영국의 반발로 일어났으며, 야기엘로니안 절충안 문제는 신흥회원국 폴란드에 의해 제기되었다. 룩셈부르크 타협이나 영국 예산환급금 모두에 깊숙이 관련되어 있는 것이 공동농업정책이다. 공동체의 출범 초기부터 예산의 거의 전부를 차지했던 공동농업정책은 그 정책의 작은 변화 하나가 개별 회원국에게 막대한 영향을 미치는 것이었다. 가중다수결제도의 확대에 반기를 들었던 프랑스에 의해 비롯된 궐석위기는 룩셈부르크 타협에 의해 봉합되었지만 프랑스의 반발 배경에는 공동농업정책의 변화로 인한 경제적 이익의 침해를 저지코자 하는 프랑스의 의도가 있었던 것이다. 결국 경제적 이익을 지키기 위한 한 회원국의 반발로 인해 유럽연합 전체의 의사결정 메커니즘은 그 효율성과 신속성이 심각하게 침해되게 되었다.

영국의 예산환급금 문제는 유럽연합 세출의 대부분을 차지하는 것이 공동농업정책인 데 반해 영국의 농업 부문 비중은 현격히 작은 데서 비롯된 예산부담의 불균형에 대한 시정 요구에서 비롯되었다. 영국은 공동농업정책에 치중되어 있는 유럽연합의 세출 구조를 시정하려 하였고 반면 농업 부문의 비중이 컸던 프랑스는 세출구조의 시정에 응할 수 없는 상황이었다. 결국 공동농업정책을 개혁할 수 있었던 절호의 기회가 물거품이 되면서 유럽연합 4대 대국 중 하나인 영국의 부담을 덜어주기 위하여 영국보다 못사는 회원국들이 그 부담을 떠안아야 하는 상황이 전개된 것이다.

야기엘로니안 절충안은 의사결정 메커니즘을 문제의 대상으로 하고 있다는 점에서 그리고 신흥 회원국에 의해 제기된 문제라는 면에서 위의 두 가지 사례와는 그 궤를 달리 한다. 폴란드를 비롯한 2004년 이후 가입한 신흥회원국들은 유럽연합 가입을 위해 혹독한 과정을 겪었어야 했다. 그러나 가입 후의 일련의 행태들을 보면 일부 신흥 회원국들의 도덕적 해이 현상이 나타나고 있음을 감지할 수 있었다. 폴란드의 경우도 같은 맥락에서 이해해야 하지만 그렇다고 폴란드가 주장한 야기엘로니안 절충안이 전혀 그 근거나 명분을 상실하고 있는 것은 아니다. 공동체 출범 초기부터 시작하여 2009년 현재에 이르기까지 유럽연합은 강대국을 중심으로 약소국들을 아우르기 위해 약소국들에게 인구나 경제규모에 비해 높은 비중의 의결력을 부여해 온 것이 사실이다.

그러나 27개 회원국의 유럽연합은 27개 회원국의 각각 다른 이해관계가 첨예하게 대립되면서 과도하게 부여됐던 약소국들에 대한 의결력을 축소하지 않으면 안되는 상황에 직면하게 되었다. 이 상황에서 리스본조약의 방식에 따른 새로운 의사결정 메커니즘을 적용하려는 시도는 저항을 받는 것이 오히려 당연한 것이었다. 의결력의 저하는 경제적 이해관계의 추구에서 불리한 입장으로 이어지며, 이러한 상황은 다시 국내정치로 연결되어 집권 정부의 생명을 위협하게 되기 때문에 각 회원국의 정부는 의결력 확보를 위해 치열한 투쟁을 벌이게 되는 것이다.

또 하나의 문제는 유럽의회의 의석수 배분이나 이사회에서의 투표수 배분이 투표통계학적 근거에 의해 이루어진 것이 아니라 일정 부분 정치적 타협과 고려에 의해 만들어졌다는 사실이다. 따라서 앞으로 모든 회원국이 납득할만한 객관적 자료를 바탕으로 한 의결력의 배분 제도가 정립되지 않는 한 이에 대한 회원국들의 이의 제기는 계속될 것이다. 이러한 측면에서 폴란드가 제시했던 펜로즈 방식은 투표통계학적 측면에서 유럽의 모든 시민이 거의 동일한 의결력을 가지게 되는 제도라는 면에서 상당한 설득력을 가지게 된다. 펜로즈 방식이 확인해주는 또 하나의 사실은 펜로즈 방식에 의한 의결력의 배분이 니스조약의 방식과 거의 비슷한 분포를 보인다는 것이다. 따라서 학술적 근거에 의해 제기된 펜로즈 방식이 니스조약과 비슷한 분포를 보인다면 새로운 의사결정 방식인 리스본조약 방식은 그 학술적 근거를 상실케 된다는 것이 폴란드의 주장이다.

2. 정책적 시사점

유럽연합은 27개 회원국에 5억의 인구를 망라하는 거대한 조직이며,

이제까지의 어느 국제기구와도 그 성격을 달리하는 인류 역사상 초유의 국가 간 실험 조직이다. 조직을 이끌어가기 위해 필수적으로 요구되는 것이 의사결정 메커니즘과 재정일 것이며, 여기에서 회원국 간 이해관계의 상충이 발생된다. 그러나 인종, 언어, 종교, 정치, 경제, 사회, 역사 등 모든 면에서 서로 다른 27개 회원국이 한 몸이 되어 나아가는 데 갈등이 표출되는 것은 자연스런 현상일 것이다. 유럽연합은 회원국의 다양성에서 비롯되는 이해관계의 상충을 비교적 슬기롭게 극복하면서 발전의 길을 걸어 왔다. 그러나 갈등의 원인을 제거 또는 개혁하는 데 있어서 유럽연합 자체가 무기력했으며, 발생된 갈등을 치유하고 봉합하는 과정이 민주적이지도 못하면서 비효율적이었다는 지적을 피할 수 없을 것이다. 이와 함께 유럽연합의 주축인 소위 강대국들이 그들의 역할을 충실히 이행했는지 아니면 그들의 이익추구를 위해서만 노력해 왔는지는 깊이 반성해야 할 것이며, 인구 소국, 또는 경제 소국들은 대국들의 그늘에 안주하려 하고 있지는 않은지 돌아보아야 할 것이다.

대한민국을 포함한 아시아 제국 간의 연합이라든지 또는 동북아연합이라든지 하는 논의들이 오가고 있다. 이러한 논의들이 유럽연합과 같은 강도의 국가 연합으로 이어질 가능성을 현재로서는 예단키 어렵지만 만일 그 가능성이 현실화된다면 유럽연합이 겪고 있는 이러한 진통과 그 해결 방법들은 가상의 기구뿐만 아니라 그 기구의 일원이 될 대한민국에게도 시사하는 바가 크다 할 것이다. 또한 우리는 남북으로 분단된 상태이며 장차 통일이 된다 하여도 남과 북 사이에 심각한 괴리가 존재하기 때문에 수없이 많은 갈등 상황에 봉착하게 될 것이다. 유럽연합이 걸어온 길과 같이 어떠한 상황에서도 조직 자체를 와해시키지는 않겠다는 굳건한 각오와 준비가 없이는 통일 조국을 기대할 수 없을 것이며, 한반도 주변 지역에서의 국가 간 연합은 더더욱 요원한 일이 될 것이다. 평화유지, 경제번영, 민주주의 신장 등 유럽연합이 지속적으로 추구해 온 이 세 가지 가치는 한반도를 중심으로 한 어떠한 공동체 움직임에 있어서도 소중한 가치가 될 것이다.

■ 참고문헌

Barry Eichengreen. *The European Economy since 1945: Coordinated Capitalism and Beyond.* Princeton: Princeton University Press, 2007.

Christina J. Schneider. Conflict, Negotiation and European Union Enlargement. Cambridge University Press, 2009.

Economist. A divided Union, Sep. 23rd 2004.

Economist. The battle of the budget, Mar. 3rd 2005.

Economist. Turkey and the European Union: The ever lengthening road, Dec. 7th 2006a.

Economist. Enlargement troubles, Dec. 13th 2006b.

Economist. Post-enlargement stress: Support for European Union expansion is under new threat, Nov. 8th 2007.

European Communities. Treaty of Nice - Amending the Treaty on European Union, the Treaties establishing the European Communities and certain related Acts, Official Journal of the European Communities 2001/C 80 (2001).

European Communities. Treaty establishing a Constitution for Europe, Official Journal of the European Union, 2004/C 310, Vol. 47 (2004).

European Communities. Treaty of Lisbon amending the Treaty on European Union and the Treaty establishing the European Community, Official Journal of the European Communities 2007/C 306. Volume 50 (2007a).

European Communities. Final adoption of the general budget of the European Union for the financial year 2007, Official Journal of the European Union, L 77, Vol. 50 (16 March 2007b).

European Communities. EU Budget 2007 Financial Report. (2008a)

European Communities. European Union Public Finance, 4th ed. (2008b).

European Council. Presidency Conclusions of the Berlin European Council of 24 and 25 March. (1999).

European Navigator (ENA). Final Communiqué of the extraordinary session of the Council (Luxembourg, 29 January 1966), retrieved on 2009-02-24 (2009a).

http://www.ena.lu?lang=2&doc=11907.

European Navigator (ENA). The 'empty chair' policy, retrieved on 2009-02-24 (2009b).http://www.ena.lu?lang=2&doc=444.

European Navigator (ENA). The Luxembourg Compromise, retrieved on 2009-02-24 (2009c) http://www.ena.lu?lang=2&doc=445.

European Parliament. Fact sheets on the EU (1999-2002), retrieved on 2009-02-24 (2009a).

http://www.europarl.europa.eu/parliament/archive/staticDisplay.do?language=EN&id=80.

European Parliament. Fact sheets on the EU (2004), retrieved on 2009-02-24 (2009b).

http://www.europarl.europa.eu/parliament/archive/staticDisplay.do?language=EN&id=152.

European Parliament. MEPs by Member State and political group - sixth parliamentary term, retrieved on 2009-02-24 (2009).

http://www.europarl.europa.eu/members/expert.do?language=EN.

Eurostat. Europe in Figures. Eurostat Yearbook 2008. 2008.

Fran Mcdonald and Stephen Dearden. *European Economic Integration.* 4th ed. New York: FT Prentice Hall, 2005.

Frederic Carluer. *Managing Conflict in Economic Convergence of Regions in Greater Europe.* Amsterdam: Elsevier, 2007.

Gabriele Cipriani. "Rethinking the EU Budget". *Centre for European Policy Studies.* Brussels. 2008.

Heino Faßbender. *Europe as an Economic Powerhouse: How the Old Continent Is*

Gaining New Strength. London: Kogan Page, 2007.

Larry Neal. *The Economics of Europe and the European Union.* Cambridge: Cambridge University Press, 2007.

Lars Jonung and Eoin Drea. "The euro: It can't happen, It's a bad idea, It won't last: US economists on the EMU, 1989-2002", Prepared for the session Reflections on American Views of the Euro Ex Ante: What We Have Learnt 10 years Ex Post. 2009 AEA Annual Meeting. (2009).

Madeleine O. Hosli. *Smaller States and the New Voting Weights in the Council, Research Essay.* Hague: Clingendael Institute, 2000.

Martin Feldstein. "Skepticism about EMU: How Successfully Has It Survived?, Presented at the session Reflections on American Views of the Euro Ex Ante: What We Have Learnt 10 years Ex Post". 2009 AEA Annual Meeting. (2009).

Martin Neil Baily and Jacob Funk Kirkegaard. *Transforming the European Economy.* Washington, D. C.: Institute for International Economics, 2004.

Mike Artis and Frederick Nixson. *The Economics of the European Union - Policy and Analysis.* 4th. ed. Oxford: Oxford University Press, 2007.

Nathalie Tocci. *The EU and Conflict Resolution: Promoting Peace in the Backyard.* Oxford: Routledge, 2007.

Piers N. Ludlow. "The Making of the CAP: Towards a Historical Analysis of the EU's First Major Policy". *Contemporary European History.* 14/3 (2005), pp. 347-371.

Richard Baldwin. "Who finances the Queen's CAP payments? - The CAP as a dooH niboR Scheme". *CEPS Policy Brief.* No. 88. (2005).

Richard Baldwin and Charles Wyplosz. *The Economics of European Integration.* London: McGraw-Hill, 2004.

Richard Baldwin and Charles Wyplosz. *The Economics of European Integration.* 2nd. ed. London: McGraw-Hill, 2006.

Richard Baldwin and Mika Widgrén. "Decision Making and the Constitutional Treaty: Will the IGC discard Giscard?". *CEPS Policy Brief.* No. 37 (2003).

Richard Baldwin and Mika Widgrén. Political Decision Making in the Enlarged EU. paper presented at XVII Symposium Moneda y Crédito, on The future of the enlarged European Union, Madrid: (November 18-19, 2004).

Richard Tilly, Paul J. J. Welfens, and Michael Heise (eds.). *50 Years of EU Economic Dynamics: Integration, Financial Markets and Innovations.* Berlin: Springer, 2007.

W. Słomczyński and Życzkowski K. Penrose. "voting system and optimal quota". *ACTA Physica Polonica B,* Vol. 37. No. 11 (2006), pp. 3133-3143.

W. Słomczyński and Życzkowski K. Penrose. "Jagiellonian Compromise: An alternative voting system for the Council of the European Union". *Institute of Physics, Jagiellonian University and Center for Theoretical Physics of Polish Academy of Sciences.* (2007). http://www.cft.edu.pl/edu/karol/012.pdf.

제5장

다층화된 유럽적 거버넌스: 결속정책에서 나타나는 지방정부 간 격차와 조정

송병준

제1절 결속정책의 의미

1980년대 말에 이르러 유럽연합에서는 단일시장(Single Market) 계획이 본격화 되면서 결속정책(cohesion policy)의 중요성이 재조명 되었다. 당시 많은 정치인들과 경제전문가들은 단일시장이 완성되면 기존에 사회경제적 낙후지역은 시장 경쟁력이 더욱 악화 될 것이라고 경고하였다. 유럽연합은 이러한 부작용을 최소화하기 위해 단일시장 계획과 동시에 기존의 지역정책(regional policy)의 전면적 개혁과 더불어 유럽연합 내 여러 공적기금을 구조기금(structure fund)으로 통합하여 다양한 지역프로그램을 망라한 결속정책을 만들었다. 1988년에 이루어진 지역정책의 개혁은 유럽연합이 1957년 이후 시행하여온 재분배정책의 내용과 실행방식을 전면적으로 수정한 것이다. 특히 지역정책에서 발전한 결속정책은 이전에 낙후지역에 대한 단순한 지원을 벗어나 환경과 교육정책 등을 포함한 포괄적인 사회경제적 차원에서 지역 간 비대칭적 요인을 최소화하는데 목적을 둔 유럽연합 내에서 유일한 재

분배 정책으로 자리 잡았다.[201]

중요한 사실은 이러한 결속정책의 생성을 계기로 초국가 수준에서의 조정과 규제가 점증하면서 회원국 간에 보다 밀접한 제도적 수렴화가 이루어지게 되었다는 점이다. 또한 본 정책을 통해 국가내부에서도 하위정부(SNA: Sub-national Authority) 즉 지방정부들로서는 유럽적 정책옵션이 증가하는 결과를 가져왔다.[202] 1990년대 이후 결속정책이 지속적으로 확장되면서 유럽연합 내 지방정부는 단순히 중앙정부에 종속된 하위 행정 단위로 머물지 않고 통합과정에서 중앙정부와 별개의 독립적인 정치적 선호와 권한을 갖는 행위자가 되었다. 이에 따라 유럽에서는 유럽연합, 회원국의 중앙정부 및 지방정부 등 다양한 공적 행위자가 서로 연계되고, 이슈에 따라 이들 행위자 간에 새롭게 권한이 재편되었다.[203] 이와 같이 1990년대 유럽통합과정을 특징짓는 다층화된 권한분산 체제를 이해하기 위해서는 유럽연합의 대표적인 재분배정책인 결속정책을 분석할 필요가 있다. 결속정책을 통해 유럽연합에서는 집행위원회와 지방정부 간 공식·여러 형태의 정책네트워크가 형성되었다. 나아가 유럽연합의 정책결정과정에서 지방정부의 정치적 영향이 증가하면서 현재와 같이 권한이 다층적으로 분산된 유럽적 거버넌스 구조가 만들어졌다.

그럼에도 유럽연합은 연방국가 수준의 고도화된 정치구조를 갖는 것은 아니다. 여전히 지역 간 부의 재분배은 매우 제한적이며, 정치적 회원국 간 정치적 협상 영역에 놓여있다. 또한 유럽연합의 모든 지방정부가 국가 내부에서 동일한 자치권과 물적 기반을 갖는 것도 아니다. 각 회원국의 헌정구조와 역사적 맥락에 따라 유럽연합 내 지방정부의 규모와 능력은 천차만별이다. 상대적으로 규모가 크고 경제적 자립도가 높은 지방정부는 중소규모의 지방정부보다 유럽적 정책 옵션 활용이 보다 활발하게 이루어지고 있다. 또한 결속정책이 점차 유럽연합이 시행하는 산업정책을 위시한 여러 공동정책과 연계되면서, 지역경제기반이 상대적으로 우월한 지방정부가 유럽연합의 정책결정과정에서 보다 많은 이익을 취할 개연성을 갖게 되었다. 실제 지방정부 간 국경을 넘은 네트워크는 대도시 지역이나 산업지대를 보유한 지방정부 간에 활발하다는 점은 이러한 문제점을 보여준다.

이러한 지방정부 간 능력의 격차에 따라 1990년대 말 이후 다시 결속정책에서 전통적인 국민국가 패러다임이 부각되었다. 즉 인적자원 및 정보의 제약 등 여러 구조적 요인에 의해 유럽연합의 정책과정에 능동적으로 개입할 수 없는 중소규모의 지방정부들은 전통적인 중앙-지방 간 연계를 다시 주목하게 되었다. 특별히 중동유럽 신규회원국의 대부분의 지방정부들은 중앙정부와의 연계를 더욱 강화하여 유럽적 정책과정에 간접적으로 개입하게 되었다. 이와 같이 결속정책에서 생성된 다층화된 유럽적 거버넌스 구조는 유럽연합과 지방정부 간 정책 네트워크 이외에 전통적인 중앙-지방 간 연계 등 다양한 양상으로 발전하고 있다.

이러한 맥락에서 본 책에서는 첫째, 1980년대 단일시장 계획과 함께 재편된 결속정책과 이에 따라 야기된 지방정부의 공적권한 확장을 제기한다. 둘째, 1990년대 이후 다층화된 유럽적 통치의 한계로써 결속정책에서 나타나는 지방정부 간 여러 갈등의 원인과 그 양상을 제시한다. 끝으로, 다층화된 유럽적 거버넌스는 국민국가의 축소로 귀결되지 않는다는 점에서 중앙정부는 유럽연합과 지방정부를 잇는 일정의 중재자(gatekeeper)로써 여전히 중요성을 갖고, 동시에 지방정부는 유럽적 이해관계를 위해 중앙정부와 적극적으로 연계한다는 사실을 제기한다.

제2절 1980년대말 이후 변화된 통합과정

1. 지방의 유럽

지방의 유럽(Europe of the Regions) 혹은 제3의 유럽 층(third level Europe) 이라는 표현은 1990년대 초반부터 국가 중심의 통합을 지양하고, 제3의 행위자에게 초국적 권한을 분산한다는 의미로 사용되어왔다. 지방의 유럽이라는 모토는 1990년대 초 마스트리히트조약 (The Maastricht Treaty) 체결을 위한 정부 간 회담(IGC: Intergovernmental Conference)에서 초국가적 통합에 대한 일종의 대안으로서 나왔다. 당시 단일시장과 경제통화동맹(EMU: Economic and Monetary Union)을 통해 국가의 전통적 권한이 초국가로 이전하면서 국내정책의 재구성과 함께 유럽연합의 정책결정과정에서 초국가와 시민사회를 잇는 행위자로서 지방정부의 공적 권한이 제기되었다.[204]

경제통화동맹과 정치동맹(Political Union) 형성을 위해 개최된 1991년 12월 마스트리히트 정상회담(Maastricht Summit)에서는 경제통화동맹 3단계 계획과 탈규제화 및 산업경쟁력 강화를 위한 초국가 수준의 여러 규제적 조치를 논의하였다. 이 과정에서 유럽연합 내 지방정부는 회원국 정부가 독점하고 있는 주요 정책결정 과정에 참여할 수 있는 공적 권한을 요구하였다. 지방정부들은 한발 더 나아가 유럽연합-국가-지방정부 등의 3개 층으로 구성된 다층화된 유럽연합 구조를 강조하면서 결속정책과 새로이 유럽연합이 시행하는 사회정책에 제도적인 참여방안을 요구하였다. 결정적으로 1980년대 말 구조기금의 개혁으로 결속정책의 결정과 실행과정에서 집행위원회의 권한이 대폭 확대되고, 이후 1992년에 체결된 마스트리히트조약에 보충성의 원칙(Principle of subsidiarity)이 성립되었다. 특히 보충성의 원칙은 유럽연합의 정책과정에서 지방정부의 참여와 집행위원회와 지방정부 간 동반자관계

(partnership) 형성이라는 제도적 근거가 되었다. 이에 따라 지방정부에서부터 집행위원회까지 일종의 아래로부터 위로(bottom-up) 연계되는 정책네트워크 구성이 보다 용이해졌다.[205] 동시에 마스트리히트조약을 통해 지역위원회(CoR: Committee of Regions)와 경제사회위원회(ESC: Economic and Social Committee)가 설립되었고, 결속정책을 위시한 재분배정책에서 지방정부의 참여가 제도적으로 보장되었다.

1990년대 이후 유럽연합의 정책과정에서 다양한 행위자에게 권한이 분산되면서 지방정부는 초국가 정책과정에서 제도적 권한을 확대하여 왔다. 규모가 큰 지방정부들은 브뤼셀로의 로비라는 전략과 함께, 유럽연합의 정책과정에 참여할 수 있는 공식통로인 지역위원회에 대표를 파견하였다. 또한 중앙정부로부터 상당한 자치권을 얻는 일부 연방국가 내 지방정부는 유럽공동체조약 203조(TEC Article 203)에 근거하여 각료이사회에 지역대표를 파견하기도 하였다. 이 경우 각료이사회에 파견된 해당 지역의 대표는 자국 내 주무부처의 장관과 함께 참석하는 것이 통례이나, 사안에 따라 주무부처 장관을 대신할 수도 있다. 또한 일부 지방정부는 커미톨로지(comitology)와 각료이사회 내 실무그룹에 대표를 파견하고 유럽의회 선거를 독립적으로 시행하기도 하였다.[206]

이러한 지방정부의 공식적인 권한 이외에도 주요 지방정부는 이른바 브뤼셀 전략(Brussels strategy)으로 자발적으로 집행위원회와 직·간접적인 네트워크를 형성하였다. 이미 1980년대 중반 이후 유럽연합 회원국의 여러 지방정부는 브뤼셀에 사무소를 두고 집행위원회를 위시한 유럽연합 기구에 직·간접인 로비를 꾀하여왔다. 이를 통해 지방정부는 집행위원회의 의제제안(proposal) 과정에서 비공식적으로 그들의 의사를 홍보하고 관철하는데 중점을 두었다. 물론 이러한 로비 전략은 대부분 자국의 중앙정부를 경유하지 않고 지방정부 독단적 판단에 따른 것이다.[207]

(표 1) 주요 지방정부와 유럽연합과의 연계

	스페인	오스트리아	영국	독일	벨기에
	까딸로니아 (Catalonia)	짤즈부르크 (Salzburg)	스코틀랜드	노르트라인베스트팔렌(North Rine-Westfaila)	플랑드르 (Flanders)
브뤼셀의 지역사무소	○	○	○	○	×
지역위원회 지역대표	○	○	○	○	○
유럽의회 지역대표	×	×	○	×	○
각료이사회 지역대표	×	×	○	○	○
각료이사회 실무그룹	○	○	○	○	○
커미톨로지	○	○	불분명	○	○

(비고) 2000년 기준
(출처) H. Vos et al., "The conditio sine qua non of the Added Value of Regions in the EU: Upper-level Representation as the Fundamental Precondition", *University System of Georgia European Union Center Working Paper*, (2001), p. 9.

동시에 많은 지방정부들은 브뤼셀 전략과는 별개로 유럽연합-중앙정부-지방정부로 이어지는 전통적인 연계루트를 새롭게 주목하여, 중앙정부를 통해 각료이사회에서 이루어지는 결정에 영향력을 행사하였다. 이러한 이유는 1988년 유럽연합의 구조기금 개혁 이후에도 기금배분이나 사업우선순위 선정 등 주요한 정책결정이 여전히 정부 간 협상을 통해 이루어지기 때문이다. 실제로 독일의 주정부 같은 경우에는 중앙정부를 경유하지 않고 유럽연합과 직접 연계하는 방식이 오히려 시대에 뒤진 정책네트워크로 인식되기도 하였다. 독일의 주정부는 먼저 연방정부 차원의 일반입장 안에서 지역적 이해를 관철한 뒤, 이후 연방정부를 통해 집행위원회의 각종 위원회와 각료이사회 실무그룹에 대표를 파견하였다. 또한 필요하다면 각 지방정부 장관이 각료이사회

에서 회원국 정부를 대표하기도 하였다.[208]

결과적으로 유럽연합과 지방정부 간 다양한 연계는 집행위원회, 회원국의 중앙정부 및 지방정부가 자원 동원을 극대화하기 위해 유럽차원에서 권한의 효과적 배분을 강구한 결과이다. 즉 유럽연합에서 제3의 행위자로서 지방정부가 등장한 것은 초국가와 국가내부라는 양 수준의 행위자간 협력과 연계의 필요성에 기인한 것이다.

2. 구조기금의 개혁과 영향

경제적 능력과 문화적 정체성이 상이한 지방정부들은 통합과정에서 서로 상이한 이해관계를 갖는 것이 오히려 자연스러운 현상이다. 물론 각 지방의 사회문화적 다양성은 존중되어야 한다. 하지만 경제·사회적 편차 때문에 야기된 서로 다른 입장은 결국 통합을 저해하는 걸림돌이 될 수 있다. 이미 15년 전인 1997년 통계에 따르면 런던은 당시 유럽연합 15개 회원국의 평균 GDP 대비 233%, 함부르크(Hamburg)는 197%에 달하였다. 반면에 그리스의 아이페로스(Iperiros)는 43%, 그리고 포르투갈의 아조레스(Azores)는 51% 수준에 불과하였다. 2000년 2월 유럽통계국(Eurostat) 자료에 따르면 유럽연합 내 211개 지역 중 하위 50개 지역은 유럽연합 총 GDP의 75% 미만에 머물러 있었다.[209] 실제로 황금의 삼각지(golden triangle)라 일컫는 런던, 도르트문트(Dortmund), 파리 그리고 밀라노를 잇는 유럽의 북동부 지역은 유럽연합의 정치, 경제적 중심지이다. 반면에 서유럽 내에서 이태리 남부, 스페인, 포르투갈, 북아일랜드 및 구동독지역은 대표적인 사회경제적 낙후지역이라고 할 수 있다. 이러한 상황에서 2004년에는 기존 회원국 간 경제·사회적 편차가 보다 큰 중동유럽과 남부유럽이 가입하면서 유럽연합 내에서 지역 간 편차는 더욱 표면화되었다.

1980년 말에 이르러 단일시장계획이 본격화 되면서 지역정책의 중요성이 재조명 되었다. 국경을 넘어 시장이 통합되면서, 시장경쟁력이 뒤처진 낙후지역에 대한 관심이 증폭되었다. 이에 따라 유럽연합은 단일시장계획과 병행하여 1988년부터 기존의 지역정책과 유럽연합 내 여러 공적기금을 구조기금으로 묶어 결속정책을 만들었다.[210] 결속정책은 '경제사회적 발전을 통해 지역 간 비대칭적 요인을 최소화한다.'라는 목적에서 확인할 수 있듯이 지역정책보다 광의의 정책 목적을 갖고 있다. 또한 이는 구조기금을 통해 이루어지는 다양한 지역프로그램을 모두 망라한다. 결속정책의 주 대상은 물론 경제사회적으로 낙후된 지역이다. 나아가 지역 간 경제사회적 비대칭적 요소를 줄인다는 결속정책의 목적에 따라 언어권으로 분리된 벨기에 내 지역과 같이 국가내부에서 이질적 요소를 갖는 지역공동체간 격차해소 역시 주요한 정책 대상이 되었다.[211]

구체적으로 1988년의 구조기금 개혁 내용은 다음과 같다. 먼저, 1988년 개혁을 통해 구조기금 재원은 유럽연합의 평균 GDP의 75%에 미치지 못하는 제1 목표(objective 1)에 집중적으로 투입키로 하였다. 더불어 산업구조 조정에 따라 사회경제적 어려움을 겪는 지역인 제2목표(objective 2) 지역과 농촌지역인 제5 목표(objective 5b) 지역에 유럽지역발전기금(ERDF)의 약 80%를 투입키로 하였다. 둘째, 기존에 소규모로 개별적인 지원을 행하던 기금투입방식을 개선하여 유럽연합 차원에서 다년계획을 통해 통합프로그램 방식으로 채택하였다. 셋째, 집행위원회는 특별히 프로그램 운용단계에서 회원국 정부, 지방정부 등과 동반자 관계(partnership principle)을 통한 수평적 협력을 확대하였다. 이러한 계획을 위해 집행위원회는 필요하다면 중앙정부를 경유하지 않고 해당 지방정부와 직접적인 대화채널을 만든다는 전략적 방안을 채택하였다. 끝으로, 유럽연합은 기금투입지역 내 중앙 및 지방정부와의 공동재정 확보원칙을 보다 엄격하게 유지한다는 방침을 만들었다.[212]

특별히 1988년의 구조기금 개혁은 재분배정책에 대한 필요성을 반영한 것이다. 단일유럽의정서(SEA: Single European Act) 이전까지 회원국 간 경제사회적 격차는 통합을 지체시키거나, 통합에 대한 회의론을 불러일으킬 만한 주요 변수로 작용하지는 않았다. 이러한 이유는 당시 유럽공동체는 시장통합을 위한 소극적 통합(negative integration)에 주력하면서 회원국 고유의 복지시스템이나 보조금 정책이 통합에 크게 영향 받지 않았기 때문이다. 그러나 단일시장계획에 따라 경제사회적 낙후지역이 시장경쟁에 노출되면서 이들 지역에 대한 보상차원의 정책이 절실히 요구되었다.

당시 유럽공동체 12개국 중 경제사회적 발전이 상대적으로 뒤처진 스페인, 포르투갈, 그리스 및 아일랜드에서는 시장통합으로 국경을 넘어 심화된 경쟁과 환경 및 연구개발정책 등 여타 회원국에 비해 상대적으로 뒤떨어진 산업분야에서 불이익을 받게 될 것이라는 불안이 증폭되었다. 이들 국가의 경제규모와 수준으로 볼 때 유럽차원의 초국적 규제에 주도적인 개입이 제약될 수밖에 없기 때문이다. 이에 따라 이들 국가들은 시장통합의 부정적 영향을 상쇄할 물리적 공여의 확대를 주장하였고, 결과적으로 구조기금의 개혁과 결속정책의 시행을 가져오게 되었다. 당시 경제사회적으로 낙후된 국가나 지역 뿐 아니라, 통합을 주도한 독일과 프랑스와 같은 국가들도 시장통합이 가져올 후유증에 깊은 관심을 갖고 재분재정책의 확장을 주장하였다. 이러한 주요 국가의 적극적 주장은 시장통합의 효과를 극대화하기 위해 당시 스페인과 같은 주변부 국가와 낙후 지역에 대한 보상(side payments)의 필요성을 인식하였기 때문이다.[213]

유럽연합은 이후 1990년대 들어 중동유럽국가의 회원국 확대에 대비하여 Agenda 2000을 통해 구조기금정책을 재조정하여 본 기금과 정책은 정치적으로 가장 중요한 재분배정책이 되었다. Agenda 2000을 통해 설정된 결속정책의 가장 중요한 목적과 대상지역은 경제사회적 발전이 뒤처진 유럽연합 평균 GDP의 75% 미만지역인 목표지역 1(objective 1)이다. 결속정책의 주 대상인 목표지역 1은 낙후지역에 대한 재정투여로 지역발전을 꾀한다는 유럽연합의 재분배정책의 목적을 실현한 것이다. 이외에 목표지역 2(objective 2)는 제조업분야에서 실업률이 유럽연합 평균을 웃도는 쇠락한 산업 및 농촌지역이며, 목표지역 3(objective 3)은 개발과 고용창출을 위한 지역이다. 물론 구조기금은 유럽연합의 총 GDP의 0.3% 수준에 머물지만, 특별히 목표지역 1 지역에서는 사활적 이해가 걸린 주요한 재원이다.[214] 보다 중요한 사실은 이러한 구조기금 개혁과 결속정책 시행으로 유럽연합에서는 지역 간 이해관계를 변화시키고, 공공정책의 형성과 집행구조에 획기적인 변화를 가져왔다는 점이다.

먼저, 구조기금 개혁을 통해 기존에 회원국 간 정치적 협상영역이었던 정책결정 권한이 집행위원회와 각 지방정부로 분산되었다. 이 결과 단일시장계획과 맞물려 집행위원회의 초국적 권한이 보다 확장되었다. 이에 따라 결속정책은 정책결정과 집행과정에서 전통적인 위계적 권력구조를 벗어나 집행위원회, 지방정부 그리고 기업을 포함한 사회적 행위자간 파트너십 관계가 구조화되었다. 물론 구조기금의 총액이나 기금 투입 우선순위 선정 등 주요한 정치적 결정은 여전히 회원국 간 정치적 논의사항인 것은 사실이다. 그럼에도 이러한 정치적 결정은 집행위원회가 제시하는 정책 목표와 기술적 규정에 준해서 이루어져야 한다. 나아가 집행위원회는 프로그램의 진행과정에서 야기되는 여러 행정적, 기술적 조정 등에서 각료이사회나 회원국 정부의 직접적인 통제를 받지 않게 되었다. 무엇보다도 집행위원회는 지방정부와 정책네트워크를 형성해 지방정부가 시행하는 관련 프로그램에서 자문 및 행정적 지원뿐 아니라 모니터링 기능까지 수행하게 되었다.[215]

둘째, 각 지방정부는 중앙정부를 경유하지 않고 유럽연합 수준의 정책결정에 직접 관여하고 정책을 실행하는 주요한 행위자가 되었다. 구조기금 개혁이후 유럽연합의 지원을 받는 모든 결속정책 프로그램은 해당 회원국의 중앙 및 지방정부와 공동재정원칙에 의해 재정분담이 이루어지게 되었다. 이에 따라 결속정책은 유럽연합으로부터 지방정부로의 시혜가 아니라, 공동재정과 공동시행원칙을 갖는 초국가정책이며 동시에 국내정책이 되었다. 이 결과각 지방정부 차원에서는 재정부담을 경감하고 효과적인 집행을 위하여 관련 사회적 행위자와 광범위한 연계를 형성하여 수평적 정책네트워크가 확장되었다.[216] 결속정책이 표방한 '경제사회적 결속'이라는 목표는 이후 다소의 의견 속에서도 통합의 주요 목적이 되었다. 이후 유럽연합에서 유일한 재분배정책이라 할 수 있는 결속정책은 유사한 속성을 갖는 환경, R&D 및 노동시장정책 등과 연계되어 시행되면서 지방정부는 유럽연합의 다양한 사회경제정책의 중심적인 행위자로 위치하게 되었다.

셋째, 구조기금 개혁 이후 집행위원회와 지방정부의 권한이 확장되면서 유럽연합의 공동정책과 국내정책 간 경계가 허물어졌다. 1990년대 초반에 여타 회원국에 비해 경제사회적으로 낙후된 남부유럽과 아일랜드와 같은 회원국에서는 구조기금이 국내의 관련정책에 있어 주요한 재원이 되었다. 이와 같이 유럽연합의 예산이 회원국에서 시행하는 사회경제정책에 투입되면서 결과적으로 유럽연합의 공동정책과 국내정책의 경계가 퇴색하였다. 그러나 구조기금의 개혁이 이후에도 정책의 집행단계에서 구조기금의 배분과 우선투입지역 선정 등의 주요 결정은 여전히 집행위원회와 해당 회원국 정부 간 수평적 협상을 통해 진행되었다.[217] 한편으로 결속정책의 실행과정에서 집행위원회로부터 지방정부까지 참여하는 행위자간 수평적 연계가 공고하게 구축되었다. 이러한 모든 양상이 복잡하게 엮여 유럽연합은 점차 국민국가 패러다임과 함께 다층화된 권한분산이 존재하는 복잡한 구조를 갖게 되었다. 결속정책의 시행으로 지방정부는 유럽통합이라는 정치과정에 공적 행위자가 되었으며 새로운 유럽연합과 국가와 함께 다층화된 통합과정

의 제3의 층을 형성하게 되었다.[218]

결론적으로 결속정책은 초국가, 국가, 지역 수준에 존재하는 각기 다른 정부가 정책네트워크를 통해 공동으로 정책을 결정하고 시행하는 유럽적 통항방식이다. 동시에 결속정책은 어떻게 유럽연합과 회원국정부 및 지방정부가 연합하여 국민국가 패러다임이라는 전통적인 정치구조를 벗어나 집단적인 결정과 정책을 취하는가를 보여주는 사례이다. 또한 이 과정에서 경쟁과 갈등은 어떠한 양상으로 전개되며, 누가 지정학적 이해를 대표하는가를 보여주는 대표적인 정책이 되었다.[219] 결국 이러한 권위분산 체제와 국내정책 시행과정에서 정부 간 수평적 협력 및 정책간 연계 등은 기존의 통합과정에서 볼 수 없었던 현상으로 많은 학자들은 유럽연합의 다층적 통치의 연원을 구조기금의 개혁에서 찾는다.[220]

제3절 지방정부 간 격차와 이해관계에 따른 갈등양상

1. 지방정부 간 제도화된 협력의 제약

결속정책을 통해 유럽연합에서는 이미 1990년대 초반이후 유럽연합, 국가 및 지방정부로 이어지는 전통적인 위계적 구조가 이슈에 따라 형성된 수평적인 네트워크로 변화하였다. 동시에 국경을 넘어 지방정부 간 연계가 활발해지면서 국내정치와 국제정치라는 이분법적 경계가 점차 의미를 잃었다. 그러나 시간이 경과하면서 국내정치의 국제정치화로 국내에서는 유럽적 정책 옵션에 대한 지방정부 간 갈등을 가져왔다. 또한 각 회원국의 헌정질서와 중앙과 지방 간 관계에 따라 지역 간 능력의 격차를 노정하면서, 유럽적 정책옵션에서 특정 지방정부가 경쟁우위를 점하는 현상이 나타나게 되었다. 이러한 원인의 직접적인 원인은 유럽연합의 정책과정에서 지역위원회로 대표되는 지방정부의 미미한 공적 권한에서 비롯된 것이다.

1980년대 말 이후 통합과정에서 지방정부의 권한과 영향력이 확대되면서 1992년 마스트리히트조약을 체결로 지방정부를 대표하는 지역위원회가 만들어졌다. 지역위원회는 마스트리히트조약 198a조(TEU Article 198a)에 의해 유럽연합 내 각 지방정부를 대표하는 자문기구로 만들어지고 1994년부터 업무가 개시되었다. 지역위원회의 주 임무는 지방정부의 이해가 얽힌 유럽연합의 여러 정책에서 주장(opinion)을 제기하는 것이다. 따라서 지역위원회는 구조기금 및 지역정책 등에 있어 각료이사회 및 집행위원회의 요청에 따라 정책자문을 행하며, 또 하나의 자문기구인 경제사회위원회의 자문에 대한 주장을 제기 할 권한을 보유하였다. 이에 따라 당시 지역위원회는 지방정부의 의사를 공식적으로 개진할 수 있는 유일한 통로라는 제도적 구조를 십분 활용하여 1994년부터 특별위원회(Special Commission for Institutional Affairs)를 설치하여 1996-97 정부 간 회담에 대비하여왔다. 지역위원회는 또한 '지방과 도시, 유럽의 기둥(Regions and Cities, Pillars of Europe)으로 명명한 보고서를 펴내고 암스테르담 정상회담(Amsterdam Summit)에 대응하여 유럽연합 내 각 지방대표들이 모인 유럽지방 및 도시정상회담(European Summit of the Regions and Cities)을 개최하였다.[221]

이후 마스트리히트조약 수정을 위한 1996-97년 정부 간 회담에서 지방정부는 유럽연합을 구성하는 제3의 행위자로서 그들의 제도적 지위와 권한을 조약에 보다 명확히 명기할 것을 요구하였다. 그러나 암스테르담조약에서 이러한 지방정부의 요구는 정부 간 회담에서 수용되지 않았다. 이러한 이유는 당시 행해진 정부 간 회담이 1990-91년의 정부 간 회담과 참여자의 동인과 진행과정이 현저히 상이하였기 때문이다. 1990-91 정부 간 회담에서는 경제통합뿐 아니라 정치동맹이 주요한 의제로 상정되어 연방주의 통합을 지향한 의제들이 상당한 지지를 얻을 수 있었다. 이러한 회담의 목적에 따라 개방적인 진행방식을 통해 지방정부와 여타 사회적 행위자들의 직·간접적인 참여가 확대되고 실제 이들의 의사가 상당부분 관철되었다.

그러나 1996-97 정부 간 회담은 회담 목적과 의제내용에서 이전의 회담과 상이하였다. 1996-97 정부 간 회담은 유럽연합의 확대에 따른 유럽연합의 제도개혁에 초점이 맞추어졌다. 또한 당시 경제통화동맹을 앞두고 국가 간 의견대립이 고조되었고, 유럽차원의 공동방위정책에 대한 필요성이 크게 부각되었다. 이러한 시급한 현안들에 따라 1996-97 정부 간 회담은 공개적인 구조에서 여러 행위자들이 참여 이전의 정부 간 회담보다 폐쇄적인 구조 속에서 진행되었다.

이와 같이 조약 수정을 통한 유럽연합의 제도변화 과정에서 지방정부의 공적 권한이 확장되지 못한 이유는 지방 간 연합을 주도한 독일 주정부의 노선이 변화하였다는데서 찾을 수 있다. 실제로 암스테르담 조약 체결을 앞두고 지방 간 연합이 붕괴된 것은 그동안 지방 간 연합을 주도해온 독일 주정부의 전략변화에 기인한다. 독일 주정부는 시간이 경과하면서 여타 회원국의 지방정부와 능력의 편차를 인식하게 된다. 무엇보다도 여타 회원국의 지방정부들이 독특한 독일연방시스템에서 비롯된 독일 주정부의 강력한 외교적 권한에 상응하지 못하면서 독일 주정부는 독자적인 노선으로 선회한다. 1990년대 중반에 이르러 독일 주정부는 각료이사회-중앙정부-지방정부로 이어지는 전통적인 이익침투 경로가 유럽연합 밖에서 지방정부 간 연합이나 지역위원회를 통한 각료이사회 및 집행위원회로의 접근이 보다 현실성 있다고 판단하게 된다.

이에 따라 독일 주정부는 기존에 회원국 지방정부와의 수평적 연합을 통한 유럽연합으로의 직접적 로비의 확대라는 전략을 폐기하고 동시에 '지방의 유럽' 이라는 목적을 변경한다. 독일 주정부는 연방정부를 경유하여 각료이사회와 유럽이사회에서 그들의 의사를 관철한다는 전통적인 경로로 다시 회귀한다. 이에 따라 주 정부는 연방정부에서 결정하는 유럽적 이슈에 적극적으로 참여하고, 직접 브뤼셀로 진출하여 각료이사회 내 실무그룹(working groups)에 실무 대표들을 파견한다. 이러한 현상은 니스조약 체결을 위한 정부 간 회담까지 이어지면서 지방의 유럽을 위한 지방정부 간 수평적 연합은 1990년 초반과 같이 활성화되지 않는다.[222]

이러한 상황은 두 가지 현실을 말해준다. 회원국의 지방정부는 규모와 자립도 등 여러 요인에 의해 서로 다른 능력과 목적을 갖기 때문에 제도화된 협력이 제약된다는 것이다. 나아가 유럽연합이 아직도 국가중심 패러다임에 지배되는 초국가 연합으로 지방정부의 공적권한은 여전히 제한적이라는 사실이다. 유럽연합의 정책과정에서 자문기구에 불과한 지역위원회가 보다 현실적이며 시급한 의제가 산적한 정부 간 회담에서 주도적 역할을 행할 수는 없었다. 또한 지방정부의 이해가 지역위원회라는 공식적 창구를 통해 단선적 이해관계로 표명되긴 하였으나, 이러한 사안들이 각 지방정부들로부터 전폭적 지지를 받은 것은 아니다. 지역위원회에서 만들어진 의견이나 정책은 내부에서 합의 없는 타협(compromise without consensus)의 결과에 불과하였다.[223] 이러한 현상은 천차만별의 능력과 선호를 갖는 많은 지방정부로 구성된 지역위원회의 구조적 조건을 볼 때 대외적으로 단선적 이해를 표명하는 것 자체가 원천적으로 제약 받기 때문에 야기된 것이다. 이에 따라 암스테르담조약(The Amsterdam Treaty)에서는 지방정부의 권한에 대한 추가적인 조치는 취해지지 않았다.

이러한 상황 속에서 지역위원회 내부에서는 각 지방정부의 이해관계를 취합하여 단선적인 대외적 선호로 구현하는 것이 용이하지 않다는 사실을 인정 할 수밖에 없게 되었다. 이에 따라 지역위원회는 니스조약(Treaty of Nice) 체결을 위한 정부 간 회담부터 보다 온건한 노선으로 선회한다. 지역위원회는 내부에서 지방정부 간 다양한 의견을 조율하여 단선적 대외노선으로 표명한다는 기존의 입장을 파기한다. 대신에 집행위원회, 각료이사회 및 유럽의회를 상대로 유럽연합의 정책과정에서 요구되는 적법성과 광범위한 합의구조를 강조하는 현실적인 전략을 선택한다. 결국 이러한 상황전개에 따라 1990년대 초반에 고조된 유럽의 제3의 층으로서 지방정부의 제도적 권한 확장에 대한 논의들은 자취를 감추게 되면서 공식적인 협력은 점차 위축되었다.

2. 지방정부 간 상이한 이해와 구조적 격차

결속정책의 결정과 시행과정에서 국경을 넘은 지방정부 간 연합은 브뤼셀에 대한 직접적인 영향력 확대를 의도한 것이다. 반면에 국내에서 지방정부 간 연합은 브뤼셀뿐 아니라 소속국가의 중앙정부에 대한 영향력 확대를 꾀한 것이다. 후자의 경우 국내에서 지방정부 간 연합은 중앙정부를 경유하여 유럽적 이해관계를 관철한다는 목적에서 비롯된 것인데, 전자에 경우에 비해 한계를 갖는다. 이러한 이유는 결속정책의 속성에서 찾을 수 있다. 결속정책은 지방정부를 위시한 다양한 사회적 행위자들이 개입된 초국적 정책이지만 정책집행과 기금의 배분은 전통적인 국가 간 협상에 의해 이루어지기 때문이다. 따라서 기금의 수혜라는 동일한 목적을 갖는 국경내의 지방정부 간에는 경쟁적 관계가 성립될 수밖에 없다. 이 결과 국내에서 지방정부 간 연합은 정책결정 단계에서 지역의 특수한 이해를 표명하는 데는 효과적으로 작동하지만, 이후 정책집행과 기금배분과정에서는 지역 간 경쟁이 표면화 될 수밖에 없다.[224] 따라서 지방정부가 깊숙이 개입된 결속정책과 같은 재분배정책의 경우 국내에서 유사한 경제사회적 환경에 처한 지방정부 간 연합보다는 탈국경화된 연합이 보다 효과적이다.

물론 회원국의 다양한 헌정구조와 중앙-지방 간 권력배분 관계에 따라 국내의 지방정부 간 연합이 범유럽적 지역협력보다 효과적인 경우도 존재한다. 하지만 이는 매우 예외적인 경우이다. 영국은 대표적인 예이다. 영국은 중앙 집중화된 헌정구조에 기인해 지방정부가 중앙정부를 경유하여 유럽연합으로 이해를 관철하는 채널이 제한될 수밖에 없다. 이에 따라 국내에서 지방정부 간 연합은 여타 회원국에서의 경우보다 상대적으로 중요성을 갖고 유사한 목적을 갖는 지역 간 연합이 활발하다. 그러나 이러한 현상도 잉글랜드와 스코틀랜드 지역 간 결속정책의 기금배분을 둘러싼 경쟁구조를 볼 때 일국 내에서 지역 간 연합은 국지적인 지역연합에 불과하다는 것을 알 수 있다.

특히 잉글랜드에서는 중앙정부에서 지역이익을 대표할 이익집단이나 기업연합이 스코틀랜드나 웨일즈의 경우보다 더욱 제약되어 지방정부 간 연합이 보다 활발히 이루어지고 있다. 1996년 40여개에 달하는 웨스트미들랜드(West Midlands) 지방정부들이 유럽연합의 동유럽 확장에 따른 불이익을 상쇄하기 위해 브뤼셀에 설치한 지역연합사무소는 단적인 예이다. 그러나 이들 지역들은 중앙정부와 전략적 연합을 통해 브뤼셀에 영향력을 확대하려는 스코틀랜드 지방정부 간 연합(COSLA: Convention of Scottish Local Authorities)과 경쟁관계를 형성하여 왔다.[225]

스페인의 상이한 지역경제 기반에 따른 지방정부 간 경쟁관계는 이러한 양상을 단적으로 보여준다. 갈리시아(Galicia)와 발렌시아(Valencia)는 모두 농업지역으로 낙후지역 개발을 위한 결속정책과 공동농업정책(CAP: Common Agricultural Policy)의 주 대상 지역이다. 갈리시아와 발렌시아는 경제발전 정도가 상이하지만 본 지역들은 모두 결속정책의 목표지역 1(Objective I Regions)로 유럽연합으로부터 구조기금을 위시한 여러 사회경제적 지원을 받고 있다. 그러나 스페인 내부에서 양 지역은 서로 다른 농업구조와 산업기반으로 유럽연합의 결속정책과 공동농업정책의 수혜에 있어 극단적인 경쟁관계에 있다. 한편 전형적인 지중해 기후지역인 갈리시아는 1989년 기준 스페인 우유생산의

28%를 점하는 대규모 낙농지역이다.

그러나 스페인의 유럽연합 가입이후 유럽연합이 부과한 우유생산 쿼터제로 우유생산량이 제한되고 대신 여타 회원국으로부터 우유수입이 급증하면서 지역경제가 위기를 맞게 되었다. 1986년 당시 스페인의 총 우유생산량은 65억 8,300리터에서 이후 1994년 65억 1,900리터로 거의 변동이 없었으나 우유수입은 동기간에 34만 톤에서 69만 톤으로 배 이상 증가하면서 동 산업이 심각한 타격을 입었다. 갈리시아는 또한 스페인의 수산물의 약 절반을 공급하는 어업지역으로 스페인 총 농업인구의 42.3%(1996년 기준)가 거주하였다. 그러나 본 어업산업 역시 스페인의 유럽연합 가입에 따라 생산량 축소 규정에 묶여 경쟁력을 상실하게 되었다. 반면에 대륙성 기후지역인 발렌시아는 지중해성 기후에 따른 전형적인 대규모 오렌지 재배지역으로 생산량의 70% 정도를 수출하는 대외 의존적 농업구조를 가지고 있다. 그러나 갈리시아와 달리 발렌시아의 주력산업인 오렌지 농업은 공동농업정책을 통해 엄격한 쿼터제가 적용되지 않으며 결속정책의 수혜로 기존의 산업기반을 유지하였다. 실제 발렌시아 지역의 오렌지 재배는 스페인의 유럽연합 가입으로 생산 및 수출에 별다른 제약을 받지 않고 오히려 1985-86년 17만 헥타에서 1994년 18만 헥타로 증가하였다.

이와 같이 유럽연합의 결속정책은 지역 간 균형발전 이외에도 유럽 차원에서 각 산업부분별 경쟁력 강화에 초점을 맞춘 것이다. 따라서 산업구조에 따라 일국 내에서도 지역 간 협력이 제약되고 오히려 경쟁관계에 위치하는 경우가 발생한다. 유럽연합은 이러한 문제점을 인식하고 1990년대 이후 운송, 에너지 및 통신네트워크 구축과 같은 경제적 인프라 구축에 한정된 결속정책을 지역 간 불균형 완화를 위한 교육프로그램과 사회적 격차해소에 주력하여 왔다. 그럼에도 각 지역이 갖고 있는 사회경제적 요인에 따른 구조적 격차를 완전히 일소할 수는 없다.

한편 지방정부 간 수평적 네트워크는 필요에 따라 산업계로 확장되어 더욱 다양한 양상을 갖고 있다. 유럽연합의 결속정책에서는 서로 다른 이해관계를 갖는 많은 지방정부가 다양한 세부 프로그램에서 집행위원회와 복잡한 수직적 연계를 형성하고 있다. 이러한 복잡한 연계구조는 지방정부 간 네트워크뿐 아니라 산업부분과 결합하여 또 다시 수평적으로 확장되어 있다. 대부분의 경우 결속정책의 결정과 집행과정에서 집행위원회와 해당 지방정부는 파트너십 관계를 통해 공식·비공식적으로 연계되어 있다. 이외에도 지방정부들은 결속정책의 세부 프로그램 집행과정에서 해당 지역 내 산업계와 또 다른 네트워크를 형성하는 것이 일반적 현상이다. 이러한 지방정부-산업부분 간 연계(local-sectoral relationships)는 유럽연합의 이종구조(heterarchical structure)를 보여준다.

문제는 이러한 과정에서 산업기반이 취약하고, 경제발전이 더딘 지역은 산업지역을 안고 있는 지방정부들 간 연계보다 뒤처진다는 것이다. 이에 따라 이들 지역 간에는 자생적인 결속력보다는 중앙정부와의 연계를 통한 유럽연합으로의 이해관계 투입에 의존할 수밖에 없다. 이 결과 낙후지역의 유럽적 정책옵션은 산업지대의 지방정부보다 뒤처질 수밖에 없었다. 결국 지방정부 간 사회경제적 격차라는 구조적 조건은 다층적 행위자로서 지방정부의 참여라는 유럽연합의 목적과는 달리 상대적으로 우월적인 사회경제적 조건을 갖는 지방정부들 간 수평적 연계가 활발하게 진행되었고, 이와 반대로 낙후지역들은 유럽연합과의 수직적 협력에 머물 수밖에 없었다. 여기에 대도시와 규모가 큰 지방정부와 달리 자치권을 가진 소규모의 지방정부의 경우는 유럽연합과의 직접적인 연계할 이슈가 없거나 유럽적 정책과정에 참여할 정보와 인적 인프라가 제약된다. 실제로 네덜란드의 경우 500여 개가 넘는 자치정부 중 암스테르담(Amsterdam)이나 로테르담(Rotterdam)과 같은 일부 대도시를 제외한 많은 중소규모의 지방정부들은 유럽연합의 결속정책 결정과정에 제한적으로 참여하거나 전혀 개입하지 않고 있다. 따라서 유럽적 정책과정에 여러 이유로 참여가 제약된 다수의 지방정부들은 중앙정부와의 전략적 연합이 보다 중요성을 가질 수밖에 없다.[226]

한편 통합에 따른 지방정부의 정책적 옵션으로 취한 유럽연합-지방정부 간 협력마저도 반드시 긍정적 결과를 야기한 것은 아니라는 사실이다. 스페인의 바스크 자치정부(BAC: Basque Autonomous Community)의 사례는 단적인 예이다. 일국 내에서 소수민족이나 문화적으로 차별화된 지방정부의 경우 중앙정부와 지역적 이해관계에 있어 갈등관계가 두드러질 수 있다. 동시에 이러한 지방정부는 일국 내에서 혹은 국경을 넘어 유사한 지정학적 이해를 갖는 여타 지방정부와의 연계가 용이하지 않다. 이러한 경우 지방정부의 선택은 유럽적 옵션 즉 유럽연합과 직접적인 네트워크를 강화하는 전략을 구사하는 것이다. 이러한 전략은 특별히 회원국내에서 소수민족이 거주하는 지방정부나 소외지역에서 활발히 이루어졌다. 스페인의 바스크 자치정부의 전략은 대표적 경우이다. 바스크 자치정부는 1970년대 말 본 지역 내 17개의 지역이 연합하여 결성한 일종의 자치정부로 독립적인 의회까지 두고 있다. 스페인은 1986년 유럽연합에 가입하면서 효과적인 국가이익 표명을 위해 중앙정부와 자치정부 간 단일화된 협력시스템을 구축하였다.

그러나 이러한 협력시스템은 표면상 중앙과 지방 간 일종의 수평적인 정부 간 협력의 형태를 취하였지만, 중앙정부가 취합하는 국가이익에 지방정부의 개별적 이해가 모두 반영되지는 않았다. 이에 따라 바스크 자치정부는 유럽연합과 직접 연계하는 전략을 취하였다. 물론 지방정부는 각료이사회 및 지역위원회에 공식 행위자로 대표를 파견할 수 있지만 바스크와 같은 소수민족의 지정학적 이해는 다양한 지방정부의 보편적 선호보다 앞설 수는 없고 이 결과 바스크 자치정부의 경우 유럽연합에서 소기의 의사를 관철하기 힘들었다. 결과적으로 유럽통합은 바스크 자치정부의 지정학적 이해를 관철하는데 큰 영향을 미치지 못하였고, 이러한 점에서 통합의 순기능이 모든 지방정부에 공평하게 적용되지 않았다는 사실을 확인 할 수 있다.[227]

제4절 전통적 유럽연합-중앙-지방관계의 재인식

1. 중앙-지방 간 정책네트워크의 강화

1980년대 말 구조기금의 개혁시 집행위원회는 유럽연합의 재원으로 운영되는 경제사회프로그램에서 지방정부가 계획과 운영에 직접 참여토록 유도하였다. 당시 집행위원회는 전통적으로 각국의 중앙정부가 깊숙이 개입하는 유럽연합 지역정책에서 이른바 독점의 해체(breaking the monopoly)를 통해 중앙정부의 개입을 최소화한 가운데 지방정부의 새로운 역할을 강조하였다. 이에 따라 집행위원회는 유럽연합 내 다양한 지방정부의 이해를 고려하여 새로운 전략으로 이해당사자의 직접적인 참여를 고려한 것이다.[228] 그러나 정보의 제약과 행정능력이 결여된 지방정부의 경우 유럽연합의 의도와는 반대의 전략을 취하였다. 즉 자원과 정보가 제약된 지방정부는 오히려 중앙정부의 강력한 리더십을 요구하였다. 이러한 중앙의 리더십과 지방정부의 정책수행 의지가 결합하여 전통적인 중앙-지방 관계가 보다 공고화 되면서 가시적인 정책성공을 가져온 대표적인 사례는 아일랜드이다.

아일랜드 정부는 1990년대 들어 지방의 유럽(Europe of the Regions)이라는 슬로건을 내세우면서 구조기금정책의 운용과정에서 지방정부와 산업계의 참여를 독려하였다. 아일랜드 정부는 1989년부터 1993년까지 진행된 구조기금 운용 과정에서 국가발전계획(NDP: National Development Plan)을 세워 구조기금 수혜지역에서 자문위원회

(consultative committees)를 구성하여 중앙-지방 간 연계를 강화하였다. 그럼에도 당시 아일랜드는 중앙-지방 간 연합을 강화하였지만 주변부(peripherality)라는 지리적 격리, 불충분한 인프라(inadequate infrastructure)와 낮은 인구밀도(low population density)로 상징되는 구조적 한계를 극복하지 못하였다.[229]

이에 따라 아일랜드정부는 1994-1999년을 시행기간으로 이전의 지방정부의 소극적 역할을 탈피한 새로운 국가발전계획을 수립하였다. 즉 필요에 따라 인위적으로 구획한 여러 지방정부 간 연합을 촉진하고 지방정부 수준에서 프로그램 수행을 위한 조정기능을 확대하였다. 이와 같이 구조기금의 수혜를 받는 국내의 여러 지역 간 연합은 공동의 이해가 결여될 수밖에 없다. 그럼에도 아일랜드정부는 희소한 인구와 격리라는 구조적 제약을 극복하기 위해 지방정부 간 네트워크 강화를 적극적으로 시도하였다. 결과적으로 아일랜드정부의 전략은 큰 성공을 거두었다. 유럽연합 평균 GDP의 75% 미만 지역으로 결속정책의 대상지역 1에 속하는 각 지방정부들은 유럽연합의 평균 GDP 대비 1994년 88%, 1995년 92% 그리고 1999년에는 98%까지 접근하였다. 이후 아일랜드 정부는 2000-2006년 기간에 실질적인 경제성장과 고용증대, 경쟁력강화 그리고 사회적 결속을 위한 지역 간 균형발전이라는 국가발전계획의 목표를 설정하여 지방정부의 역할과 책임을 보다 강화하였다.[230]

이와 더불어 아일랜드 정부는 직접선거 대신 지방정부에서 지명하여 구성되는 지방의회(Regional Assemblies)를 통해 지역 내에서 정책조정자로서 기능을 확대하여 결속정책 실행에 있어 민주적 절차와 책임성을 보완케 하였다. 또한 아일랜드 정부는 1997년 Local Agenda 21 계획을 수립하여 도시와 군소 지방지역 간 연계 뿐 아니라 ENCORE 및 REGIONET와 같이 유럽차원의 지방정부 간 네트워크에 적극적인 참여를 독려하여 낙후된 지역발전에 큰 성과를 거두었다. 이러한 아일랜드의 결속정책 성과는 지역적 낙후와 격리 그리고 희소한 인구라는 구조적 한계를 극복하기 위해 중앙정부 차원에서 인위적으로 중앙-지방 간 정책네트워크와 지방정부 간 연합을 강화한 결과이다.[231]

물론 모든 유럽연합 국가들이 중앙정부 차원에서 인위적인 정책조정을 꾀하는 것은 아니다. 스웨덴을 위시한 일부 북유럽국가들은 중앙에서 단일의 계획보다는 각 지방정부 고유의 독립적인 계획과 실행이라는 분권화된 전략을 취하여 왔다. 북유럽국가들은 구조기금의 운영과정에서 유럽연합과 중앙정부 차원의 가이드라인 설정이라는 방식을 탈피하여, 해당 지방정부가 산업계와 연계하여 독립적으로 프로젝트를 진행하는 것이 일반적이다. 따라서 이와 같이 북유럽국가들의 전략은 아일랜드의 중앙으로부터의 통제와 계획(top-down)과는 달리 지방정부 차원에서 아래로부터의 자발적 참여(bottom-up)라는 형태라고 할 수 있다. 결국 이러한 상반된 양상은 중앙-지방 간 권력배분 및 지방정부의 능력의 편차 등 각국마다 상이한 국내적 환경을 반영한 결과이다.[232]

2. 중앙정부의 전통적 권한의 확대

2000년대 이후 기존 회원국과 정치, 경제적 격차가 큰 중동유럽 및 지중해 도서국가들이 대거 유럽연합에 가입하였다. 이러한 유럽연합의 확대는 결속정책의 목적을 되돌아보는 계기가 되었다. 결속정책은 2004년과 2007년에 가입한 회원국들에 있어 GDP 격차를 완화해줄 재분배 정책이면서 동시에 정치, 경제적 능력을 제고한다는 이중의 목적을 갖게 되었다. 결속정책은 일국 내에서도 상대적으로 낙후된 지역에 대한 보상차원의 총체적인 지원정책이다. 그러나 2000년대 이후 가입한 신규회원국들에게는 일국 내에서 지역 간 격차보다 기존 회원국에 비해 상대적인 저발전이라는 문제가 보다 큰 문제로 대두되었다. 또한 이들 중동부 회원국 간에도 경제사회적 격차가 현저한 차이를 보여 결속정책은 지역 간 격차보다 국가 간 격차시정이 더욱 중요한 현안이 되었다. 1998년 기준으로 유럽연합 평균 GDP 대비 체코 60%, 헝가리 49%, 폴란드 36% 그리고 에스토니아는 37%에 불과하였다. 그럼에도 2004년에 가입한 슬로베니아는 1998년 기준 유럽연합 GDP 대비 69% 수준으로 당시 그리스 66%보다 오히려 높은 수준을 보였다.[233]

중동유럽 회원국들은 구사회주의 체제 당시 지역발전과 관련된 정책은 공산주의식의 중앙집중화된 계획에 따라 이루어졌다. 따라서 개별 지방정부 차원의 독립적인 행정 및 발전정책이 취약하고, 이후 사회주의 붕괴와 유럽연합 가입 이후에도 이러한 영향이 상존하였다. 물론 이들 국가들은 1980년대 말 사회주의 체제 붕괴이후 사회경제적 개혁을 통해 서유럽식의 지방분권과 지역주의(rationalization)를 취하였다. 폴란드와 체코의 경우 1990대 초부터 각 지방정부의 자치권을 확대하고 지역단위의 독립적인 경제사회정책을 실행하였다. 그러나 이들 국가들의 지방정부 단위는 사회주의 시절의 영향으로 독립적인 경제사회정책을 취하기 힘들 정도로 작은 규모로 분화되어 있었다. 또한 산업인프라 역시 매우 열악한 수준으로 탈중앙집중화(de-concentration) 대신 오히려 중앙정부 의존도가 심화되는 재중앙집중화(re-centralisation) 경향마저 발생하였다. 결국 이러한 양상은 '지역수준에서의 제도적 기반의 결핍(deficiencies in the institutional structures at regional level)' 이라고 할 수 있다. 이에 따라 집행위원회와 지방정부 간 정책네트워크라는 전형적인 지역정책 실행구조가 제약될 수밖에 없었다.[234] 그러므로 이들 국가에서 결속정책의 효과적인 운영은 1988년 구조기금 개혁 전 전통적인 중앙집중화된 계획과 정책실행이다. 대표적인 예는 헝가리와 체코이다.

헝가리는 1996년 중앙정부 차원에서 지역발전계획법(Act on Regional Development and Physical Planning)을 제정하고 동년에 지역발전이사회

(RDC: Regional Development Councils)를 설립하였다. 지역발전이사회는 지역발전계획의 입안과 경제정책과의 조정기능을 담당하며 산하의 지역발전기구(RDA: Regional Development Agencies)를 통해 정책을 실행하였다. 한편 각 부다페스트(Budapest)시와 19개의 지방정부에서는 1996년 이후 중앙정부에서 임명하거나 지방정부에서 선거로 선출된 지역대표들이 중앙정부에서 실행하는 지역발전 프로젝트의 재정지원 등의 업무를 수행토록 하였다. 동시에 이들 지역대표들은 중앙-지방 간 정책조정, 소속 지방정부의 사회경제적 환경에 대한 평가, 중장기 지역발전정책 입안 그리고 정책진행을 위한 재정운용과 관리업무를 담당하였다. 이후 여러 지방에서는 결속정책에 관여하는 기구가 자연발생적으로 생성되었고 이들 기구들은 중앙의 지역발전이사회의 감독을 받아 업무를 수행하였다. 또한 이들 지역기구들은 연합을 통해 이른바 발전지역(developing regions)이라는 조직을 결성하여 중앙의 지역발전정책에 관여하였다. 같은 과정으로 군소규모의 많은 지방정부에서도 자연발생적으로 생성된 지역기구들 간 소규모지역(small regions)으로 명명한 조직이 만들어져 경제발전과 인프라구축 프로젝트에 개입하였다.[235]

한편 체코정부는 2000년대 들어 2000-6년을 실행시한으로 국가발전계획(National Development Plan)을 세워 정책을 실행하였다. 이에 따라 지역개발부(Ministry of Regional Development)는 구조기금과 관련된 여러 부처 간 정책조정을 전담하고 이외의 중앙정부 부처는 유럽연합 차원의 지역정책인 SAPARD 및 ISPA 등에 있어 프로그램을 진행해왔다. 또한 1999년에 만들어진 지역관리 및 모니터링위원회(Regional Management and Monitoring Committees)는 지역정책 프로그램의 조정과 구조기금정책을 집행하였다. 이와 동시에 13개 지방정부에 설립된 지역발전기구(Regional Development Agencie)는 중앙정부의 지역개발부의 감독 하에 중동유럽국가의 유럽연합가입을 위한 사전지원 프로

그램인 PHARE의 실행을 담당하였다.[236]

반면에 폴란드는 중동유럽국가의 결속정책 운영패턴과는 다른 경로를 택하였다. 폴란드는 유럽연합 가입이전부터 구조기금 수혜에 큰 기대를 갖고 이미 1999년에 지방정부 수준에서 구조기금을 운영할 독립적인 기구설립을 계획하였다. 이에 따라 폴란드는 2000년부터 구조기금 운영과 정책실행을 위해 중앙에서부터 소규모 지방정부까지 수직적인 구조를 만들었다. 또한 폴란드는 여타 중동유럽 신규회원국과 달리 지방정부 수준에서 선거로 선출된 지방정부 장이 중앙정부와 함께 기금운영의 책임을 맡고 지방정부 수준에서는 정책실행과정에 높은 수준의 자율성을 부과하였다. 이러한 중앙-지방 간 다층적인 구조는 기존 서유럽 국가들이 행하는 결속정책의 전형적인 형태로 보충성의 원칙에 따른 다층적 거버넌스 시스템이 동유럽에도 적용된 사례라고 할 수 있다.[237]

위의 사례들에서 볼 수 있듯 다층화된 유럽적 거버넌스라는 특징적인 유럽연합의 구조는 중동유럽에서는 제한될 수밖에 없다. 물론 폴란드의 경우 결속정책의 운영과정이 기존 유럽연합 회원국과 유사하게 중앙-지방 간 권한의 공유를 통해 정책네트워크가 활성화 된 사례이다. 그럼에도 이러한 폴란드의 사례 역시 중앙정부가 정치적 권위를 갖고 관료적 전문성을 배경으로 지방정부와 정책네트워크를 조직화한 결과이다. 따라서 동유럽의 사례는 1990년대 이후 다층화된 유럽적 거버넌스에서도 국민국가의 쇠퇴가 아닌 전통적인 국가의 역할이 존속하면서 지방정부의 자율성과 보완적인 구조를 형성한다는 것을 말해준다.

제5절 결론: 다층화된 유럽적 거버넌스

1950년대 하스(E. Haas)가 제기한 신기능주의의 목적은 '어떠한 방법으로 혹은 어떠한 이유에서 국가는 주권을 포기하고 자발적으로 협력하고 통합을 꾀하는가?' 이다. 이러한 목적을 위해 하스는 '어떠한 기술적 방식을 통해 국가들 간 협력을 이끌어 낼 수 있는가?' 라는 실천적인 수단을 위해 시장자유화라는 기능적 정책을 가능케 할 일종의 정치공동체(political community)의 성립 조건을 생각하였다. 이러한 논리로 다수의 학자들은 경제부분에서 시작된 협력이 궁극적으로 정치 및 군사통합으로의 전환을 가져올 것이라고 예상하였다. 그러나 이러한 사고는 유럽연합이 주권을 가진 회원국의 동의와 이들 국가의 물리적 자원에 의존하며, 보충성의 원칙에 의해 국가와 권한을 공유하는 다층화된 통치기구라는 사실을 간과한 것이다. 보충성의 원칙에 의해 유럽연합은 국가의 권한 이전에 대한 동의가 없는 경우 특별히 회원국의 사회적 기제에 영향을 미치는 사회정책이나 자원의 재분배를 의도한 정책을 실행 할 수 없다.

문제는 1980년대 말 이후 시장통합이 가속화되면서 유럽차원에서 부의 재분배는 경제통합을 위한 선결조건이며 목표가 되었다는 사실이다. 필연적으로 통합된 시장에서는 정치경제적으로 우월한 위치에 있는 회원국이 보다 많은 이익을 취하게 되며 이 결과 통합이 심화될수록 회원국 간에 중심-주변부 관계가 더욱 고착화 될 수밖에 없다. 이러한 딜레마에서 신기능주의식의 파급효과(spill-over)는 제약될 수밖에 없다. 해결책은 유럽연합 차원에서 재분배정책을 실행하는 것이다. 이에 따라 유럽연합은 1988년 단일시장계획과 함께 지역정책을 결속정책으로 확대·개편하여 로마조약에 명기된 정책 목적을 회복하였다. 즉 경제통합 과정에서 정치적 저항을 완화하기 위해 사회경제적으로 낙후된 지역에 대한 보상차원의 시혜적 정책실행에서 지역 간 사회경제적 격차를 해소하는 재분배정책 본연의 목적을 실현한 것이다.

그러나 사회경제적 편차를 완화하기 위한 재분배정책(redistribution policy)은 규제정책(regulatory policy)과 달리 실행을 위해 많은 비용을 요하며, 수혜국간에 재원분배를 둘러싸고 첨예한 이해가 야기될 수밖에 없다. 더불어 유럽연합 차원에서 회원국 단위로 일괄적으로 실행하는 재분배정책은 국가 내부에서 또 다른 중심-주변부 관계를 형성할 부담을 안고 있다. 그러므로 유럽연합 차원의 재분배정책과 사회적 서비스는 해당 지방정부가 실행하는 것이 국가 간 대립을 회피하고 유럽연합 차원에서 균등한 부의 분배를 가져올 수 있는 현실적인 방안이다. 즉 재분배정책은 초국가 정책의 직접적인 수혜자인 국가 내 하위정부의 동의와 협력을 통해서 이루어는 것이 가장 효과적이다. 이러한 맥락에서 1980년대 말 이후 지역정책의 개혁을 통해 지방정부는 유럽연합의 재분배정책에서 공적 권한을 갖고 정책과정에 참여하게 되었다. 물론 결속정책에서는 재원조달과 분배와 같은 사활적 이해가 걸린 이슈에서는 여전히 국민국가 패러다임이 적용된다. 그러나 프로그램의 운영과 평가는 지방정부와 집행위원회의 몫이다.

문제는 중앙정부보다 더욱 분화된 지정학적 이해를 갖는 지방정부들이 단독적으로 유럽연합에서 이해를 관철하기는 용이하지 않다는 점이다. 이에 따라 지방정부들은 국경을 넘어 유사한 이해관계를 갖는 또 다른 지방정부와 수평적인 정책네트워크를 형성하고 동시에 중앙정부 및 유럽연합과 수직적인 정책네트워크를 형성하였다. 결국 이러한 복잡한 네트워크는 지방정부들이 초국가 정책과정에서 보다 효과적으로 지역적 이해를 관철하기 위한 결과이다. 결국 유럽연합의 결속정책은 통합과정에서 지방정부라는 새로운 행위자의 등장을 가져왔고, 지방정부는 보다 많은 이해관계와 그에 합당한 권한을 행사하게 되었다. 나아가 이러한 과정을 통해 유럽적 정책과정이 다양한 행위자에게 권한이 분산된 다층적 거버넌스로 변화하였다.

중요한 사실은 통합과정에서 권한의 분화와 공유는 지역 간 차별적으로 적용된다는 것이다. 유럽연합 내 모든 지방정부가 균등한 자원과 능력을 갖는 것은 아니며 회원국의 헌정질서 및 경제사회적 환경에 따라 지방정부의 선호와 능력은 천차만별이다. 봄베르그(E. Bomberg)와 피터슨(J. Peterson)이 언급한 바와 같이 중앙정부가 유럽연합에 갖는 전략과 인식 그리고 중앙-지방 간 권력관계에 따라 브뤼셀 전략이라는 유럽연합과 지방정부 간 연합은 차별적으로 전개되고 있다.[238] 즉, 회원국의 고유한 헌정질서에 따른 지방정부 간 대외적 권한의 차별성 나아가 지방정부 각각의 정치적 독립성과 규모 및 경제사회적 능력의 차이에 따라 유럽적 통치과정에 모든 지방정부가 효과적으로 이해를 표명하고 수혜를 받는 것은 아니라는 점이다. 이러한 양상은 결과적으로 유럽차원에서 부의 재분배를 의도한 결속정책 본연의 목적을 벗어난 것이다. 따라서 지역 간 편차를 해소하고 보완하기 위해 전통적인 국가의 역할이 재조명되었고 결과적으로 국가는 다층화된 유럽적 통치과정에서도 유럽연합과 지방정부를 잇는 중개자로 위치한다.

■ 참고문헌

Achim Kemmerling and Thilo Bodenstein. "Partisan Politics in Regional Redistribution: Do Parties Affect the Distribution of EU Structural Funds across Regions?". *European Union Politics.* Vol. 7. No. 3 (2006), pp. 373-392.

Andy Smith. "Studying Multi-level Governance. Examples from French Translations of the Structural Funds". *Public Administration.* Vol. 75. Iss. 4 (1997), pp. 711-730.

Angela K. Bourne. "The Impact of European Integration on Regional Power".

Journal of Common Market Studies. Vol. 41. Iss. 4 (2003), pp. 597-620.

Arthur Benz and Bunkard Eberein. "Regions in European Governance: The Logic of Multi-Level Integration". *European University Institute Robert Schuman Centre Working Paper.* 98/31 (1998), pp. 1-17.

Charlie Jeffery. "The 'Europe of the Regions' from Maastricht to Nice". *Queen's University Balfast Institute of European Studies Queen's Papers on Europeanization.* No. 7 (2002), pp. 1-9.

Christopher K. Ansell et al. "Dual Networks in European Regional Development Policy". *Journal of Common Market Studies.* Vol. 35. Iss. 3 (1997), pp. 347-376.

David Bailey and and Lisa De Propris. "EU Structural Funds, Regional Capabilities and Enlargement: Towards Multi-Level Governance?". *Journal of European Integration.* Vol. 24. No. 4 (2002), pp. 308-309.

Elizabeth Bomberg and John Peterson. "European Union Decision Making: the Role of Sub-national Authorities". *Political Studies.* Vol. 46. No. 2 (1998), pp. 219-235.

European Commission. Glossary (2010).
http://europa.eu/scadplus/glossary/structural_cohesion_fund_en.htm.
(2010년 8월 20일 검색)

European Parliament. Fact Sheet (2010).
http://www.europarl.eu.int/factsheets/default_en.htm. (2010년 10월 11일 검색)

Frank Bollen. "Cohesion Policy in an Ever Larger Union". *European Institute of Public Administration EIPA Scope.* 97/3-4 (1997), pp. 1-8.

Gerard Mullally. "Shakespeare, the Structural Funds and Sustainable Development Reflections on the Irish Experience". *Innovation: The European Journal of Social Science Research.* Vol. 17. No. 1 (2004), pp. 25-41.

H. Vos et al. "The conditio sine qua non of the Added Value of Regions in the EU: Upper-level Representation as the Fundamental Precondition". *University System of Georgia European Union Center Working Paper.* (2001), pp. 1-14.

John McCormic. *Understanding the European Union.* 2nd Ed. New York: Palgrave, 2002,

Clement Keith. "Structural Fund Programmes as Instruments for Sustainable Regional Development a Review of Nordic Effectiveness1". *Innovation: The European Journal of Social Science Research.* Vol. 17. No. 1 (2004), pp. 43-60.

Marc E. Smyrl. "Does European Community Regional Policy Empower the Regions?". *Governance.* Vol. 10. Iss. 3 (1997), pp. 287-310.

Petra Behrens and Marc Smyrl. "A Conflict of Rationalities: EU Regional Policy and the Single Market". *Journal of European Public Policy.* Vol. 6. No. 3 (1999), pp. 419-435.

Rob De Rooij. "The Impact of the European Union on Local Government in the Netherlands". *Journal of European Public Policy.* Vol. 9. No. 3 (2002), pp. 447-467.

Thomas Conzelmann. "Europeanisation¡¯of Regional Development Policies? Linking the Multi-Level Governance Approach with Theories of Policy Learning and Policy Change". *Vienna University of Economics and Business Administration European Online Integration Papers.* 1998-004 (1998), pp.1-24.

제6장

유럽의 이민자 갈등과 유럽연합의 이민·망명정책*

이선필

제1절 서론

21세기 지구화 시대에 살고 있는 우리에게 이민(migration)[239]은 매우 자연스러운 현상이 되었다. 현재 지구상에는 약 2억 명 이상의 사람들이 자신의 출생지 밖에 살고 있다고 하니 우리는 가히 '이민의 시대'에 살고 있다고 할 수 있다. 이처럼 세계 곳곳에는 언어, 인종, 종교, 민족을 달리하는 수많은 이민자들이 정착지 주민들 속에 섞여 때로는 협력하고 때로는 갈등을 야기하면서 한 영토적 공간 내에서 살아가고 있다. 하지만 우리가 거의 매일 언론을 통해 접하게 되는 이민자들에 관련한 소식은 협력보다는 갈등과 충돌이라는 사건들이다. 최근 프랑스 등 유럽의 여러 나라에서 발생한 이민자 집단의 소요사태에서부터, 이민자 문제를 두고 벌어지는 미국과 중남미 국가들 사이의 갈등까지 이민 문제는 다양한 종류의 갈등을 만들어내고 있다.

고대 인류이동부터 시작해 인간 이주의 역사는 끊임없는 갈등의 역사이다. 21세기에 들어서면서 이러한 이민자 갈등은 더욱 확대 재생산

---

* 이 글은 『EU연구』 제23호에 게재된 "유럽연합 공동이민망명정책의 발전과 배타성 연구: 유럽정체성과 이민의 안보화를 중심으로"의 서론 부분을 다시 고쳐 쓰고 본문의 내용을 부분적으로 수정한 것이다.

되고 있다. 특히 탈냉전 이후 사람의 이동을 가로막고 있었던 이데올로기 장막이 걷히면서 세계 곳곳에서 급격히 증가한 이민은 한 국가의 안정과 안전뿐만 아니라 국제안보를 위협하는 새로운 갈등 요소로 등장하게 되었다. 이민 문제는 현대세계에서 한 국가나 지역의 정치, 경제, 사회, 문화 등 모든 영역에 걸쳐 변화를 야기하면서 국제관계에서 중요한 변수로 작용하고 있다.[240] 즉, 이민이 국가 내에서 문화갈등 뿐만 아니라 정치, 경제, 사회적 갈등을 야기하고 있고, 국가 간 혹은 지역 간의 갈등을 포함한 국제적 문제로 파급되고 있는 것이다.

이러한 갈등이 가장 심각하게 나타나고 있는 지역은 이민자들에 의해 형성된 미국과 최근 새로운 이민자들의 종착지가 되고 있는 유럽이다. 특히 유럽은 과거 식민지적 전통과 정치적, 경제적, 사회적 안정으로 최근 수많은 이민자들의 최종 목적지가 되고 있다. 유럽에는 이미 수 천만 명의 이민자 혹은 이민 2세들이 합법적 혹은 불법적으로 거주하고 있으며, 이들 이민자 집단의 존재는 정치, 경제, 사회, 문화적으로 유럽에 심각한 문제를 야기하고 있다.[241] 그리고 이러한 문제들은 독립적인 것이 아니라 상호 연계되어 있다. 즉, 이민은 이민자들의 정치, 경제, 사회적 소외로부터 유래하는 원주민과 이민자 간의 갈등뿐만 아니라, 유럽통합의 근본적 목표 중 하나인 유럽의 정체성 형성을 위협하고 있다.

이미 경제적 초강대국이 된 유럽연합(European Union)은 그 안에서 평화롭고 높은 삶의 질이 보장되는 '유러피언 드림(European Dream)'을 꿈꾸고 있다.[242] 그러나 그들의 꿈에 있어서 이민문제는 이미 하나의 딜레마가 되었다.[243] 유럽은 점점 감소되는 인구 때문에 외부로부터 이민을 적극적으로 받아들여야만 하는 실정에 처해 있다. 하지만 이와는 반대로 이민자의 유입이 가져오는 정치, 경제, 사회, 문화적 부담은 유럽으로 하여금 이민문제를 보다 현실적으로 대하게 만들어 보다 적극적인 이민정책을 채택하도록 강요하고 있다.[244] 1990년대 이후 유럽연합이 이민문제를 단순한 협력정책에서 초국가적 공동정책으로 발전시킨 이유가 바로 여기에 있다. 하지만 문제는 이러한 유럽연합의 공동이민망명정책의 발전 이후 이민자 문제와 관련된 부정적 현상들이 더욱 증가하고 있다는 점이다. 프랑스 등에서 나타난 것처럼 최근 급격히 증가하고 있는 이민자 집단들의 소요사태에서부터 이슬람 이민자들의 '히잡' 착용 금지 문제 등으로 불거진 '문화충돌'까지 이민자 문제는 최근 유럽 사회에서 가장 중요한 담론 중 하나가 되었다. 이러한 충돌이 더욱 위험한 것은 최근 벨기에, 프랑스, 네덜란드, 독일, 이탈리아 등에서 나타나는 바와 같이 이민자 문제가 유럽연합 회원국에서 극우세력의 증가를 가져온다는 점이다.

이 장에서는 유럽연합의 정책, 특히 공동이민망명정책의 발전이 이민자 갈등과 어떠한 상관관계에 있는지를 '포함(inclusion)'과 '배제(exclusion)'라는 구도 속에서 살펴본다. 이를 위해서 먼저 이민문제가 국제정치적으로 어떠한 의미를 가지는가를 이론적 특면에서 살펴본다. 또한 유럽(연합)의 이민정책의 발전을 자유주의적 노선으로부터 현실주의적 노선으로의 변화라는 측면에서 살펴본다. 다음으로 유럽의 이민자 갈등 사례를 분석하고, 마지막으로 결론에서는 유럽연합의 이민정책이 동북아에 주는 함의를 도출한다.

제2절 이민과 이민정책에 관한 정치학적 논의

1. 이민에 관한 정치·사회학적 논의

고대 이집트 세계 유대인들의 출애굽부터 식민지 시대 유럽인들의 신대륙으로의 대대적인 인구이동까지, 그리고 탈냉전 이후 구공산권 국가들로부터 서유럽에로의 대대적인 이민물결까지 인류사는 항상 국가와 대륙을 넘는 사람들의 이동과 함께 발전해 왔다. 그러나 사람의 이동이 관심의 대상이 된 것은 비교적 최근의 일이다. 제2차 세계대전 이전까지 국제적 인구이동은 주로 노동의 수요와 공급이라는 원칙 하에서 제한적 수준에서 이루어져 왔기 때문에 경제학자들의 자원의 효율적 이용이라는 측면에서 부분적으로 논의되었다. 그러나 전쟁을 기점으로 발생한 대대적인 인구이동이 지구화, 계층화, 다양성을 가지며 정치, 경제, 사회적으로 많은 문제를 야기하면서[245] 이민문제는 많은 학자들의 관심 영역을 차지하게 되었다.

국제이민에 대해서는 두 가지 상반된 시각이 존재한다. 먼저 긍정적 측면으로는 주로 경제학자들의 주장으로 이민이 수요와 공급의 측면에서 보면 노동력이 풍부한 가난한 국가와 그렇지 못한 부유한 국가에게 상호 이익을 가져온다는 것이다. 즉 이민을 상호이해에 기반한 노동력의 효율적 사용이라는 측면에서 바라보는 것이다. 또한 국제정치적인 측면에서 이민은 이민자 집단의 대부분을 차지하는 소수인종이 차별받고 위협받는 모국에서 탈출함으로써 한 국가의 안보와 국제평화에 도움이 된다는 것이다.[246]

반면 이민자 집단 혹은 이민 행위는 한 국가나 지역 내에서 정치, 경제, 사회적 갈등을 야기하는 부정적 측면도 가지고 있다. 즉, 이민은 수용국의 실업과 주택상황을 악화시키고 사회보장체제에 부정적으로 작용해 경제적으로 부정적 요소로 작용한다는 것이다. 한편 정치적으로 보면 이민은 수용국의 인종적 구성을 변화시키고 원주민과 이민자 집단 간의 갈등을 야기해 정치적 위험부담을 가중시킨다. 또한 이민은 이민자를 사이에 두고 수용 국가와 배출 국가 간의 갈등을 야기함으로써 국제안정에 위협이 된다는 것이다.[247]

이러한 국제이민의 상반된 측면은 모든 주권국가에 이민정책의 중요성을 확인시켜 주었다. 졸베르그(A. R. Zolberg)는 "사람들이 이민가려고 하는 모든 국가는 진입을 규제하고 있다. 이것은 이민을 결정하는 것은 수용국의 정책이라는 것을 의미한다."[248]고 지적하면서 이민의 형태와 결과에 영향을 주는 것으로 이민정책의 중요성을 제시했다. 이민정책(immigration policy)은 크게 이민통제정책(immigration control policy) 혹은 이민법(immigration regulation)과 이민자 정책(immigrant policy)으로 구성된다.[249] 이민자 정책은 이민자들에게 제공되는 주거, 사회복지, 교육기회, 노동기회 등의 서비스를 의미한다. 반면 이민통제정책은 역내로 진입하는 이민자의 진입을 규제하는 정책을 의미한다.

그동안 이민은 경제학, 정치학/비교정치, 사회학, 국제관계학 등 제 학문분야의 관심의 대상이 되어 왔다. 맑스주의 학자들은 이민을 경제학자들의 논의의 중심인 수요와 공급이라는 경제적 측면에서 살핀다. 대신 그들은 이민을 자본주의 발전과 국제노동분업의 일부분으로 파악한다. 즉 자본가들은 임금을 낮추기 위해 '산업예비군(industrial reserve army)'인 이민노동자들의 수입을 옹호한다. 하지만 경기가 후퇴하면 자본가들은 노동자 수입을 제한하는 정책을 펼친다고 제기한다. 따라서 이민에 대한 이민정책 등 국가의 개입은 존재하지 않는다고 파악하고 있다.[250]

반면 맑스주의자들과는 달리 대부분의 정치학자들은 비록 경제적인 조건이 이민을 결정하는 중요한 요소이기는 하지만 정부나 정치세력이 때때로 비경제적인 고려에 기반해 이민을 고무하거나 막는다는 점을 주지한다. 따라서 정치학자들의 관심은 이민이 수용국의 이민법에 영향을 받는다고 생각한다. 그들에 따르면 잠재적 이민자들은 이민법이 느슨한 국가를 선택해 이민을 결정한다. 그러나 국내정치(domestic politics) 학자들은 이민정책을 결정하는 것은 인종집단이나 기업가를 포함한 이익집단의 요구에 대중을 만족시키기 위한 정당이라고 파악하며 국내의 경제·사회적 요소의 중요성을 지적한다.[251] 프랑스, 독일, 이탈리아 등 유럽의 많은 국가들에서 보수정당들이 선거전에서 인종차별(xenophobia)이나 이민반대 목소리를 높이는 것이 이를 입증한다고 할 수 있다.

한편 사회학적 접근은 역사, 시민권, 국적, 민족 정체성, 사회갈등 등이 한 국가의 이민정책을 형성한다고 제시한다. 이들에 따르면 유럽 국가들처럼 인종적으로 동질적인 국가는 다른 인종의 영구적 이민을 받아들이지 않는 대신 한시적 노동이민만을 받아들인다고 주장한다. 다민족 국가인 호주나 미국 등과 달리 유럽 국가에게 있어서 이민은 국가 정체성에 대한 위협으로 간주된다. 따라서 국가는 제3국인에 대한 매우 제한적인 이민정책을 형성하게 된다.[252]

2. 국제이민과 국제정치이론

불과 얼마 전까지 이민문제는 국제정치학자들의 관심 영역 밖에 머물러 있었다. 국가 간의 정치현상과 대외정책 연구를 위한 국제정치학자들에게 있어 이민은 연구 주제에서 소외되었다. 그러나 탈냉전 이후 이민자와 난민의 증가로 국제이민이 국제안보를 위협하는 새로운 요소로 등장하고, 이민문제를 두고 국가 간의 협력과 갈등이 나타남에 따라 국제정치학자들은 국제이민 문제에 관심을 가지기 시작했다. 더구나 유럽연합과 같은 국제기구들이 이민문제에 대한 새로운 행위자로 등장함에 따라 국제이민은 국제정치학자들의 중요한 주제가 되었다.

국제정치학적 측면에서 국제이민을 바라보는 두 가지 상반된 프레임이 있는데, 그것은 안보를 중심에 둔 현실주의자와 경제, 사회, 인권을 중심에 둔 자유주의자들의 견해이다. 안보와 군사문제 등에 관심을 기울이는 현실주의자들의 이민에 대한 관심은 제한적이다. 현실주의자들은 현실주의가 상정하는 국가중심적 기반 위에서 국가이익(national interest)을 이민정책에 대한 논의의 출발점으로 본다. 즉 국가는 합리적이고 단일한 행위자이기 때문에 국가이해에 따라 이민을 제한하거나 수용하는 정책을 형성한다. 또한 이들은 주권에 기반해 국경통제의 필요성을 역설한다. 이들에게 있어서 망명, 불법이민, 난민 등 모든 형태의 이민은 모두 국경을 넘는 국가이해에 반하는 제3국인이란 측면에서 동일하다. 따라서 영토 내의 안전과 안정을 위해 그들의 진입은 어떠한 형태로든 통제되어야 한다는 것이 그들의 생각이다.[253]

반면 자유주의자들은 현실주의자들보다 이민에 더욱 많은 관심을 기울이고 보다 낙관적이다. 경제·사회문제가 안보나 군사문제만큼 국제관계에서 중요성을 가지고, 국제관계에서 다국적 기업이나 국제기구 등 비국가적 행위자들의 역할을 인정하는 자유주의자들은 이민문제에 대해서 보다 유연한 입장을 견지한다. 인도적 자유주의자들은 주로 인권에 기초한 인도적 측면에서 이민을 바라본다. 이들에게 있어서 문제가 되는 것은 국경을 넘는다는 사실 자체가 아니라 세계인권선언이 제기한 인간의 기본적 권리이다. 즉, 사람은 정치적이든 경제적이든 박해받지 않고 억압받지 않기 위해서 자신이 희망하는 지역에 거주할 권리가 있다는 것이다.[254] 따라서 이들의 주된 관심은 난민문제나 망명문제에 집중된다. 유럽연합의 내부 이민정책이 자유주의적으로 발전한 것은 바로 이러한 논의에 기초한 것이었다.

그러나 인도주의자(humanitarianist)를 제외하고 자유주의자들도 사람의 완전한 자유이동을 주장하지는 않는다. 자원의 효율적인 이용이라는 테제에 근거해 상품과 자본의 자유이동을 주장하는 경제적 자유주의자조차도 사람의 자유이동에 대해서는 주저한다. 이것은 사람의 이동이 자원의 효율적 사용을 가져오지 않기 때문이 아니라, 사람의 이동에는 그 이상의 고려가 필요하다는 인식 때문이다.[255] 이러한 사실은 자유주의적 경제정책을 가지는 대부분의 국가들조차도 외부로부터 인구의 유입에 대해서 지속적인 통제를 해 왔다는 것에서 입증된다. 또한 사람, 자본, 상품, 서비스 등 4대 요소의 자유이동을 기본 토대로 삼는 공동체 내에서도 사람의 자유이동은 가장 늦게 이루어진 분야 중 하나라는 점은 경제적 자유주의적 관점이 얼마나 사람의 자유이동에 폐쇄적인지를 알 수 있다.

제3절 유럽연합 이민정책의 발전과 갈등구조

1. 전후 유럽 이민정책의 구조: 적극적 수용에서 제한적 수용으로

1990년대 이전까지 유럽연합의 이민정책은 회원국 수준에서 적극적 수용과 제한적 수용이라는 기본 틀 속에서 발전이 이루어졌다. 전후 서유럽의 경제 재건을 위해 도입된 적극적 이민자 수용 정책은 경제적 논리에 의해 유럽 남부의 이탈리아, 스페인 등 저발전 노동력 과잉 지역에서 북부의 독일, 프랑스, 벨기에 등 발전된 노동력 부족 지역으로의 인구이동을 가져왔다. 이 시기 유럽에서의 인구이동은 유럽 내에서의 이민으로 주로 경제적 관점에서 수요와 공급의 측면에 맞추어졌고, 대체적으로 수요 국가에서 적극적 수용 정책이 취해졌다. 그러나 이러한 적극적 수용 정책 속에서도 더 많은 이민자를 수출하려는 남유럽의 저개발국과 자국민의 실업 문제를 우려해 이를 수요 노동자 선 상에서 제한하려는 북유럽 국가들 사이의 갈등을 야기하기도 하였다.[256]

유럽에서 진정한 의미의 이민자 문제는 1960년대 이후 유럽의 구 식민지 국가들로부터의 이민자 유입에 의해 탄생하였다. 유럽 국가들은 경제발전에 필요한 노동력의 부족을 유럽국가에서 구 식민지 국가들의 이민자로 대체하는 정책을 추구하였다. 이에 따라 프랑스는 북아프리카로부터, 영국은 인도, 파키스탄 등지로부터, 그리고 네덜란드는 인도네시아 등으로부터 이민자를 받아들이기 시작했다. 이들 이민 노동자들은 모두 채용협정에 의해 노동이 보장되었으나, 계약이 종료된 이후에도 계속해서 체류함으로써 유럽에 본격적인 이민자 문제를 야기하게 되었다. 게다가 이민자 가족이 계속적으로 유럽에 유입되면서 그들은 유럽의 사회, 문화적 구성원이 되었다. 그러나 정식적인 납세 과정을 거쳤음에도 불구하고 시민권은 인정되지 않아 이민자들은 정치적 권리를 가지지 못하는 유럽 내의 또 다른 소수민족 집단인 유럽의 '새로운 민족'으로 자리 잡게 되었다.[257]

1950년대와 1960년대 이민자들의 적극적 수용정책은 1970년대 오일파동 이후 제한적 성격으로 변화하게 되었다. 그 이유는 오일쇼크가 가져온 유럽의 경제침체와 이미 유럽에 유입된 이민자 집단들이 야기하는 유럽의 정체성 문제였다. 맑스주의자들이 제기하는 것처럼 유럽 국가들은 경기침체에 직면해 노동이민자의 선별적 허가라는 정책으로 전환하게 된다. 경제침체와 정체성의 문제에 직면한 유럽 국가들은 이민자들을 적극적으로 통제하는 정책을 펼침으로써 1960년대 중반 이후 매년 100만여 명이 유입된 이민자가 1973년 이후에는 70만 명으로 줄었다.[258] 그러나 이민자 가족의 계속적인 합류로 유럽의 '새로운 민족' 형성 과정은 계속되었다.

2. 1980년대 이후 이민정책의 구조: 자유주의적 발전과 비공동체인 개념의 탄생

유럽의 이민 정책은 1980년대 이후 새로운 변화를 맞이하게 된다. 즉, 유럽 국가들은 그동안의 회원국 수준에서의 이민정책을 지양하고 공동의 이민정책을 위한 정책들을 조금씩 준비하게 되었다. 이러한 공동의 정책 마련은 유럽의 내·외적 상황 변화에 기인한 것이었다. 먼저 내적으로 유럽공동체(EC: European Community) 설립 조약인 로마조약에 명시된 '노동의 자유이동'에 관한 권리에 기인하였다.[259] 노동자의 자유이동을 규정한 공동체 조약 제48조-66조 규정에 따라 공동체 회원국 시민은 회원국 내에서 자유롭게 이동할 자유를 향유할 수 있었다. 이러한 자유는 1968년 완성된 관세동맹(customs union)과 92년까지 완성될 예정인 단일시장(single market) 계획에 맞춰 더욱 진전할 수 있었다. 이에 따라 관세동맹이 완성된 1968년 일련의 공동체 규정(regulation 1612/68)과 지침(directive 360/68)을 통해 공동체 내에서 노동자와 그 가족의 자유이동이 보장되게 되었다. 또한 자유이동의 보장은 이주국에서의 사회적 권한도 포함하는 개념으로 비로소 비유럽계 '유럽인'이라는 개념이 도입될 수 있는 기틀을 마련해 주었다.[260]

외적 상황으로는 1980년대 이후 동유럽, 중동, 아시아, 아프리카 등지로부터의 망명자 수의 급증이었다. 1980년대 들어 유럽 내로의 이민자 수가 다시 100만 명을 넘어선 것은 이들 지역으로부터 정치적 망명자의 유입에 힘입은 바가 크다. 1980년대 이전까지 냉전 논리는 이들 정치적 망명자를 자유를 찾아 유럽으로 들어오는 '반공투사'로 받아들였다. 그러나 1980년대 망명자 수의 급증은 유럽의 정치, 경제, 사회, 문화적 정체성을 위협할 수준에 이르렀으며, 유럽은 이에 대한 새로운 대안을 찾고자 하였다.

이러한 상황에 힘입어 1985년 벨기에의 쉥겐(Schengen)에 맺어진 쉥겐협정으로 유럽 공동의 이민정책에 대한 제도화가 이루어졌다. 이곳에서 프랑스, 독일, 베네룩스 3국은 회원국 시민의 자유이동을 위해 국경선에서 심사의 간소화와 이의 단계적인 철폐를 목적으로 하는 협정에 서명하였다. 이 협정은 한동안 공동체 제도 밖에 머물렀으나 1995년 3월부터 공식적으로 효력을 발휘하게 되었고, 1997년 암스테르담 조약에 의해 공식적인 유럽연합의 제도가 되었다. 쉥겐협정은 근본적으로 유럽인들의 서명국 내에서의 이동의 자유를 제공해 주는 것으로 유럽시민권을 위한 토대가 되었다.[261]

쉥겐협정과 함께 자유이동권을 보장한 공동체 차원의 첫 조치는 1986년 7월 밀라노에서 서명된 단일유럽의정서(SEA: Single European Act)였다.[262] 1992년 완성 예정인 단일시장이 회원국 내에서 사람, 상품, 자본, 서비스의 완전한 자유이동을 보장해 내부 국경이 폐지되는 것을 의미하므로, 이를 준비하기 위한 단일유럽의정서에는 당연히 공동의 이민정책에 관한 조항이 포함되었다. 그러나 공동이민정책에 대해서 단일유럽의정서는 이를 만장일치에 의한 결정사항으로 유지함으로써 유럽 공동의 이민정책을 형성하는데 있어서 어려움을 주었다.[263] 자유이동의 권리가 이미 유럽 내로 이주한 제3국인에게도 동일하게 적용되는 것은 아니었다. 자유이동권은 공동체 회원국 시민들만의 배타적 권리였으며, 유럽에 합법적으로 정착한 외국인들도 이러한 권리에서 배제되어 있었다. 그러나 보다 근본적인 문제는 공동체 시민들의 자유이동 보장이 낳은 제3국인의 차별 문제였다. 유럽인들은 내부국경의 완전한 폐지에 따라 유럽의 안전을 위한 외부국경의 강화라는 필요성에 직면했다. 따라서 단일시장의 외부국경 통제는 더욱 밀착된 공동협력과 경찰활동 협력을 통해 단일시장으로의 입국을 제한했다. 결과적으로 특권화된 공동체 시민의 자유로운 이동을 위해 새로운 내부 안보통제가 촉구되고 제3국인의 이동, 거주, 입국에 대한 제한이 강화되었다. 즉, 회원국 정부 간의 내부국경 통제의 폐지는 단일시장의 외부국경을 이루고 있던 회원국들의 이민통제 강화를 압박했다. 결국 자유이동에서 배제된 제3국인과 국경통제의 강화는 자유화의 파라독스(a paradox of liberalization)이라고 할 수 있다.[264] 결국 유럽공동체 이민정책의 점진적인 발전은 유럽을 유럽인들만의 유럽으로 만들면서 비공동체 시민들에게는 진입을 더욱 어렵게 하여 공동체를 폐쇄적인 공간으로 만들 가능성을 주는 것이었다. 이는 결국 냉전의 붕괴 후 유럽 시민권이라는 제도적 형태로 나타나며 포함과 배제의 정책이라는 이분법적 정책으로 변화될 소지를 가지고 있었다.

유럽연합의 이민정책을 급진적으로 변화시킨 것은 1989년 공산권의 갑작스런 붕괴로 인한 탈냉전과 1992년 경제통합의 발전에 의한 단일시장(Single Market)의 형성이었다. 이 두 과정이 몇 년의 차이를 두고 일어난 것은 우연의 일치이지만, 유럽연합의 공동이민정책 형성에 결정적으로 작용했다. 단일시장은 그 내부에서 상품, 자본, 서비스의 자유이동뿐만 아니라 사람의 자유이동까지도 포함하는 완전히 통합된 하나의 시장을 의미한다. 따라서 그동안 사람의 이동을 부분적으로 가로막고 있었던 국경통제가 완전히 사라짐을 의미한다. 그러나 단일시장 완성을 위해 제도적 준비를 하고 있던 유럽인들에게 공산권의 붕괴는 하나의 딜레마를 안겨주었다. 공산권의 붕괴는 난민과 망명자의 증가를 의미했다. 즉, 공산권의 붕괴로 인해 그동안 '철의 장막'에 의해 차단되었던 국경이 개방됨을 의미했고, 이는 경제적 풍요와 정치적 자유를 찾아 서유럽으로 몰려들 동유럽인들의 대대적인 유입 가능성을 의미하는 것이었다. 그들이 난민이든, 정식 이민자이든, 망명자이든 혹은 불법 이민자이든 동일한 결과를 가져올 것이 분명했다.[265]

일단 이민자 집단이 유럽연합 내부로 유입되면 국경통제가 폐지되는 단일시장 내에서 그들은 자유롭게 이동하면서 통제를 벗어날 수 있었다. 자유롭고 발전된 공동시장이 이에 매혹을 느낀 이민자들을 서유럽으로 끌어들이는 유인제 역할을 할 것이 예상되었다. 또한 이들 불법 이민자들 중에는 범죄자들이 함께 들어와 범죄의 유럽화(Europeanization)를 야기할 수 있다는 우려도 존재했다. 즉, 공산권의 붕괴 후 이루어질 단일시장으로 인한 국경의 개방은 안보의 딜레마를 형성하였다. 따라서 단일시장의 완성과 함께 이민자 혹은 불법이민자들에 대한 통제의 도구를 만들 필요가 있었다.

이러한 (불법)이민자들을 통제할 도구는 1991년 말 마스트리히트조약에 의해 탄생한 내무사법협력(Cooperation in the fields of Justice and Home Affairs)으로 태어났다. 이것은 공동외교안보정책(Common Foreign and Security Policy)과 함께 유럽연합을 구성하는 세 번째 기둥이 되었다. 내무사법협력은 공동이민, 망명정책, 세관협력, 경찰 협력, 민사·형사법 협력 등 내무 치안문제에 관련된 일련의 협력을 말하며, 유럽의 이민, 망명 정책이 비로소 유럽연합의 제도적, 법적 구조를 갖추었음을 의미한다.

마스트리히트조약이 부과한 또 하나의 혁명적인 제도는 바로 유럽시민권(European Citizenship)이었다.[266] 시민권은 내무사법협력이 목표로 하는 내부 국경의 개방과 외부 국경의 통제와 긴밀한 연계를 가진다. 한 국가의 시민이 국가 내에서 자유롭게 이동할 권리를 가지듯이 유럽시민권은 공동체 내에서 자신이 희망하는 어느 곳이든지 자유롭게 이동할 권리를 가지고 (공동체)법률에 의해 보호될 권리를 의미한다. 이것은 또한 회원국 개개의 정체성을 유럽의 정체성으로 변화시키기 위한 과정이다. 유럽 대다수의 국가들이 채택하고 있는 속인주의(jus sanguinis) 시민권 정책은 그들은 인종적, 언어적, 종교적, 문화적 정체성을 유지하기 위한 수단이었다. 유럽시민권은 비록 그 내부에 다양한 인종과 언어, 문화가 존재하지만 그리스 로마문명과 기독교라는 정체성을 바탕으로 국가 정체성을 유럽 정체성으로 확장하려는 시도이다.[267] 이로써 유럽시민권 개념은 자유롭게 이동하고 법의 보호를 받을 수 있는 모든 권리를 누리는 유럽인과 이동의 자유뿐만 아니라 권리가 제한되는 이민자, 망명자, 불법이민자, 난민 등 제3국인을 구분함을 의미한다. 즉, 유럽인은 모든 권리를 누릴 수 있는 카테고리에 포함되고, 이방인은 여기서 배제되는 두 개의 카테고리를 형성한다.

결국 유럽연합의 공동이민정책은 내부에서는 자유주의적 가치에 따라 시민들이 자유롭게 이동하도록 국경을 개방하지만, 공동체의 외부 국경은 내부의 안전과 안정 유지라는 차원에서 더욱 강력한 국경통제를 수행하는 것을 골자로 한다. 이에 따라 세관 협력과 경찰협력이 전제된다. 즉 유럽의 정책 결정자들은 공동체 내부에서는 완전한 자유화를 실행하지만, 내부를 보호하기 위한 수단으로 회원국 외부국경을 차단하는 현실주의적 정향의 정책을 형성하였다.

제4절 유럽의 이민자 갈등

1. 사회·문화적 갈등

한 공동체로의 이민자 유입이 직면하는 가장 직접적이고 심각한 문제는 바로 내부 정체성의 약화이다. 2002년 국제이주기구(IOM)는 외국인들의 대거 유입으로 "유럽인들이 정체성 위기를 느끼고 있다"고 경고하였다.[268] 이민자 공동체의 존재는 문화적 위협으로 인식되는 것이 사실이다. 유럽에 정착한 이민자 집단은 정착지 문화에 동화되는 것이 아니라 대부분 자신들의 학교, 종교시설 등을 형성함으로써 자신들의 종교, 문화적 정체성을 이어나가고 있다. 따라서 이민자 집단은 한 국가 혹은 유럽 내부의 문화적 갈등을 야기하고 있는 것이 사실이다. 이러한 문화적 갈등의 기저에는 유럽시민권이 부여한 유럽시민과 비유럽시민이라는 이분법적 구조가 존재한다. 유럽인들에게 있어서 유럽시민권은 서로 동질성을 확인하고 강화하는 증표가 되고, 그렇지 못한 사람은 자신과는 다른 이방인으로 느끼는 것이다. 2004년 프랑스는 공공장소에서 이슬람계 이민자 2세 여성들의 히잡(hidjab) 착용과 십자가 게시를 금지하는 조치를 취했다. 이러한 조치는 유럽뿐만 아니라 전체 이슬람 세계를 자극하면서 문화갈등의 형태를 띠었다. 2006년에는 독일에서 이슬람 국가 출신 이민자들이 시민권을 신청할 때 이른바 '무슬림 테스트'라고 하는 심성테스트를 실시함으로써 독일에서 문화갈등을 야기했다. 즉, 이민자 유입으로 인한 다문화 사회가 된 유럽에서 종교적 관습이 갈등의 요인이 되고 있는 것이다. 한편 2005년 이후 프랑스에서 계속해서 나타나고 있는 이슬람 이민자들의 소요사건 역시 사회문화적 갈등을 대표한다고 이야기할 수 있다.

이러한 문화적 갈등이 초래하는 더욱 큰 문제는 공동체 내에서 외국인혐오증(Xenophobia)을 가져오고, 이는 사회의 안전을 위협한다는 것이다. 유럽의 많은 국가에서는 이민자들에 대한 근거 없는 왜곡된 시각이 광범위하게 퍼져있다. 외국인의 범죄인화라고 할 수 있는 이러한 이방인들에 대한 부정적 시각은 원주민들로 하여금 스스로 자신의 안전과 건강에 위협이 되는 요소로 인식하게 한다. 언론 또한 이러한 시각의 형성에 기여하고 있는 것이 사실이다. 예를 들어 1992년부터 93년까지 이탈리아의 신문에는 총 824 번의 이민자에 대한 기사가 게재되었는데, 그중 47%가 이민자에 의한 범죄에 관한 것이었다. 반면 인종주의나 외국인 혐오증에 관한 기사는 8%에 불과했다는 사실은 외국인에 대한 편향된 시각의 형성에 기여했다. 한 영국 기자는 이민자들을 "영국인의 삶에 진정한 위협"이 되는 것으로 언급하면서 "새로운 노동자들은 죽음의 질병을 가져오고 있다"고 쓰고 있다.[269]

2. 정치·경제적 갈등

이민자의 대부분이 이민을 하는 이유가 보다 나은 경제적 삶을 찾기 위해 자국을 떠난다는 것을 고려한다면 이민자들은 수용국에 적지 않은 경제적 부담을 주게 될 것이 명확하다. 사실 유럽에 있어서 이민자의 수용은 '필요 악'으로 인식되고 있다. 유럽연합의 거의 모든 회원국들은 저출산 고령화로 외부에서 인구유입이 이루어지지 않으면 심각한 인구 감소를 감수해야 한다. 유럽 전체의 인구는 2050년까지 약 13%가 감소할 것이란 전망이 나오고 있다. 이러한 감소와 함께 고령화는 더욱 심각한 위험을 준다. 유럽연합 전체에서 고령자가 차지하는 비율은 2010년에는 27%로 증가하고 2050년에는 35%로 증가할 것으로 예상된다. 인구의 감소는 아시아나 미국에 비해 경쟁력 감소로 이어질 것이 분명하다. 따라서 유럽의 출산율이 급격히 증가하지 않는 한 유럽은 매년 거의 100만 명 정도의 이민자 유입이 필요하다는 결론에 이른다.[270]

그러나 이민자 물결의 유입은 수용국의 주택과 교육의 부족을 초래하고 사회복지를 위한 재정 지출을 증가시킨다. 특히 그렇지 않더라도 고령화 사회로의 이양으로 인해 사회복지 분야에서 적자를 기록하고 있는 유럽의 국가들에게 수많은 이민자 집단의 유입은 부담이 아닐 수 없다. 유럽연합 인구의 절반 이상이 이미 이민자들이 너무 많이 들어와 학교 교육의 질을 저하시키고 사회복지 시스템을 남용하고 있다고 불평한다.[271] 또한 그들은 이민자들이 자신들의 일자리를 빼앗아 가고 있다고 믿는다. 유럽에 유입된 대부분의 이민자들은 유럽인들이 꺼려하는 3D 업종에 종사하고 있다. 따라서 맑스주의자들이 제기하듯이 노동의 효과적 분업이 이루어지고 임금을 낮춰 경쟁력을 행상시키는 역할을 하기도 한다. 그러나 보다 값싼 노동력을 찾는 기업들은 점점 더 많은 이민자들을 고용하고 있다. 결국 이민자들의 유입은 유럽인과 이민자들 간의 갈등만을 유발시키고 있다.

이민자 문제가 가져오는 또 다른 갈등은 정치적 갈등으로, 앞에서 설명한 갈등의 결과이면서 훨씬 민감하고 심각한 것이다. 먼저 이민자들의 유입은 유럽인들의 경제·사회적 불만을 가중시켜 내부에서 우파 정당에 대한 지지 강화를 통해 극우세력의 등장에 명분을 준다는 것이다. 이는 다시 이민자 집단에 대한 적의를 강화하는 악순환의 고리를 형성한다. 이것의 부정적 결과는 인종문제로 촉발되어 유럽연합 내부를 극단화시켜 안정성을 해치는 잠재적 위험의 증가이다. 최근 유럽에서 높은 지지를 얻고 있는 이탈리아의 북부동맹(Lega Nord), 스위스의 인민당(SVP), 프랑스의 국민전선(National Front), 오스트리아의 자유당(Freedum Party of Austria), 독일의 신나치즘을 지지하는 독일국가민주당(NPD) 등은 공개적으로 반(反)이민 정책을 주장하며 이민자들의 송환을 요구하고 있다. 유럽인들이 이민자 증가로 느끼는 위기의식은 이들 정당들에 대한 지지를 강화시켜 유럽을 우경화로 몰고 가고 있다.

그러나 이러한 국내정치적 우경화보다 더욱 심각한 문제는 이민자 집단이 수용국의 정체를 위협하는 결과를 가져올 수 있다는 것이다. 난민이나 이민자 집단은 보통 모국의 정체에 대한 비난세력인 경우가 많다. 그렇기 때문에 난민이나 이민자들은 자신들을 수용한 국가가 모국의 소수민족 박해나 독재체제에 대해 영향력을 행사하도록 압박을 가할 수 있다. 또한 반대의 경우도 역시 존재한다. 즉 자신들을 수용한 국가가 모국을 지원하도록 하는 압력 또한 가능하다. 만약 정부가 이를 수용하지 않을 경우 이민자들은 언제든지 정부의 반대세력으로 돌아서 국가의 안전을 위협할 수 있는 위험을 가진다.[272] 유럽연합의 경우 이슬람계 이민자들의 경우가 대표적인 사례이다. 현재 유럽연합에 거주하고 있는 이슬람계 인구는 약 1000만 명 정도로 추산되고 있다. 이 수치는 터키가 가입할 경우 훨씬 늘어날 전망이다. 그들은 종교적 신앙에 따라 자신들을 수용한 국가가 이슬람 국가를 적대시 할 경우 테러 등 극단적인 방법을 통해 언제든지 수용국의 정체를 위협할 수 있다. 2004년 3월 수백 명의 사망자와 사상자를 가져온 스페인의 마드리드에서 발생한 열차 폭탄 테러 사건은 스페인 정부가 미국의 이라크 침공을 지원한 것에 대한 항의였다. 결국 이 사건은 직후 치러진 선거에서 집권당을 몰아내고 참전에 반대하는 사회당이 정권을 잡게 하는데 기여하였다. 이 사건은 유럽의 이슬람계 이민자들이 언제든지 수용국 정부와 갈등관계에 들어갈 수 있고 수용국의 정체를 위협하는 적으로 변화될 수 있다는 것을 보여준다.

제5절 포함과 배제의 이민정책 형성과 새로운 갈등구조의 형성

1. 유럽시민권과 배제의 이민통제정책

이민자들이 가져오는 유럽에서의 갈등과 이민자 통제의 딜레마는 유럽연합의 이민정책을 현실주의적으로 만들었다. 즉, 이민통제정책과 이민자정책에서 공히 배제의 성격이 강한 정향을 가지게 되었다. 이러한 정책은 1997년 암스테르담조약에 의해 완성되었다. 암스테르담조약은 그동안 정부 간 협력 수준에 머물렀던 이민분야를 초국가적인 정책으로 변화시켰다. 따라서 회원국들은 이 분야에서 모든 주권을 유럽연합에 이관하였다. 이것이 주는 의미는 유럽의 이민정책이 유럽 수준에서 제도화 되었다는 것 이외에 유럽인과 비유럽인의 구분을 공식화했다는 것이다. 여기서 기준이 되는 것이 유럽시민권이다. 시민으로 인정되는 것은 인종, 가치, 관습체계, 법체계 등에서 동일한 문화적 정체성을 가지는 것을 의미한다. 유럽시민권은 바로 이러한 동질성에 대한 인정이다. 따라서 인종을 달리 하거나 동일한 문화 가치를 공유하지 않는 사람은 자연스럽게 유럽시민권에서 배제된다. 즉, 공동이민정책이 발효되는 범위 내에 거주하는 유럽시민권을 가진 유럽인들에게는 완전한 자유를 제공하지만, 내부의 이민자나 제3국인은 자유에서 배제되는 것이다. 그러나 제3국인 모두 같은 종류의 배제 대상에 포함되는 것은 아니다. 아래 그림 1)에서 보는 바와 같이 유럽연합의 공동이민정책은 계층적으로 구성되어 있다. 동심원의 가장 안쪽을 차지하는 유럽연합 회원국 시민들에게는 이동의 권리에 있어서 완전한 자유가 보장된다. 그 다음으로는 후보국, 완충국, 배제국의 순서대로 차례로 위치한다. 가장 가장자리에 위치한 중국(아시아), 중동 그리고 아프리카인들은 원천적으로 유럽으로의 진입이 배제되는 구조를 이루고 있다.

(그림 1) 유럽연합의 공동이민정책 구조

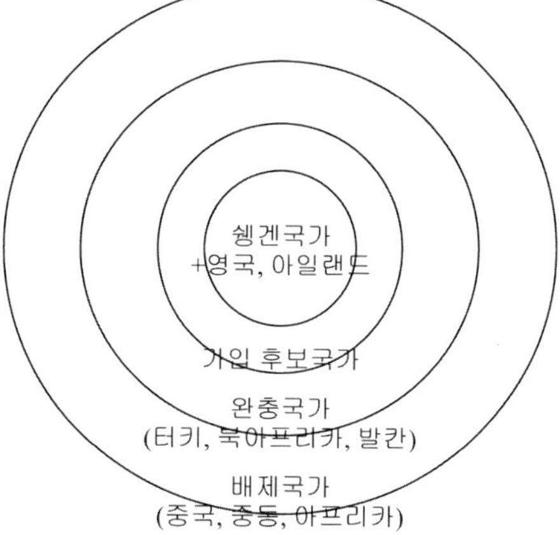

(출처) Andrew Geddes, Immigration and European Integration: toward fortress Europe?, (New York: Manchester Univ. Press, 2000), p. 106.

이민통제정책은 국경에서 통제정책의 제도화와 제3국을 대상으로 하는 협력과 예방이라는 두 가지 수준에서 진행된다. 먼저 국경통제의 제도화는 유럽 외부국경 통제의 강화와 세관에서의 협력, 그리고 지문 채취 등을 통한 이민(망명)자들에 대한 정보체계 구축 등으로 유럽으로의 이민을 직접적으로 통제하려는 정책을 강화하고 있다. 유럽여권(European Passport) 또한 유럽시민권을 상징하는 것으로 효과적인 이민통제정책의 수단이 되고 있다.[273] 또한 최근 영국, 독일, 프랑스, 스페인, 포르투갈은 지문을 찍을 여권을 새로 발급하는 방안을 논의한 바 있다. 한편 스페인, 이탈리아, 포르투갈은 북아프리카 해안을 순찰하며 불법이민자를 단속하는 합동 단속팀(프론텍스)을 조직했다.

(표 1) 최근 유럽 각국의 이민 제한책

국가	정책
프랑스	경제이민 장려하되 가족이민 제한/10년 이상 거주 불법 체류자에 대한 영주권 부여 제도 폐지
독일	불법 체류자 복지 축소, 망명허가 강화/코소보, 아프가니스탄 망명 희망자 22만 명 추방 결정
영국	기술이민 점수제 도입/망명신청 거부자에 혜택 취소
덴마크	이주 후 7년 경과 후 복지혜택/이민자에 대한 언어 및 생활문화 시험 실시
이탈리아	매년 비회원국 출신 노동자 수용 상한선 정함
영국.독일.프랑스, 스페인, 이탈리아, 폴란드	서구적 가치와 관습을 존중할 것을 약속하는 '이민 서약서' 의무화

(출처) 경향신문, 2006년 3월 30일

협력과 예방은 잠재적 이민 송출국과의 협력을 통한 구조적 통제를 의미한다. 협력은 이민자 송출국과 이민자 통과국들이 자신들의 국경을 통제하도록 하는 것이다. 반면 예방은 투자나 직접원조 등을 통해 잠재적 이민 송출국의 경제발전을 고무해 이민을 결정하게 하는 요소를 차단하는 것이다. 협력과 예방은 주로 가입후보국과 완충국가에 집중된다. 협력과 예방의 일환으로 유럽연합은 최근 북아프리카에 고용센터를 설치해 유럽기업과 노동이민을 찾는 아프리카 젊은이를 연결해주려는 시도를 하고 있다. 또한 유럽연합에 아프리카 정부들을 위한 이민지원국 설치를 시도하고 있다. 이는 이민을 합법화함으로써 불법이민을 사전에 차단하려는 시도이다. 이러한 이민의 제도화 이외에 유럽연합은 직접지원을 통해 이들 지역이 불법이민 방지 노력을 하도록 유도하고 있다. 예를 들어 스페인은 아프리카 지역의 빈곤을 퇴치하기 위해 12억 유로를 지원하기로 결정하였다. 그러나 일부 국가는 이를 개발도상국들을 압박하는 수단으로 사용하려는 움직임도 나타난다.[274]

2. 배제의 이민자정책

유럽에서 이민자정책은 유럽연합 수준보다는 개개 회원국 정부 수준에서 각기 다르게 나타나고 있다. 따라서 노동조건, 복지수준, 교육여건 등이 각기 다른 유럽에서 공동의 이민자정책을 형성하기란 쉽지 않다. 그러나 유럽연합 회원국의 이민자정책을 살펴보면 이것도 역시 배제의 정책임을 알 수 있다. 최근 유럽연합 국가들은 불법이민을 원천적으로 차단하면서도 이주민의 복지혜택을 줄이는 방향으로 변화를 추진해왔다. 예를 들어 덴마크는 외국인은 이주 후 7년이 지나서야 복지혜택을 받을 수 있게 했고, 영국은 불법이민자들을 위한 숙소를 축소하였다. 또한 네덜란드는 실업연금과 노후연금 혜택을 축소하였고 사회복지 지출의 부담으로 이민 초청 연령을 21세로 낮추는 법안을 추진하고 있다.[275] 한편 프랑스는 2006년 12월 10년을 거주하면 불법체류자라도 영주권을 주던 제도를 폐지하는 법안을 제출했다. 또한 프랑스 거주 후 18개월 이후에 가족을 프랑스로 초청할 수 있고 프랑스인과 결혼해도 3년이 지나야 영주권을 얻게 되는 제도도 도입될 예정이다.

한편 문화적 정체성을 지키려는 유럽인들의 노력은 유럽연합으로 하여금 유럽에 이주하는 외국인에게 '이민서약'을 의무화 하도록 하는 법안을 제시하게 하였다. 이민자 시험이라고도 불리는 '이민서약'은 이민자가 수용국 언어를 배우고 문화를 준수할 것을 서명하는 것으로, 이것을 위반할 경우 추방을 감수하겠다는 내용으로 구성된다. 이러한 제도는 장기체류를 위해 불어시험과 프랑스 공화국의 가치를 존중해야 한다는 서약을 하게 하는 프랑스의 정책과 유사한 것이다. 그러나 이러한 이민계약은 유럽인들의 이민자들에 대한 강제를 부과하는 것이고 유럽인들의 우월의식 속에서 형성되었다는 점에서 논란의 소지가 있다.

3. 새로운 갈등구조의 형성

그동안 발전되어 왔고 현재 준비하고 있는 유럽연합 공동이민정책의 기조는 제 도구들을 통한 이민의 적극적 규제라고 할 수 있다. 이러한 규제적 이민정책은 이민자 집단이 야기하는 제 갈등을 해결하고 이민정책의 어려움을 극복하기 위한 것이다. 그러나 이러한 규제적 정책은 갈등을 본질적으로 해결하는 것이라기보다 이민을 억제함으로써 해결하려는 시도일 뿐만 아니라 갈등을 증폭시킨다고 할 수 있다. 예를 들어 앞에서 이야기되었던 이슬람 여성들의 히잡 착용 금지나 이민서약은 내부의 이슬람 이민자들의 불만을 고조시켜 유럽 사회를 대결 양상으로 몰고 갈 위험이 있다.

유럽연합의 새로운 이민정책들이 야기하는 갈등은 내부적인 것 보다는 외부적으로 더욱 영향을 줄 수 있다. 즉 유럽연합과 제3국 간의 갈등이 그것이다. 이민문제는 국가 부의 유출에 관련된 것이기 때문에 수용국과 송출국 간의 갈등 가능성을 가진다. 게다가 만약 시민권을 획득한 이민자 집단이 모국에 대한 수용국 정부의 정책을 요구할 경우 이러한 요구는 수용국과 송출국 간의 갈등으로 나타날 수 있다. 예를 들어 독일에 정착한 수백만의 터키인들은 독일의 그리스와 터키에 대한 외교정책에 개입하려 하고 있다. 즉 친그리스적인 독일의 외교정책에 투표권이라는 수단을 통해 영향력을 행사해 터키에 대한 호의적인 정책을 펴도록 압력을 가하고 있다. 그러나 이것은 오히려 독일과 터키와의 관계에서 갈등을 일으키는 요인으로 작용하고 있다.

국가 간의 갈등은 또한 회원국 간의 갈등이 될 수도 있다. 최근 영국 정부는 2007년 1월 유럽연합 회원국이 되는 불가리아와 루마니아 출신의 이민자 유입을 제한할 방침을 결정했다. 이는 영국이 이미 가입한 중·동유럽 국가로부터 몰려든 이민자들 수가 약 35만 명에 이름에 따라 노동시장이 이들을 감당할 수 없었기 때문이다.[276] 하지만 이러한 영국의 조치는 단일시장과 유럽시민권이 부과한 자유롭게 이동하고 노동할 권리 조항 때문에 회원국 시민에 대한 통제는 법에 위배된다. 또한 2004년 중·동유럽 신규 회원국들에게는 노동시장을 전면 개방했던 영국이 불가리아와 루마니아에 개방 불가의 결정을 내림에 따라 인종차별 문제로 비화될 수 있다. 따라서 이러한 영국의 조치는 향후 유럽사법재판소(ECJ)에 회부될 가능성이 크다.

이처럼 유럽연합의 현실주의적이고 규제적인 공동이민정책은 기존에 존재하는 이민자 갈등을 제거하는 것이 아니라 잠재시키거나 악화시킬 구조를 가진다. 게다가 갈등의 위험과 어려움에 직면해 도입하고 있는 새로운 이민정책은 대외적으로 새로운 갈등구조를 만들 수 있다.

제6절 결론: 유럽연합의 이민정책과 동북아

유럽연합은 배제와 포함의 논리를 가진 공동이민정책으로 내부의 국경을 없앤 대신 외부에 새로운 국경을 형성하고 있다. 앞의 그림 1)에서 보는 바와 같이 그 국경선은 다층적 구조를 가진다. 가장 외곽에 위치한 국가들의 이민에 대해서는 강력히 통제함으로써 스스로 외부세계와 단절하는 형태를 가진다. 이는 필연적으로 유럽과 비유럽을 구분하는 이분법적 관계라는 구조를 형성한 것이다. 공동이민정책을 바라보는 포함과 배제에 기초한 유럽의 요새화라는 부정적 관점은 공동이민정책이 형성한 바로 이러한 이분법적 관계에 기인한다. 지역주의는 필연적으로 지역들의 블록화를 수반하지만 유럽연합의 공동이민정책은 블록화를 넘어 요새화의 단계에 들어가고 있는 것이 사실이다.

현재 유럽연합은 유럽으로 들어오는 이민자들을 통제하기 위하여 이민자 쿼터제에서부터 이민 수출국과의 협력이라는 다양한 종류의 규제장치를 가지고 있다. 그러나 이민 쿼터제나 유럽연합 내 이민자들에 대한 유럽연합 회원국들의 부당한(?) 대우 문제는 회원국과 주로 이슬람 국가들인 이민 수출국과의 관계에서 긴장관계를 형성한다. 이러한 문제는 점점 더 문명 간 긴장관계가 첨예화되고 있는 현 시점에서 이미 문제를 야기하고 있고, 심각한 국제적 갈등을 야기할 소지를 가지고 있다. 이미 9.11 이후 미국과 이슬람 세력 간의 갈등관계에서 나타나듯이 탈냉전 이후 더욱 강화된 서구와 이슬람 간의 긴장관계 속에서 유럽을 서구문명의 일부분으로 간주하는 이슬람 세력에게 있어서 유럽의 요새화는 하나의 대립적인 블록으로 비쳐지고 있다.

지금까지 우리는 유럽연합의 이민정책이 어떠한 문제점을 가지고 있고, 그것이 야기하는 갈등 형태는 어떠한 것이 있는지를 살펴보았다. 정리하면 유럽의 이민정책은 전체적으로 적극적 수용과 제한적 수용이라는 틀로 시작해 공산권의 붕괴 이후 적극적 제한이라는 논리에 의해 수행된다. 적극적 제한을 위한 도구는 공동이민정책에 의해 유럽시민권을 기준으로 한 포함과 배제라는 논리이다. 포함은 시민권을 바탕으로 내부에서 이동이 완전히 자유로운 자유주의적 방향으로 발전한 결과이며, 배제는 이민을 통제하려는 현실주의적 필요의 결과이다. 이러한 포함과 배제의 논리는 유럽 내에서 정치, 경제, 사회적 갈등을 야기하고 있고 공동체 회원국과 비회원국 간의 갈등을 야기하기도 한다. 유럽통합을 구성하는 기본 원칙은 영토개념의 탈피와 민족의 극복을 통한 평화로운 공동체 구현이다. 그러나 유럽연합의 이민정책은 이러한 원칙의 적용이라기보다는 원칙의 왜곡으로 보이고 있다.

그렇다면 우리가 살고 있는 동북아는 어떤가? 동북아 공동체라는 이상은 아직은 추상적인 단계에 머물러 있지만 우리는 이미 거대한 이민의 물결 속에서 살고 있다. 일본에 거주하는 재일한인에서부터 중국 거주하는 조선족까지, 그리고 이미 우리나라에 정착한 조선족뿐만 아니라 동남아시아계 이민자들의 존재가 가져오는 갈등은 아직 미약한 수준에 머물러 있다. 하지만 우리는 여전히 강한 민족주의적 관념과 우월적 의식으로 그들을 대하고 있는 것 또한 현실이다. 이러한 자세가 지속된다면 유럽이 현재 겪고 있는 갈등은 언젠가는 우리들의 문제가 될 것이 분명하다.

■ 참고문헌

방청록. "유럽헌법조약 부결과 유럽통합 심화에의 함의 연구." 『유럽연구』. 제23권 (2006 여름), pp. 1-31.

이규영. "쉥겐조약과 유럽시민권." 『유럽연구』. 제17권 (2003년 여름), pp. 49-66.

이원기 역. 『유러피언 드림』 (2005), European Dream by Jeremy Rifkin (2004).

이철용. "독일의 '문화전쟁'과 이민자 문제." 『한독사회과학논총』. (2007년 6월).

조효제 역. 『전지구적 변환』 (2002), Global Transformation by David Held, Anthony McGrew, David Goldblatt & Jonathan Perraton (London: Blackwell Publishers, 1999).

한국유럽학회 시민권연구단. 『유럽통합과 유럽시민권 I, II』. (서울: 높이깊이, 2005).

A. Gaddes. *Immigration and European Integration: Toward Fortress Europe?*. New York: Manchester University Press, 2000.

Alexander Cavides. "The Open Method of Co-ordination in Immigration Policy: A Tool for Prying Open Fortress Europe?". *Journal of European Public Policy*. Vol. 11. No. 2 (April, 2004), pp. 289-310.

Christina Boswell. "The External Dimension of EU Immigration and Asylum Policy". *International Affairs*. Vol. 79. No. 2 (2003), pp. 619-638.

Douglass S. Massey and J. Edward Taylor. *International Migration: Prospects and Policies in a Global Market.* Oxford: 2004.

Eytan Meyers "Theories of International Immigration Policy-A Comparative Analysis". *International Migration Review.* Vol. 34. No. 4 (Winter, 2000), pp. 1245-1282.

James F. Hollifield. "Migration and International Relations: Cooperation and Control in the European Community". *International Migration Review.* Vol. 26. No. 2, Special Issue: The New Europe and International Migration (Summer, 1992), pp. 568-595.

Kay Hailbronner Immigration and Asylum Law and Policy of the EU. Hague: Kluwer Law International, 2000.

Myron Weiner. "On International Migration and International Relations". *Population and Developmemt Review.* Vol. 11. No. 3 (September, 1985), pp. 441-455.

Myron Weiner. "Security, Stability, and International Migration". *International Security.* Vol. 17. No. 3 (Winter, 1992), pp. 91-126.

Philip Spencer. "Nationalism, Civic Nations and the Problem of Migration". in Subrata Ghatak, Anne Showstack Sasson (eds.), *Migration and Mobility: The European Context.* New York: Palgrave, 2001, pp. 84-92.

Robert Miles and Thranhardt. *Migration and European Integration.* London: Fairleigh Dickinson University Press, 1995.

Sandra Lavenex. "Migration and the EU's new eastern border: between realism and liberalism". *Journal of European Public Policy.* Vol. 8. No. 1 (Febrary, 2001), pp. 24-42.Stephen Castles and Mark J. Miller. *The Age of Migration: International Population Movements in the Modern World.* New York: The Guilford Press, 2003.

Thomas Diez, Stephan Stetter, and Mathias Albert. "The European Union and the Transformation of Border Conflicts: Theorising the Impact of Integration and Association". *Paper for presentation at the Integational Workshop on Europe's*

Borders. Europe in the World Centre (1-2 July 2004).

경향신문, 2006년 3월 30일

한국일보, 2005년 11월 6일

http://www.voanews.com/Korean/archive/2002-06/a-2002-06-21-18-1.cfm (2006년 12월 5일 검색).

http://news.media.daum.net/foreign/others/200610/25/newsis/v14476799.html (2006년 11월 25일 검색).

제7장

규범적 권력 대 전략적 이익: 이민·망명정책의 사회 안보 차원의 한계

이종서

제1절 서론: 이민·망명정책을 보는 시각

유럽연합은 2001년 '유럽미래문제협의회'를 구성하기로 합의한지 8년 만인 지난 2009년 12월 리스본조약을 공식 발효하였다. 이로서 유럽연합 27개국은 정치적 통합을 향해 한걸음 더 나아가게 되었다. 리스본조약은 유럽연합의 내부통합 문제를 일단락 짓고 정치 공동체로 한 단계 도약할 기반을 마련했다는 평가를 받고 있다. 그러나 이와 동시에 이민자에 대한 거부감 확산으로 인해 사회통합이 실현될 수 있을지 우려되는 상황이 발생하고 있다. 유럽은 현재 매년 2백만 명의 이민자를 흡수한다. 이는 인구에 비례해서 북아메리카를 포함해서 세계의 어느 다른 지역보다도 많은 숫자이다. 이러한 인구유입은 출생률과 사망률 이상으로 회원국의 인구구성을 변화시키고 있다. 2009년 유럽연합통계국(Eurostat)에 따른 유럽연합 인구를 약 5억 명으로 추정할 때 유럽에서 태어나지는 않았으나 유럽 내 거주하고 있는 제3국적 국민은 약 3천만 명에 이른다. 제3국적인 중 가장 많은 인구를 차지하고 있는 국민은 터키인으로 대략 5백만 명 정도이며 이들은 독일, 프랑스, 네덜란드, 오스트리아, 벨기에 순으로 분포되어 있다. 아프리카인들도 대략 5백만 명 정도가 유럽에 거주하고 있으며 프랑스, 영국, 네덜란드, 독일 순으로 흩어져서 살고 있다.[277]

국제연합(UN)은 유럽 이민자 수의 증가를 향후 40년에 걸쳐 40% 정도 증가할 것으로 예측한다. 지난 2004년 중동부 유럽 확대 이후 영국과 아일랜드로의 노동자들의 유입이 가장 많았고 스페인의 공식적 이민인구도 지난 10년간 400%나 증가하였다. 이탈리아도 2009년도에 루마니아로부터 최근 10만 명 정도가 유입된 것으로 추산된다. 이들 국가들은 유입된 노동자들 대부분이 숙련된 노동자가 아니기 때문에 사회문제화 될 것을 우려하고 있다. 인구유입은 출생률 혹은 사망률 이상으로 회원국의 인구구성을 변화시키고 있다. 유럽연합의 몇몇 지역은 외자유치를 통해 지역경제성장으로 인한 실업률이 하락함으로써 이민으로 인한 부작용이 감소되기도 하였다. 그러나 이와 같은 경우는 극히 예외적인 것이고 유럽은 앞으로 더 많은 이민자를 필요로 하기 때문에 이에 따른 부작용이 필연적으로 발생하리라는 것은 쉽게 예상할 수 있다. 이처럼 2000년대 이후 이민문제는 대부분의 유럽연합 회원국들에게 정치 토론의 단골 주제가 되었다.

국경을 넘는 이동은 빈곤국들에게 있어서는 하나의 현상인 반면, 이민을 받아들이는 국가는 상당한 수준의 관리를 필요로 한다. 어떤 국가도 이민이라는 문제를 스스로 해결하기는 어렵다. 그러나 초국적 기구나 다자간 협의체의 개입도 항상 긍정적인 결과만을 낳는 것은 아니다. 유럽연합은 특히 이주를 금지하는 압력과 동시에 중동부 유럽으로의 확대를 통한 이주문제의 원인제공자로서 간주할 수 있다. 대부분의 유럽 시민들은 이민을 관리하는 유럽연합의 노력이 단지 바람직할 뿐만 아니라 단일시장을 유지하는 기본 권리인 인간의 자유이동권을 유지하기 위해서라도 반드시 필요하다는 것에는 동의한다.

연방주의자들은 단일한 이민정책을 선호한다. 이들은 기존의 유럽 시민뿐만 아니라 새롭게 유럽연합 시민이 된 사람에게도 유럽시민권을 제공함으로써 단일국가라는 유럽연합의 이상에 다가갈 수 있을 것이라 믿는다. 그러나 이들의 이상과는 달리 회원국 선호의 다양성은 유럽연합 차원의 단일한 이민정책이 탄생하는 것을 어렵게 만들고 있다. 예를 들어 유럽연합과 회원국 관료들은 아프리카 국가들과 '순환이민(Circular Migration)'과 '협력기반(Co-operation Platform)'을 만들 필요가 있다는 것에 대해서는 대부분 동의한다.[278] 그러나 회원국들은 초국적 차원의 규제 및 대응정책이 실제적으로 얼마나 효과가 있을 것인지에 대해서는 의문을 품고 있다.

순환이민이란 이주민을 받아들이는 국가의 이민정책 수단 중 하나로 고급기술과 일거리를 가져오는 이민자들에게는 국경을 개방하면서 값싼 노동력을 제공하는 이들을 단기적으로 순환하도록 만드는 제도이다. 그러나 순환이민 정책을 적용하는 것에 대해서는 회원국마다 인식의 차이가 있다는 점이 문제로 남았다. 어떤 회원국들은 순환이민이라는 제도를 숙련 노동자들에게만 적용할 것이고, 다른 회원국들은 농업, 건설, 여행업계에서 일자리를 찾는 계절이민에만 적용할 것이기 때문이다. 순환이민에 앞서 유럽연합은 2007년 몇몇 국가와 '이동 동반자협력(mobility partnership)'을 장려하는 프로그램을 추진한 바 있다. 이에 따라 집행위원회는 우선적으로 케이프베르데(Cape Verde), 몰도바(Moldova)와 2008년 선도 이동 동반자협력 프로그램을 진행하였다. 협정을 맺은 국가와는 새로운 거주허가 및 노동비자와 장기간의 다국입국 비자와 같은 혜택을 부여하였다. 그러나 협정을 맺은 국가 수에서도 알 수 있듯이 실질적 효과는 아직 미미한 것으로 나타났다.

그간 공공의 요구에 따른 유럽연합 차원의 대응은 이민자들의 출신국에 초점을 맞춘 정책이었다. 하지만 회원국들마다 이민자들의 출신국가에 대한 이해관계가 서로 다르기 때문에 단일한 이민·망명정책을 세울 수 없었다. 결국 단일한 이민·망명정책의 규정을 만들고자 하는 집행위원회의 지속적인 노력에도 불구하고 회원국별 정책실행이 가시적인 효과를 거두고 있다고는 할 수 없다. 그 이유는 유럽연합의 이민·망명정책은 이중성을 보이는 동시에 회원국들의 서로 다른 정책으로 인해 명확한 관할권을 배분한 보충성의 원칙, 즉 회원국들의 전략적 이익을 무시할 수 없는 구조로 되어 있기 때문이다. 따라서 초국적 기구의 제안이 규범적 성격을 내포한다 할지라도 이민·망명정책 제제조치에도 회원국들의 전략적 이익이 포함될 수밖에 없는 한계를 지니고 있는 것이다. 이에 본 글은 회원국들의 전략적 이익추구 행위에도 불구하고 유럽연합의 단일한 이민·망명정책이 가능할 것인지를 분석하고자 한다.

본 글의 구성은 다음과 같다. 제1절 서론에 이어 제2절에서는 비숙련 노동자들의 유럽시장으로의 대거 유입으로 인해 발생한 문제점을 시정하기 위한 유럽연합의 사회적 차원의 통합정책을 검토한다. 제3절에서는 유럽연합 차원의 이민·망명정책의 특징을 검토한다. 제4절에서는 유럽연합의 주요 회원국들의 이민·망명정책의 특징과 초국적 차원의 이민·망명정책 한계요인을 분석한다. 제5절은 결론으로서 리스본조약 이후 유럽연합의 이민·망명정책의 변화 가능성에 대해서 조망해보고자 한다.

제2절 사회통합과 이민·망명정책

제2차 세계대전 이후 유럽에 이주한 알제리, 터키, 튀니지 등지에서 온 이민자들은 현대 유럽 국가들의 경제발전에 상당한 기여를 하였다. 전후 이들 국가의 이민자 공급은 유럽 노동시장의 수요를 충족시켰다.

그러나 서유럽의 전후 복구가 마무리되자 공급이 새로운 이민자를 흡수할 수 없을 정도로 시장의 능력을 초과하기 시작하였다. 결국 이민자들의 초과 유입은 결국 서유럽의 복지를 위협할 수준에까지 이르렀다. 이로 인해 1970년대 이후 서유럽에 과도하게 유입된 이주노동자들은 중요한 사회적 문제로 대두되었다. 이러한 문제는 초청노동자들의 초청 기간 만료 후 본국으로의 귀국이 이루어지지 않으면서 가중되었다.

여기에 1970년대 발생한 2차례의 오일위기는 서유럽 경제에 상당한 영향을 끼쳤다. 이주노동자의 증가와 서유럽 전반에 불어 닥친 불황은 고용감소로 이어지면서 심각한 사회문제로 대두되기 시작하였다. 노동이민 제한정책에도 불구하고 이민자 가족들에 의한 초청 이민(chain migration)이 지속됨으로써 서유럽 국가로의 인구유입은 줄어들지 않았다. 결국 이민자의 수요가 공급을 초과하면서 현지인과 이민자 간의 경제적 자원의 분배를 놓고 갈등이 유발되었다. 그 결과 복지의 정당한 분배와 사회통합의 측면에서 이민자 제한 정책이 불가피해졌다. 과도한 이민자들이 사회의 취약계층을 형성함으로 인해 그들의 복지비용을 두고 갈등은 더욱 심화되었다. 이민자들이 값싼 노동력을 제공하면서 비숙련 비전문직 국내 노동자들은 일자리 감소를 겪고 실질임금 하락을 감수할 수밖에 없었다. 이에 회원국들은 다양한 이민제한정책을 실시하기 시작하였다.

역외국들로부터 유입된 이민자들의 문제는 국가적 전통과 특수성에 관련된 것으로 간주되어 회원국들의 권한으로 여겨진 것이 사실이었다. 이후 중동부 유럽 공산주의 국가들이 민주화되면서 대규모 정치난민들이 서유럽으로 유입되기 시작하였다. 하지만 이들의 문제는 개별 국가차원에서 해결할 수 있는 성질의 것이 아니었다. 이러한 이유로 회원국들의 다양한 이민 제한정책과 함께 유럽연합은 사회적 차원의 통합정책을 실시하게 되었다. '사회적 차원(Social Dimension)'이란 유럽통합이 단순히 경제적 차원에 국한되는 것이 아니라 유럽전체의 고용수준을 향상시키고, 노동자의 근로조건과 삶의 질을 향상시키는 등의 사회적 차원의 통합을 의미 있게 고려하는 것이다. 즉, 통합된 유럽사회가 질적으로 상향평준화 되는 것을 목적으로 함을 의미한다.[279] 유럽통합에서 사회적 차원이 대두되게 된 원인 가운데 하나는 유럽기업들이 규모의 경제에 입각하여 자동화를 추진하고 새로운 가술을 도입하면서 시작되었다. 한편으로는 기존 노동자들이 대량 해고되고 다른 한편으로는 자동화된 공장, 최신설비를 갖춘 공장에 필요한 숙련된 기술자의 양성 없이는 구조적 실업이 장기화되는 부작용에 대한 우려였다.

그러나 경제적 효율성과 사회정의를 양립시키는 것이 유럽통합이 지니는 중요한 목적 중의 하나라고 믿는 프랑스와 독일과는 달리, 영국은 자국의 재정 악화를 필연적으로 가져올 사회적 차원의 통합정책에는 반대한다는 입장을 분명히 하였다. 독일과 네덜란드는 사회정책에 관한 회원국 간의 의견 불일치로 인해 영국과의 관계가 소원해지는 것을 원치 않았으나 동시에 프랑스의 양보도 기대할 수 없다고 판단하였다. 결국 영국을 제외한 나머지 11개 회원국만이 유럽연합의 사회정책에 참여하게 됨으로써 유럽공동체가 그동안 적극 피해 왔던 '두 속도의 유럽(Two speeds Europe)' 또는 '선택적인 유럽(Non-privileged Europe)'의 방식으로도 유럽통합이 이루어질 수 있다는 바람직하지 못한 선례를 남기게 되었다. 그 결과 마스트리히트조약에서는 일부 신설조항이 추가된 사회정책 관련 조항과는 별도로 '사회정책에 관한 의정서'(Protocol on Social Policy)와 이 의정서에 부속된 '사회정책협정'(Agreement on Social Policy)이라는 두 개의 틀을 두게 되었다. 사회정책을 채택하지 않은 영국은 이 의정서와 협정의 범주에서 이루어지는 이사회의 토의와 결정과정에서 배제되었다.[280]

사회통합정책의 시행과 이에 대한 평가는 반드시 유럽연합 회원국 간 또는 지역 간 생활수준 및 생산성 차이를 고려해서 실시되어야 한다. 왜냐하면 저개발 회원국의 생산성 수준에 적용될 수 없는 노동조건과 보수를 부과하는 모든 사회정책은 낙후된 회원국들에게는 오히려 경제회복에 장애요소가 될 것이기 때문이다. 따라서 집행위원회의 활동은 최소한의 안전을 보장하고 선진경제를 향해 적극적으로 노력하도록 촉구하는 것을 목표로 삼아야 한다. 유럽연합은 사회보장제도를 비롯한 사회정책의 균질화 작업이 진행 중에 있다. 특히, 유럽 경제통합의 가장 기본적이고 중요한 수단 중의 하나라고 할 수 있는 노동력의 자유로운 이동을 보장하기 위해서는 현재 유럽연합 각국이 다양한 형태로 유지하고 있는 사회보호제도를 균질하게 통합·조정하는 작업이 전제가 되어야 한다. 이러한 작업이 선행되지 않고서는 근대 시민사회 성립 이후 기본권으로 정착한 자유이주권이 심각하게 제한 받을 것이기 때문이다.[281]

유럽연합은 1990년대 중반 이후 이른바 사회적 유럽(Social Europe)이라는 모토를 통해 실업(unemployment), 빈곤(poverty), 질병(illness) 등을 추방하기 위한 초국적 차원의 사회통합정책을 확대하고 있다. 유럽연합에서 사회통합의 이슈가 대두될 수밖에 없는 이유는 개별 국가마다 경제·사회발전 정도가 다르기 때문이다. 특히 사회적 가치나 문화적 전통에서 기존 회원국과 차이가 있는 중동부 유럽 국가들의 가입으로 사회통합의 필요성이 어느 때보다도 절실해졌다. 200여명의 희생자를 낸 2005년 스페인 마드리드 열차폭발사건과 영국을 비롯한 서유럽 국가에서 빈번하게 발생하고 있는 반인종 범죄는 유럽 각국에서 사회통합의 필요성을 부각시킨 주요한 계기가 되었다.

이러한 상황 하에 유럽연합은 1990년대 들어서 인종, 종교 및 성별 등을 이유로 이루어지는 다양한 차별을 시정하기 위한 규정과 권고안을 내놓고 있다. 동시에 1990년대 이후 이질적 문화를 가진 회원국들이 다수 가입하면서 단일의 규정보다는 회원국 수준에서 자발적인 시정조치를 의도한 권고안도 많아지고 있다. 이처럼 유럽연합의 사회통합정책은 초국가적 차원과 회원국 차원에서 동시에 진행되고 있다. 그러나 유럽연합 차원에서 시행하는 사회통합정책은 회원국 차원에서 실시하는 사회통합정책에 비하면 제도적 조치가 완벽하다고는 할 수 없다.

1990년대 초반까지 유럽통합의 목적은 완전한 단일시장의 완성이었다. 사회통합정책은 시장통합이 야기하는 문제점을 시정하기 위해서 출발한 것이다. 결속정책이나 노동시장 규정이 단적인 예이다. 그러나 초국적 차원에서 지역 간, 사회계층간 불균형 해소를 위해 자체재원으로 정책을 진행하는 분야는 구조기금을 통한 결속정책과 일부의 교육정책에 불과하다. 유럽연합이 국가 간 사회경제적 불균형을 완화하고 사회 내 계층 간 통합을 위한 사회통합정책이 실효를 거두기 위해서는 회원국 총 GDP의 5% 정도에 이르는 예산이 필요하다. 유럽연합이 이러한 예산을 확보한 단계라면 연방주의 국가에는 미치지 못하지만, 현재와는 비교할 수 없을 정도로 사회적 결속이 이루어질 것이다. 이와 같은 이유로 유럽연합 차원의 사회통합정책이란 일부 정책과 규정을 제외하고는 여전히 회원 각국이 시행하는 정책에 한정될 수밖에 없다. 그 한계는 1990년대 후반 이후 유럽연합이 상당부분 권한을 흡수한 이민정책에서도 동일하게 나타난다.

이민, 조세, 복지와 같은 사회정책은 회원국들마다 사회·경제적 환경이 다르므로, 초국가적 차원에서 일관된 공동정책으로 실행하기 힘든 분야이다. 실제로 1990년대 초반까지 유럽연합은 시장통합에 주력하였고, 사회정책 특히 이민·망명정책은 각 회원국의 고유 권한으로 남아 있었다. 그러나 단일시장이 완성되고 노동의 자유이동이 제도적으로 보장되면서 많은 부작용이 야기되었다. 대표적인 후유증은 폴란드를 위시한 중동부 유럽 국가의 숙련노동자들이 영국, 프랑스, 독일 등으로 대거 이동하면서부터 나타났다. 급속한 노동이동으로 런던에는 불과 10여년 사이에 폴란드 노동자들이 집단 거주하는 타운이 형성되고 급속히 확장되었다. 이러한 외국인 이주노동자들은 현지에서 동일직종 근로자들과의 취업경쟁을 야기하고 상대적으로 저렴한 임금은 노동시장 교란 등의 문제를 가져왔다.[282]

이미 1990년대 초반 아일랜드와 포르투갈 건설노동자들이 독일과 오스트리아에 대거 유입되면서 현지 노조의 강력한 반발이 있었다. 노조의 반발을 무마시키기 위해 해당국 정부와 유럽연합은 노동의 자유이동은 보장하되, 역외국으로부터 유입된 노동자들은 현지인과 동등한 노동규정과 사회보장을 받아야 된다는 규정을 만들었다. 그 결과 기업은 저임금과 사회보장비용의 경감이라는 요인에 기인한 비숙련 노동자의 이동 및 취업을 줄였다. 그러나 회원국에 동일직종 임금의 차이와 복지수준의 차이가 크다는 점을 고려하면 노동의 자유이동은 필연적일 수밖에 없다.

상술한 바와 같이 현재 유럽연합은 아프리카를 비롯한 인근 국가들로부터의 이민자 숫자가 수요를 초과하고 있다. 그럼에도 인근 아프리카 국가들과 아시아 일부국가로부터의 노동자 유입은 지속되고 있다. 대부분의 유럽연합 회원국들은 출생률 감소와 인구의 노령화라는 공통점을 갖고 있다. 이러한 유럽사회의 변화는 구조적인 문제점을 발생시킨다. 즉, 출산율 감소는 노동력 감소로 이어지고 인구의 노령화는 사회보장제도의 기반을 잠식한다. 그 결과 인구의 노령화에 따른 노동인구 감소에 대응하기 위한 방안으로 이민자 유입이 고려된다. 그러나 노동인구 보충을 위한 이민자 유입의 문제는 경제적 측면에 대한 고려뿐만 아니라 사회적 측면도 고려되어야 하는 민감한 사항이다.

제3절 유럽연합 차원의 이민·망명정책

1950년대 서유럽 국가들은 전후 역동적인 경제부흥을 위해 식민지

국가들로부터 이주 노동자를 상당수 받아들였다. 그 결과 상당수의 북아프리카 출신의 노동자들이 프랑스로 이주했다. 인도와 파키스탄, 방글라데시 이민자들은 영국에, 인도네시아 출신의 이민자들은 네덜란드에 정착하였다. 식민지 국가로부터 이주해 온 이민자들을 시민권 등의 특별한 법적 지위를 부여받을 수 있었다.[283] 한편, 프랑스는 부족한 노동자를 모집하기 위한 채용협정이 증가하였다. 프랑스는 16개 유럽 및 비유럽 국가와 채용협정을 맺는 등 적극적으로 이민자들을 받아들였다. 독일 또한 1950년대 후반부터 1960년대 초반까지 노동력 부족이 심각하였다. 이에 이탈리아, 스페인, 그리스, 유고슬라비아, 튀니지와 같은 국가들과 채용협정을 맺었다.

세계 최대의 단일 경제·정치공동체인 유럽연합에서 이민과 망명이라는 문제는 항상 중요한 이슈이다. 세계화 시대, 다문화·다인종의 유럽사회에서 폭발적으로 증가하는 이동성에 따른 문제는 서유럽 국가들의 가장 큰 고민거리 중 하나였다. 이런 와중에 중동부 유럽 국가 10개국의 가입에 따른 쉥겐협정(Schengen Agreement)의 확대는 공동이민·망명정책이 법적 근거 마련을 앞당기는 계기가 되었다.[284] 한편, 쉥겐협정과 같은 유럽연합의 국가연합프로젝트가 중동부 유럽 국가로도 확대됨에 따라 역외국들로부터 유럽과 비유럽을 구분 짓는 경계를 확대시켰다는 비난을 받게 되었다.[285]

1. 이민·망명정책과 사회안보

마스트리히트조약은 외교안보정책과 함께 내무사법협력, 특히 이민·망명정책의 결정이 초국적 차원으로 이행하기 위한 과도기적 성격의 조약이다. 마스트리히트조약은 회원국별로 논의되던 이민·망명정책이 공식적으로 유럽연합의 틀 안에서 논의되었다는 점에서 중요한 의미를 갖는다. 마스트리히트조약을 계기로 유럽연합은 이민통제와 같은 각국 정책을 통일시킬 필요성이 있었다. 그러나 회원국들의 반대로 이민·망명정책을 만장일치제도에서 가중다수결제로 변경시키는 것에 대해서는 합의를 보지 못했다. 즉, 다양한 회원국들의 정책선호를 변화시킬 수는 없었다.

마스트리히트조약의 특징 중 하나는 유럽시민권의 탄생이라고 할 수 있다. 유럽시민권이란 개념은 그동안 유럽통합이 경제통합 위주의 기능주의적 통합에 머물러 민주성의 결핍(Democratic Deficit) 현상을 초래하여 유럽시민들이 통합에 능동적으로 참여하지 못한다는 현실을 인식한 결과물이다. 유럽시민의 권리는 로마조약에 규정된 바에 의해 결정되고 보장된다. 그러나 로마조약은 일반적 원칙에서 권리만을 다루고 있고 경제 분야에 치우쳐 있다. 또한 유럽사법재판소와 관련된 내용에서도 특정 분야에 국한되는 제약을 보여 왔다.

이에 반해 마스트리히트조약에서 마련한 유럽연합 시민권은 회원국 국적을 지닌 자가 자동으로 보유하는 권리이다. 즉, 회원국의 시민이면 누구나 유럽연합의 시민으로 인정된다. 그러나 회원국에서 합법적으로 거주하고 있는 제3국적인 들에게는 유럽시민권이 주어지지 않았다.[286] 이는 마스트리히트조약 제8조가 규정하고 있는 시민권에 사회적 권리에 관한 명문규정이 없었기 때문이다. 따라서 유럽 시민권은 유럽연합 시민의 특수한 지위이나 그 개념은 각 회원국에서 어떻게 시민권이 이해되고 또 실시되고 있는지에 따라 달라질 수 있다. 말하자면 평등하게 일할 권리는 있으나 평등하게 사회보장을 받을 권리는 없다는 것이다.[287]

유럽연합 회원국 시민권자들은 마스트리히트조약으로 사회적 차원의 유럽시민으로서의 자격이 주어지게 되었다. 유럽시민으로서의 권리 및 자격은 다음과 같다. 첫째, 유럽연합 내 자유이동과 거주, 둘째, 지방자치단체선거와 유럽선거권, 셋째, 외교적 보호권, 넷째, 유럽의회와 새롭게 창설된 옴부즈맨(Ombudsman)을 통한 청원권(Petition) 등이다. 그러나 유럽시민권은 개별 국가의 시민권을 대체한 것은 아니며, 회원국의 시민권에 몇몇 권리를 더한 것이다. 마스트리히트조약은 유럽시민권의 법적, 제도적 기반을 마련하였다는 점에서 커다란 의미가 있다. 이처럼 마스트리히트조약의 사회정책 관련 조항은 통합의 가장 큰 문제인 민주성 결핍의 문제를 해결할 수 있다는 가능성을 보여주었다. 또한 유럽시민권을 통해 민주주의 운영의 핵심인 시민의 존재와 유럽적 가치가 실현될 수 있다는 확신을 심어주었다.

유럽시민권을 획득하기 위해서는 우선적으로 회원국 국적 소유가 선행되어야만 하는 등 회원국 국적법의 중요성도 강화되었다. 이에 각 회원국의 다양한 국적법 기준이 논란이 되었다. 유럽시민권 획득의 자격 요건은 각각의 회원국마다 다른 국적법을 적용하여 혼란을 가져왔다. 이는 동시에 이민자들로 하여금 국적 취득의 쉽고 어려움에 따라 이민 선호국가가 생겨나게 하였다.[288] 한 회원국에 대한 선호는 그 회원국으로의 이민 물결로 이어지게 되고 이는 초국적 차원의 대응을 필요로 하였다. 예를 들어 속지주의를 표방하는 프랑스에 거주하는 이민자 후손들은 18세가 되면 프랑스 국적을 취득할 수 있었다. 이는 18세 이후에나 자연스럽게 유럽연합 시민이 되어 역내에서 자유롭게 이동하고, 거주할 수 있는 유럽연합의 권리를 누릴 수 있음을 의미한다.

반면에 속인주의 국적법 국가인 독일에 거주하는 이민자의 자녀들은 독일에서 태어나고 성장했음에도 불구하고 독일 국적을 취득할 수 없었다. 따라서 유럽연합의 시민이 될 수 없었다. 독일은 이주 노동자에게 시민권을 부여하지 않았다. 하지만 노동시장과 복지국가의 역할을 통해 이민자와 그들의 가족에게 사회적 권한을 부여하였다. 이와 같이 다양한 국적취득 방법은 유럽연합 시민권에 직접적인 영향을 미쳤다.

한편, 마스트리히트조약의 제3기둥인 내무사법협력은 공동시장의 안보적 차원을 강조하였다. 말하자면 군사 안보차원에서 사회안보 차원으로의 인식 전환의 중요성을 강조한 것이다. 이는 역외국들로부터의 인구 유입이 유럽연합의 사회안보의 위협요소로서 작용할 가능성을 염두에 둔 것이다. 즉, 이민이 사회적 안정성을 해치고 기존 유럽 시민의 응집력을 약화시키는 위협적인 요소로 간주되기 시작한 것이다.[289] 이에 대다수 회원국들은 이민·망명정책이 초국적 차원에서 결정되는 것에 대해서는 거부감을 드러내지 않았다. 그러나 영국과 덴마크는 이민·망명정책에 주권을 이양하는 것에 대해 민감하게 반응하였다. 그 결과 정부 간협상에 의한 만장일치 방식이라는 이민·망명정책의 의사결정 방식은 변함없이 유지될 수밖에 없었다. 하나의 예로 집행위원회는 역내 영구적으로 거주하는 제3국적인과 이들 가족의 법적 지위 향상과 자유이동 실현, 동등한 사회적 권리 및 혜택 부여, 유럽연합 회원국과 제3국가 간의 협정 감찰, 이민자 권리보호에 대한 UN협정의 비준 등의 제안서를 제출했다. 그러나 이는 회원국들의 만장일치라는 정책결정 방식에 가로막혀 실현되지 못했다.

이후 암스테르담조약은 이민·망명정책을 비롯한 내무사법협력을 표면상으로는 공동체 권한으로 합병시켰다. 1999년 탐페레(Tampere)에서 열린 유럽이사회는 유럽연합 내의 자유, 안전, 정의에 관한 정책결정을 가속화하기로 결의하고 향후 5년간 공동의 이민·망명정책을 준비하기 위해 행동프로그램을 마련할 것에 합의하였다. 구체적인 논의 내용은 다음과 같다. 난민들의 신원을 파악하기 위해 공동의 정보체계(Eurodac)를 신속하게 만들 것, 난민 신청 조사를 책임질 국가를 결정하는 절차를 제정할 것, 난민 신청과 난민의 지위에 관한 공동의 기준을 만들 것 등이었다. 또한 임시보호정책(Temporary Protection Policy)[290]에 대해 회원국들과의 연대와 대규모 난민 유입에 대응하기 위한 재정확보의 필요성을 논의하였다. 구체적 실행방안으로 유럽난민기금(ERF: European Refugee Fund)을 설립하였다.[291]

암스테르담조약은 또한 국적에 따른 차별만을 금지하던 것에서 진일보하여 성별, 인종, 종교, 연령, 신체적 장애 및 성적 취향 등에 따른 모든 차별의 금지(EC조약 제13조)로 확장하였다. 또한 암스테르담조약은 1961년 10월 18일 토리노에서 조인된 유럽사회헌장과 1989년 근로자들의 기본적인 사회 권리헌장(The Charter of the Fundamental Social Rights of Workers)등 '사회정책에 관한 협정'을 포함함으로써 공동체 차원에서 근로자들의 사회적 권리가 보호되어야 함을 명시하였다.[292]

그럼에도 이민·망명정책은 여전히 회원국들 간의 협상에 의한 만장일치제를 유지하였으므로 쉽게 합의에 이르지 못했다. 이는 외부국경통제를 비롯한 자국의 사회안보에 영향을 미치는 민감한 이슈에 대해 국가의 권한이 침식되는 것을 우려했기 때문이었다. 특히, 영국은 불법체류자 문제로 상당히 엄격한 국경통제를 하고 있었기 때문에 이민·망명정책의 초국가화에는 적극 반대하였다. 아일랜드의 경우도 영국과 공동여행지역을 형성하고 있어 정치적인 이유로 영국의 입장에 동조해왔다.[293] 프랑스와 네덜란드는 내부안보에 관한 유럽사법재판소의 한정적 범위 내에서 개입할 것을 요구하는 등 초국적 정책결정의 확대에는 반대하였다. 이와 같이 회원국 별 정책선호의 차이와 자국의 사회안보가 위협받는 상황에 대해서는 여전히 공동체의 정책결정에 반대할 수 있었다.

한편, 집행위원회는 이민정책 결정과정의 중심 행위자로서 법적지위를 공고히 할 필요가 있었다. 이에 집행위원회는 1998년 7월 영국 카디프(Cardiff)에서 열린 유럽이사회에서 행동계획안을 제출하였고 동년 12월 집행위원회와 이사회는 자유, 안보, 정의 구현이라는 목적 안에 구체적인 실행계획을 제시했다. 그 결과 내무사법정책 분야 중 형사소송상의 사법처리 부분과 경찰력의 상호협력부분을 제외한 분야를 공동체정책으로 전환시켰다. 이는 첫째, 회원국 간 국경의 개방으로 인해 과중한 업무의 원활한 처리, 둘째, 국제범죄, 테러리즘, 마약, 불법

이민 등 회원국들이 공통으로 직면한 문제에 효율적으로 대처하기 위함이었다.

이처럼 이민·망명정책에 대한 초국적 차원의 제도화가 필요하다는 인식이 증가하게 된 데는 독일 정부가 대량 망명자 문제에 직면하게 된 원인이 컸다. 망명자의 독일로의 유입은 타 회원국들을 자극하였고 초국적 차원의 공동대응책 마련의 계기가 되었다. 그 결과 2003년 더블린(Dublin) 망명협정이 탄생하였다.[294] 더블린 망명협정은 유럽연합으로의 망명에 관한 회원국 간 합의로 1990년 더블린에서 서명된 쉥겐협정의 망명규정을 대체한 것이다. 이 협정은 공산주의 붕괴 후 대규모의 동유럽 망명자들의 유입에 대비한 것이다. 더블린 망명협정은 합당한 이유가 있는 경우를 제외하고는 망명 신청국에서 망명심사를 하도록 규정하였다. 이는 특정 회원국에서 망명신청이 거부된 망명자가 다른 회원국에서 재차 망명 신청하는 것을 방지하기 위해 취해진 조치이다.[295]

공동의 이민·망명정책의 진보적 적용은 회원국들에게 망명자들에 대한 공정한 취급을 가능하게 하고 남용을 방지할 수 있다. 이러한 주장을 뒷받침하는 유럽연합 법이 더블린 규정이다. 더블린 협정의 결과 이민자들은 보다 나은 사회보장제도의 노동조건을 제공하는 국가로 들어가려는 목적 하에 한 국가의 자유방임적인 망명법을 이용할 수 없다. 이러한 법을 강화하기 위해서 회원국들의 이민공무원들은 모든 이민 희망지원자들의 지문을 데이터화한 소위 Eurodoc이라 불리는 자료에 접근할 수 있다. 그렇게 함으로써 '망명쇼핑'을 하려는 자들을 본국으로 되돌려 보낼 수 있게 되었다. 그러나 유럽연합 회원국들 중 상대적 변방국인 사이프러스, 그리스, 몰타는 더블린 협정으로 인해 이들 국가들로 하여금 부적절한 수의 이민자들을 다뤄야 하므로 기존 법률의 수정을 희망하였다.

공동의 망명정책은 반드시 모든 유럽연합 회원국들이 망명자들에게 동등한 서비스를 제공함을 의미한다. 또한 망명자들의 주장에 대해 같은 방식으로 접근해야 하며 망명자의 지위를 거부함에 있어서도 같은 규정을 적용해야 함을 의미한다. 그러나 프랑코 프라티니(F. Frattini) 내무정책 담당 집행위원은 유럽연합 27개 회원국들 중 20개 회원국들이 망명 심사과정에서 동의한 유럽연합 차원의 규정을 적용하는 것에 실패했다고 통탄 한 바 있다. 단지 6개 회원국들(오스트리아, 영국, 불가리아, 독일, 룩셈부르크, 루마니아)만이 유럽연합 규정을 적절하게 적용했다는 것이다.[296]

2. 이민·망명자 유입과 초국적 대응 프로그램

유럽연합은 불법체류자 증가 및 이민자들의 유입이 유럽의 사회치안과 정체성에 미치는 부정적 영향을 우려하였다. 이에 초국적 차원의 효과적인 공동대응 중장기 종합계획인 헤이그 프로그램(Hague Program)을 2004년 10월 출범시켰다. 이 프로그램은 유럽연합 차원동의 불법체류자 및 이민자 관련 정책을 수립하고 망명절차를 공동 관리하려는 목적이었다. 동 문제를 공동 관리함으로써 회원국 간 상이한 정책을 수렴시키는 동시에 테러 관련 정보를 공유하는 체제를 구축하려 하였다. 이를 실현하고자 2005년 6월에는 헤이그 프로그램을 이행하기 위한 행동계획을 채택하였다. 행동계획은 유럽연합 차원의 이민자 관련규정 및 사법처리를 위한 협력 내용을 담고 있다.

헤이그 프로그램의 구체적 내용은 다음과 같다. 첫째, 노동시장 애로요인 해소방안으로 유럽 직업안내소를 설치하여 아프리카 등 이민희망국가에게 유럽의 일자리 정보를 제공한다.[297] 둘째, 이민 희망국가에서 직업교육, 기술, 재교육, 언어교육 등을 실시하여 노동수요에 맞는 이민자를 양성한다. 셋째, 공동체의 자원지금으로 이민 희망국가에 이민센터(Migration Centres)를 설치하여 계절노동자 관리, 학생 및 연구원 교환 등의 업무를 담당하게 한다 등이다. 또한 불법이민 규제방안을 발표하였는데 그 내용을 요약하면 다음과 같다. 첫째, 2007년 초까지 불법 이민자를 채용하는 고용주에 대한 처벌 규정안을 마련할 것, 둘째, 해안경비 네트워크(Coastal Patrol Network) 및 유럽감시시스템(European surveillance system) 구축, 셋째, 회원국들의 이민문제 전문가들로 구성된 전문가 풀을 구성할 것 등이다.[298]

이외에도 헤이그 프로그램은 불법체류자 송환에 있어서 공동기준을 마련하였다. 이 공동기준은 유럽연합 내 불법체류자의 송환, 강제조치의 행사 방법, 일시구금, 재입국 등 불법체류자의 송환과 관련하여 서로 다른 국내법규를 준수하고 귀환 과정시 발생할 수 있는 기본적 인권침해를 방지하기 위한 유럽연합 공동의 법규를 마련하고자 함이었다. 특히 강제조치의 행사 방법은 '비례성의 원칙(principle of proportionality)'에 따라 제한적으로 사용할 것과 테러리스트 등 회원국의 안보에 심각한 위협을 가할 수 있는 인물에 대해서는 최고 5년 동안의 입국금지조치를 취할 수 있음을 명시하였다.

헤이그 프로그램에는 합법적 이민자들을 유럽사회로 동화시키기 위한 초국적 차원의 대응방안이 마련되어 있다. 구체적으로는 파트너십 차원에서 역외국 개발협력을 위해 유럽연합이 추진해야 할 정책을 제시하고 있다. 구체적인 내용은 다음과 같다. 첫째, 제3국 이민자가 유럽연합으로부터 습득한 지식을 본국의 개발에 기여할 수 있도록 지원을 강화한다. 둘째, 제3국으로부터 유럽연합으로의 고급인력 유출이 과도하게 일어나지 않도록 개도국과 협력해 나간다. 셋째, 고급인력 유출 방지를 위한 대책으로 유럽연합으로의 난민유입을 미연에 방지하기 위한 유럽연합 차원의 제3국에 대한 지원을 강화한다 등이다. 동 프로그램은 우선적으로 대규모 난민을 수용하고 있는 국가나 인근국가로부터 난민유입이 늘어나는 국가에 대한 시범사업을 제안하고 있다. 우선 대상지역으로 우크라이나, 벨라루스, 몰도바에 대한 협력 사업을 시행중에 있으며 2010년까지 유럽연합 공동난민체계(Common European Asylum System)가 완성될 예정이다.

2006년 11월 30일 집행위원회는 노동시장 활성화를 위한 합법적 이민을 제외하고 불법적 이민은 강력히 규제하는 것을 주요 내용으로 하는 이민정책을 발표했다. 발표의 배경에는 2005년 한 해 동안 3∼4천 명의 아프리카인이 해안을 통하여 유럽으로 이동하는 과정에서 익사한 것이 계기가 되었다. 유럽의 국경에는 1,700개의 검문소에서 매년 거의 3억 명을 검사한다. 유럽연합 국경수비대(Frontex)는 유럽전반에 걸쳐 협력적 국경 관리에 대한 책임이 있다. 이 기구는 아프리카를 탈출한 수천 명이 유럽연합의 남부 해안에 임시변통의 배로 진입을 시도한 후에 창설되었다.[299]

유럽연합 정부는 2006년 Frontex와 다국적 해안경비대가 협력하여 해상에서 표류하고 있는 아프리카 탈출자들에게 인도적 의료지원을 제공하였다. Frontex는 리비아, 모리타니, 모로코, 세네갈과 협정을 맺어 그들 국가들에 의해 통제된 해상 표류자들 중 4천명을 본국으로 우회시켰다. Frontex는 비상사태에 대비하여 항공기 21기, 헬리콥터 27기, 보트 116개를 비롯하여 경찰력을 파견할 수 있는 장비를 갖추었다. 그러나 Frontex는 2008년 6천8백만 유로의 부적절한 예산 남용과 절대적으로 필요한 남부유럽의 중심부를 관리할 수 없다는 비난에 휩싸였다.[300]

Frontex의 책임자인 일카 라이넨(I. Laitinen) 조차도 Frontex에 큰 기대를 거는 것은 어리석은 일이라고 주장하였다. 그 이유는 Frontex가 자체적으로 소유한 배가 없으며 대규모 인력을 파견할 능력도 없다는 것이다. 그는 Frontex의 자산은 모두 회원국 소유이기 때문에 인력을 파견하고 안하고는 회원국의 의지에 달려 있음을 인정해야만 한다고 주장했다. 그럼에도 유럽연합은 Frontex의 자원과 책임을 지속적으로 증가시켰고 2007년 유럽의회는 3천만 유로로 Frontex 예산을 증액시켰다. 이후 집행위원회는 통합국경통제정책 하에 Frontex 조사관이 국경을 통제할 명령권이 필요함에 따라 회원국 정부를 설득하였다. 또한 집행위원회는 새로운 회원국들 모두 국경을 통과한 입·출국자의 전자기록을 공유할 것을 요청하였다. 이와 동시에 집행위원회는 갈릴레오 위성과 국가의 해안 감시시스템을 연결하는 '통합유럽국경감시시스템(Eurosur)'을 창설하는 것에 동의할 것을 제안하였다.[301]

이와는 별도로 유럽연합 27개 회원국은 2008년 10월 정상회의에서 불법 이민과 망명을 제한하는 내용의 '유럽 이민 및 망명 협정안'을 채택하였다. 유럽연합은 동년 10월 7일 프랑스 칸에서 열린 유럽연합 법무·내무장관 회의에서 순회의장국인 프랑스가 제안한 협정 초안을 논의한 뒤 이를 만장일치로 수용하였다. 프랑스 오르트푀(B. Hortefeux) 이민장관이 이날 제시한 협정안은 회원국의 인력 수요와 수용 능력을 감안해 합법적인 이민의 문은 열어주되 불법 이민자에 대해서는 추방을 비롯한 강경한 조치를 취하는 내용을 담고 있다.[302]

집행위원회는 유럽연합이 적어도 향후 20년 동안 전자기술, 컴퓨터 분야에서 2백만 명 정도의 숙련 노동자를 필요로 할 것으로 예상한다. 유럽연합은 정보기술전문가, 기업경영자, 의사, 간호사와 같은 전문 인력이 많이 부족한 상태이다. 그러나 현재 유럽연합은 호주, 캐나다, 미국과의 숙련노동자들을 유인할 수 있는 매력 측면에서 뒤처지고 있다. 유럽연합 이민자들의 대부분은 아시아와 아프리카로부터 온 비숙련 노동자들이다. 이들에 의한 지하경제 규모는 유럽연합 GDP의 16%에 달한다.

집행위원회는 유럽연합의 고질적인 전문 인력 부족현상을 완화할 목적으로 2007년 가을 블루카드(blue card)라는 유럽연합 차원의 노동비자를 제안했다. 블루카드를 소지한 노동자는 2년 동안 유럽연합 내 어느 국가에서라도 2년간 거주가 가능하다. 비 유럽권 출신의 의사, 엔지니어, IT 전문가 등이 대상이다. 노동 및 체류 허가를 30~90일 이내에 내주고, 블루 카드를 발급 받으면 90일 이내에 가족도 데려올 수 있다. 이들을 고용한 고용주는 임금을 역내 최저임금의 3배를 임금으로 지불해야하며, 이는 적어도 1년 이상 보장되어야만 한다. 이주자들에게 있어서 블루카드의 장점은 그들의 체류 만기 이후 기한을 연장할 수 있다는 점이고 유럽연합의 어떤 곳에서라도 일을 할 수 있다는 데 있다.

그러나 유럽연합의 블루카드안 중에서 애초에 블루카드 소지 후 2년이 지나면 타 회원국에서 근무가 가능하도록 하려던 계획은 벌써 회원국들의 반대로 무산될 형편에 처해 있다. 집행위원회 역시 회원국들이 입국 노동자 수를 결정할 수 있는 권한을 포기할 것이라는 기대는 하고 있지 않다.[303] 그럼에도 집행위원회는 블루카드를 인정할 수 있는 범위와 블루카드 소지자의 보건, 세금, 연금을 보장 할 수 있는 권한을 갖고 있다. 유럽연합의 블루카드는 유럽연합이 효과적인 이민정책을 마련할 수 있다는 강력한 신호를 준 것으로 해석할 수 있다. 또한 회원국들과 적절한 합법적 이민 체계를 갖춘 국가들과 그렇지 못한 국가들 간의 중요한 공백을 메울 가능성을 보였다고 평가할 수 있다.

하지만 불법 이민자들의 최종목적지로 선호되는 영국은 블루카드 시스템에 참여하지 않기로 결정하고 스스로 마련한 '포인트 시스템(point system)'을 이용하기 시작하였다. 아일랜드, 덴마크, 오스트리아도 유럽연합의 블루카드 정책이 너무 앞서 간 것에 대해 우려를 표명하였다. 독일은 일단 새로운 이민노동자를 받아들이기 전에 독일에 존재하고 있는 350만 명의 실업자들에게 기회를 주어야 한다고 주장하는 등 대부분의 유럽연합 회원국들은 그들이 이민자를 인정하는 방법에 대해 집행위원회가 관여하기를 원치 않는다. 따라서 유럽연합이 노동이민문제에 대해서 만장일치를 유지하는 한 블루카드의 미래는 상당히 불투명하다고 하겠다.

제4절 초국적 차원의 이민·망명정책 한계요인

이민은 유럽연합의 모든 국가들에게 매우 민감한 문제이다. 따라서 대부분의 나라에서는 이민자의 대거유입을 막기 위한 쿼터제를 실시하고 있다. 유럽연합이 27개국으로 확대됐다는 것은 역내 및 역외국의 노동자가 일자리를 찾아 국경을 넘는 일이 훨씬 자유로워졌다는 것을 의미하는 동시에 불법체류의 기회도 확대된다는 것을 의미하기도 한다. 경제적 관점에서 볼 때 이민은 긍정적 효과를 갖고 있다. 고령화와 저출산으로 인한 노동인구 감소를 메워줄 대안이기 때문이다. 그러나 유럽연합 전체를 놓고 볼 때, 이민은 일자리 축소와 복지체제의 붕괴로 이어진다는 생각이 지배적이다. 리스본조약으로 대체된 유럽헌법조약이 몇몇 국가의 반대로 부결되고 사실상 사문화되기에 이른 가장 큰 이유도 이민에 따른 실업과 복지 위축에 대한 불안감이 크게 작용하였기 때문이다.

1970년대 석유 파동 이후 유럽경제의 불황으로 유럽 각국의 이민정책은 제한적, 통제적 성격으로 변화되었다. 이후 냉전체제의 종식과 동유럽 국가들의 민주화로 인한 서유럽 국가로의 난민과 망명자 유입은 유럽사회에 새로운 문제로 등장하였다. 망명자는 국제법이나 국내법상으로 이민자들과는 분리된 특별한 권리를 부여받는다. 망명자를 비롯한 피난민에 대한 국제사회의 관심은 1951년 UN 난민고등판무관(UNHCR: the United Nations High Commissioner for Refugees)이 창설되면서 부터라고 할 수 있다. UN총회에서는 '난민지위에 관한 협약'을 통해 무국적자들의 권리를 위한 초안을 작성하였다. 이후 1967년 '난민지위에 관한 의정서'를 통해 피난민에 대한 일시적이고 지리적인 제한을 철폐하였다. 즉, 망명의 법적 개념이 인종, 종교, 정치적 소수집단의 권리까지 확대적용된 것이다.[304]

1970년대 냉전체제 하에서는 망명을 시도하는 숫자가 미미하였으므로 큰 문제가 아니었다. 그러나 냉전체제 붕괴 이후 국제 정세와 국내 환경의 변화에 따라 유럽 각국의 태도는 급격히 변화하였다. 특히 1992년 유고슬라비아 내전 이후 서유럽으로의 망명은 급속도로 증가하여 1992년 7월 한 달 동안 8만 명이 망명을 신청하였다. 특히 독일로의 망명자 숫자가 증가하였는데 이는 유럽연합 전체 망명자의 65%를 상회하였다. 1999년 코소보 사태 이후 서유럽에 망명자 숫자가 다시 증가함에 따라 망명정책에 초국적 차원의 망명정책이 절실히 요구되었다. 이후 지난 2005년 영국, 프랑스 무슬림 이민자들의 소요는 유럽연합 전체에 큰 반향을 가져왔고 이를 계기로 이민 및 망명법이 더욱 강화되기 시작하였고 몇몇 회원국들은 다문화주의에서 동화주의로 이민정책의 틀을 바꾸기 시작하였다.

프랑스는 2005년 인종폭동 이후 이주정책과 관련하여 2006년 '이주와 통합에 관한 법률' 제정과 2007년 '이주 및 국가정체성부' 설립, '이민통제, 동화, 그리고 망명에 관한 법률'을 통해 이주민의 유입을 적극적으로 통제할 뿐 아니라 이주민을 계층화하여 선별적으로 받아들이고 있다. 또한 '통합수용계약'은 프랑스 사회 및 언어에 대한 교육 및 이해를 통해 이주민들의 프랑스 사회로의 동화를 요구하고 있다.[305] 이처럼 프랑스는 동화주의 강화 전략에서 배제주의 모델로 나아가고 있다고 할 수 있다.

프랑스 우파 정부는 1995년부터 재정적자 해소를 이유로 복지예산의 감축, 공공부문의 민영화, 35시간 노동제의 완화, 하청제도의 도입 등으로 재정수지를 줄이려고 했다. 프랑스가 공공부문 예산을 대폭 삭감하자 그 타격을 정면에서 받게 된 계층이 바로 도시 교외에 거주하던 북아프리카 출신의 이주민들이었다.[306] 북아프리카에서 프랑스로 이주한 이주민들의 수는 약 500만 명에 달한다. 이들 중 절반은 종교·문화적 이유로 프랑스 사회에 동화되지 않고 이슬람을 고수하고 있다. 결국 2005년 10월 27일 파리 교외 클리시수부아에서 경찰 검문을 피해 달아나던 아랍계 십대 2명이 숨진 것을 계기로 그동안 차별과 무시 속에 억눌려 왔던 이민자들의 분노가 한꺼번에 폭발하면서 폭력사태가 발생했다. 이는 가난한 무슬림 이민자들에게 주택과 교육을 제공하는 제도에만 의존하고 직업알선과 주택마련, 그리고 사회정치적 소외에는 효과적으로 대응하지 못한 내부 모순의 폭발이라 할 수 있다. 결국 프랑스는 이주민들을 프랑스 사회에 동화시키는데 완전히 실패했음을 인정할 수밖에 없었다.

프랑스, 영국, 독일은 그들의 식민지인 이슬람 국가들로부터 부족한 노동력을 공급받아 경제재건을 이루었다. 프랑스는 제2차 세계대전 동안 약 60만 명의 자국 인구를 잃었고 인구 노쇠현상을 겪었다. 이는 인구문제와 노동력문제로 이어지게 되었다. 프랑스는 1945년 11월 2일 법령에 따라 '인구 및 가족고 위원회'와 '국민이민청'을 설치하고 알제리인들과 마그레브 출신 무슬림들을 대거 받아들였다. 1974년 당시 프랑스에 거주하는 이민자 중 무슬림 이민자가 전체의 86%를 차지하였다. 그러나 오일쇼크로 인해 프랑스 경제가 어려워지자 프랑스는 이민자 수를 억제하는 다양한 조치들을 취하였고 외국인에게는 일체 노동허가를 내주지 않았다. 심지어 외국인 이민자들을 본국으로 귀환시키기 위해 1만 프랑의 귀국 보조금을 제시하였으나 실패하였다. 이처럼 자국의 필요에 따라 이민자들을 수용하기도하고 제한하기도 하였다.[307]

2003년 유럽연합 가입조약 제4부의 신규가입국에 적용되는 '잠정조치(Temporary Provisions)'에는 사이프러스와 몰타를 제외한 헝가리, 폴란드, 체코, 슬로바키아, 슬로베니아, 에스토니아, 라트비아, 리투아니아 등 8개 신규가입국(A8 Nations)의 이동을 잠정적으로 제한할 수 있도록 하는 내용을 부속서 5~14에 규정하고 있다. 인력이동 제한조치는 기존 15개국 회원국들이 국내법 또는 양자조약에 의한 '노동허가증

(work permit)' 발급제도를 통해 8개국 국민들의 자국 내 취업을 제한할 수 있도록 하는 것이 주요 내용이었다.

이에 집행위원회는 2008년 이전에 잠정조치 유지여부에 대한 검토 보고서를 각료이사회에 제출하였고 인력이동 제한의 해제 여부를 각 국별로 결정할 수 있도록 하였다. 따라서 2011년부터는 중동부 유럽 신규가입국 국민이 자동적으로 기존 15개 국 내 취업에 별도의 제한을 받지 않게 되었다. 독일, 프랑스, 벨기에, 그리스, 룩셈부르크, 스페인은 자국민 또는 15개 기존 회원국 국민으로 충당할 수 없는 직종에 대해서만 예외적으로 노동허가증을 발급하고 있다. 노동허가 쿼터를 설정하고 있는 국가는 오스트리아, 네덜란드, 이탈리아, 포르투갈 등이다. 신규 동유럽 회원국에 대해 국민의 자국 내 취업을 제한하지는 않으나 사회복지 혜택을 제한하는 국가로는 영국과 아일랜드가 있다.

유럽연합의 대부분의 회원국들은 합법적 이민자들을 유인할만한 적절한 시스템이 없다. 대부분의 국가들은 지역기관이 제공한 정보에 따라 쿼터시스템을 이용하여 취업비자를 발급한다. 예를 들어 이탈리아는 2004년부터 2006년까지 79,500명의 외국인 노동자를 허용할 방침이었다. 이에 이탈리아는 자국과 이민 협력협정을 맺은 알바니아, 이집트, 모로코, 튜니지아에 우선적으로 이민 쿼터를 할당했다.[308] 체코, 독일, 네덜란드는 숙련 노동자를 유치하기 위해 노동허가증인 '그린카드(green card)' 제도를 이용함으로써 취업허가 시스템을 이용했다. 독일은 하이테크 인력부족을 이민을 통해 보충하고 있고 네덜란드도 아프리카 및 아시아권의 의사와 간호사들의 유입을 촉진하는 등 지식근로자 유입촉진책을 가동하고 있다. 네덜란드 이민청(IND: The Immigration and Naturalization)의 외국 지식근로자 유입촉진을 위해 지식근로자를 고용코자 하는 네덜란드 기업은 이민청의 홈페이지에 '지식노동자(Knowledge Worker)'라는 신규 섹션에 접속해 지식근로자 고용신청업무 등을 인터넷으로 처리하기 시작하였다. 이에 네덜란드는 고임금, 고

학력 이민자에 대한 5년간의 장기체류 허가증을 발급하고 있다.[309]

2004년 동유럽 국가들의 가입으로 오랜 이민의 역사를 가진 영국은 또다시 유럽이민의 중심지로 떠올랐다. 특히 폴란드 출신 이민자 수가 급격하게 늘면서 영국의 이민자 숫자는 연간 19만 명을 상회한다. 영국의 경우에는 유럽의 다른 국가에 일단 정착했던 난민이나 망명 신청자 및 이민자들이 2차적으로 유입되는 수가 늘고 있다. 이는 이민자 자녀들이 영어로 교육받을 수 있다는 점 등 문화적 이점이 가장 큰 이유이다. 그러나 자국민의 실업률 상승과 사회보장제도의 붕괴를 우려한 영국 정부는 출입국 통제가 가능한 유럽연합 회원국이 아닌 국가의 이민자들의 이민을 봉쇄하기 시작했다.[310]

그간 영국 정부는 이민자들이 영국 경제 발전에 긍정적인 영향을 미친다고 보고 대체로 환영하는 정책을 펴왔다. 그러나 이민자 유입이 지속되면서 실업자 증가, 주택시장 불안정 등의 문제가 야기되었다. 그 결과 야당인 보수당은 '이민상한제' 도입을 강력하게 주장했다. 한편, 이러한 영국의 이민상한제 주장에 대해 2006년 한 해 이민자들이 영국 경제 성장에 기여한 규모가 60억 파운드에 이른다며 반대하는 측도 존재한다.[311] 이민제한이 정책적으로 실현 가능한지 여부도 미지수로 남아 있다. 왜냐하면 난민이나 망명자에 문을 걸어 잠그는 것은 국제인권 존중 정신에 위배된다는 점에서 영국정부로서는 상당한 부담이 따르기 때문이다. 인도, 파키스탄 출신이 다수를 차지하는 연간 6만 명 규모의 가족재결합 또는 결혼 이민을 규제하는 것도 엄청난 인종적 갈등을 야기할 수 있다. 그래서 영국 정부는 이민관련 규범과 법규를 최근 급속히 강화하고 있는 반면, 자국이 받아들인 이민자들에 대해 여러 측면에서 매우 세심한 배려와 정책을 적용하고 있다.[312] 문제는 서유럽 국가의 대부분이 경제의 상당부분을 이민자들이 지탱하고 있고 영국과 같은 입장에 있다는 점이다.

영국은 2008년에 '점수에 기반한(pointed-based)' 시스템을 유럽 국가들 중 최초로 도입했다. 새로운 시스템 아래서 영국은 그들의 노동시장에서 부족한 인력을 보충하기 위해 기술자와 숙련 노동자에게 취업비자를 내주었다. 영국의 이러한 포인트 제도는 관료주의적이고 비효율적이라고 비난받고 있음에도 불구하고 이 제도야 말로 필요한 노동력을 확보하기 위해서 오히려 쿼터제도보다 세련된 제도라고 반박한다.

이민정책에 관해 보수적인 성향의 덴마크는 외국인들에게 이주 후 7년이 지나야 정부 복지혜택을 받을 수 있도록 하는 법안을 최근 통과시켰다. 법안 통과 이후 이주 노동자들의 대부분이 불법체류 상태가 되었다. 영국, 독일, 프랑스, 이탈리아, 스페인 등 유럽 선진국들은 유럽연합의 중동부 유럽 국가로의 확대 이전부터 불법이민으로 골머리를 앓아왔다. 이들 국가에서는 불법 이민자 수의 증가로 출산율 감소에도 불구하고 인구가 늘어나는 기현상이 벌어지고 있다. 2009년 1월 1일 집계된 덴마크의 이민자 수는 401,771명이다. 덴마크에는 터키에서 파키스탄, 소말리아에 이르기까지 여러 이슬람 국가 출신의 이주민들이 있다. 이들의 대부분은 1960년대에 정치적 망명자로서 이곳에 온 사람들이다.

덴마크에서는 2002년 이후 남편의 보호 하에 있는 이슬람 여성들을 해방시켜주겠다는 이유로 이민자의 배우자가 결혼 후 2년 안에 최소한 300시간을 일하지 않으면 사회적 권리를 박탈한다. 우파 국민당은 이슬람 여성에게 좀 더 자유를 주고자 배우자에게 450시간을 일할 것을 요구하고 있다. 이처럼 덴마크 역시 온갖 수단을 써서 이민자들의 사회보장 접근을 차단해야 한다는 강박관념이 자리 잡고 있다.

스웨덴은 근로자의 자유로운 이동을 보장하고 있다. 난민들의 천국이라 불리고 북유럽 사회민주주의 국가를 대표하는 스웨덴은 전통적으로 제3세계 난민들에게 우호적인 자세를 취해왔다. 스웨덴은 2003년 발발한 미국의 이라크 전쟁 이후 급증하는 이라크 난민들을 가장 많이 수용하고 있다. 2007년 한 해에만 18,599명의 이라크인들의 망명이 허용되었다. 하지만 스웨덴은 2006년 중도우파 내각이 집권한 뒤부터는 망명정책을 재검토하고 있다. 지나치게 관대한 망명정책이라는 비판이 증가하면서 교육이나 보건 등 사회보장정책을 재검토하기 시작하였다.

수도 스톡홀름에서 남서쪽에서 35㎞ 떨어진 쇠데르텔리는 스웨덴 속의 작은 이라크라고 불릴 정도로 이라크인의 거주지가 형성되어 있다. 이 지역에는 전체 인구 중 40%가량인 약 8만 명이 이민자이다. 이는 미국과 영국에 정착한 이라크 난민을 모두 합친 수보다 많은 숫자이다. 이들 대부분은 종교 탄압을 피해온 아시리안 기독교인이다. 스웨덴은 난민들이 원하는 곳에 정착할 수 있도록 지원을 한 결과 쇠데르텔리에 등과 같은 일부 도시에 난민들이 몰려드는 과밀 현상이 나타났다. 스웨덴에서는 이와 같이 아랍어로 모든 일상을 누릴 수 있는 '분리된 공간'이 조성되면서 사회 통합을 저해하고 정체성 혼란으로 이어질 수 있다는 우려가 제기되었다. 한편, 2008년 스웨덴으로 망명을 신청한 이라크 난민들의 망명 허가 비율이 72%에 달한 반면, 2009년에는 27%에 그쳤다. 과거 사민당 정권과 달리 현 스웨덴 정부는 망명 절차 등을 더 까다롭게 만들 것으로 전망된다.[313]

인구 900만 정도인 스웨덴은 국민의 약 12%가 외국인이다. 스웨덴의 이민자는 한국이나 독일에서 보편적인 저임금 노동의 일자리 보충을 위해 제3세계에서 받아들인 이주 노동자들과는 확연히 구분된다. 그들의 상당 부분은 박해를 피해 고국을 등진 아프리카와 아시아의 난민들이다. 경제적 이주민의 경우에도 5년 이상 거주하면 스웨덴 국민이 누리는 복지혜택을 동등하게 누릴 수 있는 시민권을 얻을 기회를 쉽게 얻을 수 있다. 이러한 권리뿐만 아니라, 이민자들이 누릴 수 있는 '문화적 권리'도 타 유럽 국가들에 비해 관용적이다. 그러나 스웨덴도 결국 사회 통합을 저해하고 정체성 혼란으로 이어질 수 있다는 이유로 이민정책에 대한 재검토를 시작하였다.

한편, 영국, 프랑스, 독일, 이탈리아, 폴란드, 스페인 등의 내무장관들은 6개월마다 유럽연합의 이민·망명정책에 실질적 권력을 행사하기 위한 모임을 갖는다. 모임의 중요한 목적 중 하나는 불법이민에 대한 대규모 사면을 종식시키려는 것이다. 예를 들어 북유럽 국가들은 스페인이 2005년에 750,000명의 불법이민자들에게 영주권을 주었을 때 경악을 금치 못했다. 북유럽 국가들은 이러한 사면이 대규모 불법 이민을 '끌어당기는 요인(pull factor)'이 될 것을 우려했다. 사이프러스, 몰타, 그리스, 포르투갈, 스페인 등 남유럽 국가들과 지중해 연안 국가들은 중동과 아프리카로부터 온 대규모 이민자들을 돕지 않는 것에 대해 집행위원회에 비난을 가했다.[314] 동시에 이들 국가들은 불법이민자들의 진입관문이라는 비난에서 벗어나고, 그들을 돕기 위한 자금과 지원을 포함한 대규모 지원거래를 개별국가 차원에서 준비 중에 있다.

한때 세계에서 가장 관대한 망명 허용 국가였던 독일은 1990년대 초반 망명신청 건수가 1백만을 넘기도 했다. 그러나 이들이 정부 지원에 의존하면서 국가의 부담이 늘어나기 시작하자 이들에 대한 복지혜택을 줄이고 망명 허가 기준을 대폭 강화했다. 현재 독일에 망명신청을 하는 건수는 연간 5만 건 이하로 줄었다. 독일은 최근 16개주 내무장관 회의에서 코소보·이라크·아프가니스탄 등에서 몰려온 망명신청자들을 돌려보내기로 결정했다. 이 중에는 독일에서 13년간이나 거주한 10대들도 포함돼 있었다.

이해관계를 달리하는 집단 간 합의를 통한 의사결정을 특징으로 하는 네덜란드에도 변화가 일어나고 있다. 네덜란드에서는 이해 집단 간 충돌을 피하기 위해 가능하면 접촉을 피하고 어쩔 수 없을 때는 대표자들이 모여서 협의하고 타협하는 방식인 조합주의로 문제를 해결하여왔다. 즉, 칼빈주의자들은 그들만의 공간을 형성하고 살았고 자유주의 집단도 그러했다. 이러한 방식은 19세기 이후 1960년대 이르기까지 오랜 기간 동안 네덜란드인의 삶을 규정했다. 그러나 전후 1950년대에서 1960년대에 복지국가체제로의 사회체제가 변화하면서 그들만의 공간 내에서가 아닌 국가기구를 통해 복지혜택을 누리면서 마약, 성혁명, 쾌락주의 사회로 사회변화가 일어나게 되었다. 즉, 종교적인 사회에서 세속적인 사회로 사회 패러다임이 바뀌게 되었다.

네덜란드도 처음에는 무슬림 이민자들에 대해 다문화주의에 입각하여 그들의 정체성 보존에 반감을 갖지 않았었다. 이는 결국 네덜란드 사회에 적응하는 과정에서 해체되고 장기적으로 네덜란드 사회에 동화되리라는 믿음 때문이었다. 그러나 무슬림 이민자들은 네덜란드 사회에 동화되지 못하고 근본적인 삶의 원칙에서 충돌하였으며 네덜란드 사회의 세속화 흐름에 비판적이었다. 1980년대 이후 네덜란드는 무슬림 이민자들을 네덜란드인의 행복을 위협하는 문제로 인식하게 되면서 '동화정책'에서 '통제정책'으로 정책이 변화하였다. 1992년에는 개인적인 사회재정 등록번호를 부여하였고 1995년에는 의무적인 신분확인 절차가 추가되었다. 이후 1998년에는 '자료연결법'을 통과시켜 정부의 모든 자료를 연결하여 등록되지 않은 자들에게 서비스 중단조치를 하는 강력한 이민자정책을 펴오고 있다.

네덜란드, 영국, 노르웨이 등도 망명신청이 거부된 이주자에 대한 정부혜택을 없애거나 줄였다. 프랑스도 불법이민에 대한 단속을 강화하는 한편, 출산 장려 등 장기적 계획으로 노동력 부족을 해소하기 위해 국가재정을 투입하고 있다. 이처럼 다민족사회에서는 사회보장제도의 붕괴 등 국가안전망이 흔들릴 수밖에 없는 시각이 존재하는 한 외국인 노동력을 철저한 관리 하에 둠으로써 자국민의 불안과 노동력 부족을 동시에 해소하려는 유럽 각국의 시도는 당분간 계속될 것이다.

제5절 결론

유럽연합은 인구 고령화와 출산율 감소로 만성적인 노동력 부족현상을 겪고 있다. 그럼에도 유럽연합은 숙련기술을 보유한 노동자의 유입에 대해서는 문호를 개방하지만, 비숙련 노동자의 불법이민은 단호하게 대처하는 등 상당히 엄격한 기조를 유지하고 있다. 이러한 정책기조는 유럽연합 노동시장의 구조적 문제에서 비롯된 것이다. 유럽연합에서는 2005년부터 2030년까지 출산율 저하와 인구 고령화로 노동인구가 약 7% 정도 감소할 것으로 예상된다. 그 규모는 약 2천1백만명에 달해, 벨기에와 그리스를 합친 인구 규모라고 할 수 있다. 2002년 당시 유럽연합 회원국이 15개국일 때, 전체 노동인구에서 외국인 노동자는 불과 3.6%에 불과하였다. 유럽연합이 지속적인 성장을 위해서는 역외에서 고급인력 충원이 절대적으로 필요하다. 특히 미국에 비해 뒤처진 IT산업부문에서는 만성적인 노동력 부족현상을 겪고 있다. 따라서 유럽연합은 서유럽의 주요 회원국들과 같이 필요한 기술 인력에게는 제한적으로 문호를 개방하되, 여타 이민인구 유입은 강력히 통제하는 정책을 취하고 있다.

유럽연합은 리스본조약을 통해 대외관계에 있어 법인격(legal personality)을 갖추게 되었다고 볼 수 있다. 즉 EC, 공동외교안보정책, 내무사법협력 등 기존의 3주 체제가 유럽연합으로 통합된 것이다. 이는 유럽연합이 모든 대외관계의 당사자가 됨으로써 한층 강화된 정치·경제공동체로서 부상할 수 있게 된 것을 의미한다. 그동안 유럽연합은 법인격이 없는 연합체로서 국제회의 참석이나 자유무역협정 체결시 당사자가 될 수 없었다. 이러한 이유로 지금까지는 유럽공동체인 EC가 그 역할을 대행해왔었다. 또한 리스본조약은 유럽의회 권한 강화를 통해 역내 민주주의 제고 및 정치통합을 도모하고자 하였다. 구체적으로 리스본조약은 유럽연합의 입법, 조약개정, 신규 회원국 가입에 앞서 회원국 의회에 사전 심의권을 부여하는 절차를 명시하였다. 다만 공동통상정책과 같은 유럽연합이 배타적 권한을 보유한 분야에서는 더 이상 회원국 의회의 비준을 받을 필요가 없어지게 되었다.

한편, 리스본조약은 불명확했던 유럽연합과 회원국의 권한을 회원국 고유 권한(supporting competence), 유럽연합의 배타적 권한(exclusive competence), 유럽연합과 회원국 간 공유권한(shared competence)으로 구분하였다. 그러나 역내시장, 사회정책, 지역정책, 환경, 에너지, 운송, 소비자보호, 자유·안전·사법지대와 같은 정책은 리스본조약의 발효에도 불구하고 유럽연합과 회원국 간의 공유권한으로 남아 있다. 이는 회원국 별 정책선호의 차이와 자국의 사회안보가 위협받는 상황에 대해서는 여전히 공동체의 정책결정에 반대할 수 있다는 것을 의미한다. 유럽연합 회원국 대부분은 이민자 유입의 증가와 이로 인한 사회안보적 상황에 적극적으로 대응하기 위해 국가 차원의 관련된 규정을 강화하고 있다. 그 이유는 이민·망명문제가 회원국 내부의 정치, 경제, 사회, 문화 전반에 걸쳐 상당한 영향을 미치는 민감한 이슈인 동시에 국제범죄, 테러리즘, 마약 문제 등 국가의 새로운 안보위협으로 간주되기 때문이다.

회원국들은 이민·망명정책을 국가주권 및 자율성 문제 등과 함께 안보적 측면에서 접근함으로써 이민자 유입으로 인한 피해를 최소화하려고 노력하고 있다. 이처럼 유럽연합의 이민·망명정책은 국가별로 다를 뿐 아니라 한 나라 안에서도 개별적 사안에 따라 다르게 적용되기 때문에 완벽한 공동체 차원의 실행이 쉽지 않은 영역이라고 할 수 있다. 모든 회원국들에게서 공통적으로 발견할 수 있는 점은 철저하게 국익에 부합하는 이민정책을 선택적으로 적용하고 있다는 점이다. 따라서 리스본조약 이후 유럽연합의 이민·망명정책도 보충성의 원칙을 앞세운 회원국가의 독자적인 문제해결방식을 외면할 수 없는 구조로 인해, 규범적 권력의 확산과 회원국가의 이익사이에서 갈등하는 이중적 모습으로 나타날 수밖에 없을 것이다.

■ 참고문헌

김남국. “유럽연합(EU)의 인권정책: 전쟁, 난민 그리고 정체성.” 『한국EU학회』. 제12권 제2호, 2007. pp. 1-14.

김시홍. “유럽연합 시민권과 정체성의 사회적 차원.” 『유럽연구』.제18권, 2003.

김시홍. “이탈리아 이민과 다문화주의.” 『국제지역연구』.제9권 제1호, 2005.

김준석. 규범권력과 유럽연합: 새로운 국제정치 행위자의 등장? 「유럽통합 50년: 회고와 전망 유럽학회학술행사자료집」, 한국유럽학회, 2007. p. 28.

김용찬. “EU의 정책분석: 유럽연합의 인권정책.” 『민족연구』. 한국민족연구원 제26권 (2006), p. 116.

김명섭, 조성대, 진시원. 『세계의 정치와 경제』 (서울: 한국방송통신대학교출판부, 2003), pp. 333-351.

문진영. 『유럽연합의 사회정책에 관한 연구』 (서울: 집문당, 2009), pp. 113-114.

박채복. “유럽연합의 대북한 인권정책.” 『한독사회과학논총』. 제16권 제1호, (2006년 여름), p. 115.

박병선. “독일의 이주민 통합정책.” 『국제사회보장동향』. (2006년 겨울호), pp. 61-64.

이종원. “EU 사회정책 패러다임 변화와 사회적 시민권.” 『유럽연구』.제19권, 2004년 여름, pp. 56-69.

최동주. “영국의 이민관련 제도와 다문화 사회통합을 위한 정책.” 『다문화사회연구』. 제2권 제1호 (2009), pp. 94-95.

채형복. “외국인 노동자의 자유이동에 대한 EU의 규제.” 『국제지역연구』. 제11권 제2호 (2007), pp. 440-467.

한승준. “프랑스 동화주의 다문화정책의 위기와 재편에 관한 연구.” 『한국행정학보』 제42권 제3호 (2008). pp. 463-481.

황의갑. “EU와 마그레브 공동체간의 협력관계 연구.” 『지중해지역연구』. 제10권 제4호 (2008), pp. 175-180.

Addrew Geddes. *Immigration and European Integration: Toward Fortress Europe?.* New York: Manchester University Press, 2000, pp. 15-22.

Anneliese Baldacinni. *Whose Freedom, Security and Justice?: EU Immigration and Asylum Law and Policy.* UK: Hart Publishing. 2007.

Barbara Melis. *Negotiating Europe's Immigration Frontiers.* New York: Springer. 2001.

Mitsilegas, Valsamis and Monar, Jórg, Ress, Wyn Ress. The European Union and Internal Security Guardian of the People?, UK: Palgrave, 2003, pp. 1-10.

Christian Boswell. *European Migration Policies in Flux: Changing Patterns of Inclusion and Exclusion.* Oxford: Blackwell Publishers, 2003a.

Christian Joppke “European Immigration Policies at the Crossroad”. in Paul Heywood, Erik Jones, Matin Rhodes (eds.), *Development in West European Politics.* London: Palgrave, 2002, pp. 260-263.

Elspeth Guild and Niessen, Jan. *The developing immigration and Asylum Policies of the European Union: Adopted Conventions, Resolutions, Recommendations and Conclusion.* Den Haag: Kluwer Law International, 1996, pp. 32-35.

Enrica Rigo “Implication of EU Enlargement for Border Management and Citizenship in Europe”. *EUI Working Papers.* RSCAS No. 2005/21, pp. 1- 17.

Erisa Lame. *In Between the Domestic and the Supranational: Explaining the Lack of Harmonization of EU Labor Immigration policy.* VDM Verlag. 2008.

European Commission. Regular Report on Bulgaria's Process towards Accession, 2003.

European Commission. Comprehensive Monitoring Report on Poland's for Membership, 2003.

Gallya Lahav. *Immigration Policy in Europe: The Politics of Control.* London: Routledge. 2006.

Georgia Papagianni. *Institutional and Policy Dynamics of EU Migration Law.* Martinus Nijhoff Publishers. 2006.

Hugo Brady "EU migration policy: A-Z". *Centre for European Reform (CER)*, 2008, pp. 1-28.

Joseph S. Nye. *Soft Power: The Means to Success in World Politics.* New York: Public Affairs, 2004.

Lora Borissova "The Adoption of the Schengen and the Justice and Home Affairs Aquis: The Case of Bulgaria and Rumania". *European Foreign Affairs Review* 8 (2003), pp. 105-124.

Maria Belén, and Olmos Giupponi "Improving the EU Immigration System: Reflections in the light of the return directive". *EUI Working Papers.* MWP 2009/39, pp. 1-9.

Maria Fletcher. "EU Governance Techniques in the Creation of a Common European Policy on Immigration and Asylum". *European Public Law.* (2003), pp. 533-562.

Michael Barnett and Duvall, Raymond. "Power in International Politics". *International Organization.* 59(1) (Winter 2005), pp. 55-57.

Robert Kagan "Power and Weakness". *Policy Review.* 113. (2002).

Rosemary Byrne, Gregor Noll and Jens Vedsted-Hansen (eds.). "Western European Asylum Policies for Export: The Transfer of Protection and Deflection Formulas To Central Europe and the Baltics". *New Asylum Countries? Migration Control and Refugee Protection in an Enlarged European Union.* The Hague: Kluwer Law International, 2002, pp. 5-29.

Stéphanie Lallier. *Towards an European Union policy for regularizations?: A comparative research studie on immigration and EU Policy for regularizations.* VDM Verlag. 2009.

Terri Givvens, Freeman P. Gary, and Leal L. David. *Immigration Policy and Security: U.S., European, and Commonwealth Perspectives.* London: Routledge. 2008.

Ursula Brisl. *Migration und Migrationspolitik im Prozwss der Europäshcen Integration.* Opladen: Verlag Barbara Budrich, 2005, pp. 1-12.

UNHCR, 난민관련 국제조약집, 1997.

http://eu.christiantoday.co.kr/view.htm?code=mw&id=185303 (2011년 1월 30일 검색)

http://ec.europa.eu/justice_home/unit/charte/en/charter-provisions.html (2010년 12월 20일 검색)

http://www.ohmynews.com/NWS_Web/view/at_pg.aspx?CNTN_CD=A0001103771 (2011년 2월 3일 검색)

http://www.heraldbiz.com/print/article_print.asp?id=200807080220 (2011년 2월 12일 검색)

http://news.chosun.com/site/data/html_dir/2007/10/25/2007102500098.html (2011년 2월 14일 검색)

http://economy.hankooki.com/lpage/worldecono/200501/e2005011217282049250.htm (2011년 2월 16일 검색)

http://www.kssline.pe.kr/zero/zboard.php?id=kssline01&no=4079 (2010년 2월 11일 검색)

http://www.humanrights-korea.or.kr/news/international.php?page=view&id=160&&tb=news1&pg=82 (2011년 1월 28일 검색)

제8장

다양성과 통일성의 유럽

김시홍

제1절 서론

유럽사회는 여러 의미에서 우리에게 시사하는 바가 크다. 근대 이후 계몽사상과 합리주의를 필두로 하여 자연과학의 발전을 통해 자본주의체제를 구축하였다. 민족국가의 형성과 함께 자본주의는 원자재의 확보와 공산품 수출이라는 미명하에 제국주의로 변모하였다. 그러나 유럽국들의 지나친 경쟁은 대규모의 살상과 파괴를 불러일으킨 두 차례의 전쟁을 통해 역설적으로 세계사의 중심에서 밀려나게 되었다. 이차대전 이후 유럽은 더 이상 자신이 초강대국이 아니라는 자각에서 통합을 추진하게 되어 오늘에 이르고 있다.

이 장에서는 외부의 시각에서 보았을 때 유사성이 많다고 생각되는 유럽사회가 스스로를 다양성의 보고라고 간주하는 바가 무엇이며 이것이 어떠한 과정을 거쳐 '다양성 속에서의 통일성(united in diversity)'이라는 구호로 발전하게 되었는가를 살펴보려 한다.

제2절 전후 유럽사회변화

양차대전의 경험을 통해 유럽인들의 의식에는 큰 변화가 생겨나게 되었다. 과학기술과 자본주의의 발전이 인간의 합리성과 어울려 지속적인 번영과 안정을 가져다 줄 것이라는 신화가 붕괴되었던 것이다. 국가 간의 치열한 경쟁은 모두의 공멸을 의미했으며 더 이상의 전쟁은 유럽 사회의 기본을 흔들어 야만의 상태로 되돌릴 것이라는 우려를 낳게 되었다.

이차대전 직후의 유럽은 파괴와 침체 그리고 성장의 동력을 찾기 힘든 모습으로 다가왔다. 산업시설이 붕괴되었으며 일자리의 절대 부족으로 기본적인 생활이 어려운 상태였다. 재건과정은 지난하였으며 국가들 간의 신뢰도 매우 낮은 수준에 머물러 있었다. 유럽 통합운동은 전쟁 이전부터 이상주의적 시각에서 논의되어 왔는데, 유럽의 지도자들은 보다 적극적으로 협력과 평화체제의 구축의 필요성을 감지하고 있었다.

양차대전을 통해 새로운 파워국가로 성장한 미국의 영향은 막대하였으며 전후 유럽대륙의 복구에 결정적인 요소로 작용하였다. 세칭 마샬플랜이라고 불리는 유럽부흥계획(European Recovery Program)이 마련되어 미국의 유럽에 대한 원조프로그램이 1947년부터 1951년까지 실행되었다.[315] 일차적 목표는 서유럽의 경제성장을 촉진하고 공산주의의 확대를 저지하려는 것이었으나, 보다 장기적으로는 미국 자본주의의 입장이 고려되었다. 즉 1940년대 초반 이미 성숙해진 미국경제는 유휴 생산력을 해외로 수출해야 하는 상황에 이르렀으며, 여러 가지 요인을 고려해볼 때 서유럽과 일본 정도가 미국의 공산품을 소비할 수 있는 지역으로 인식되었기 때문이었다.

이러한 원조는 유럽경제의 부흥에 결정적으로 작용하여, 전쟁의 참상을 뒤로하고 유럽사회는 1940년대 말부터 1970년대 초까지 이른바 '30년의 번영기(*les trentes glorieuses*)'를 구가하게 된다. 영국과 프랑스는 물론이고 독일 라인강의 기적과 이탈리아 경제의 부흥은 1950년대 유럽경제의 상황을 단적으로 대변하는 수사들이다. 동아시아의 일본 역시 빠른 성장을 경험하여 1964년 동경올림픽을 계기로 선진국으로 진입하게 되었다. 주지하다시피 독일과 이탈리아 그리고 일본은 이차대전의 패전국들임에도 불구하고 전후 비약적인 성장을 통해 선진경제로 발돋움하게 된다. 세계체계론에 의하면 반주변 국가는 중심권 국가를 따라잡기 위해(catch up the core) 각고의 노력을 기울이게 되는데, 경우에 따라서는 비평화적 수단인 전쟁에 호소하기도 한다. 비록 이들 세 국가가 전쟁에서 패배하였지만 중심권 경제와 맞설 수 있는 기술력을 보유하였다는 사실이 중요하다. 전쟁기의 무기생산력은 평화시에 산업화할 수 있는 것이므로 패전한 세 국가가 빠른 속도로 성장을 경험했다는 것은 결코 놀랄 일이 아니다.

유럽의 경제적 성장 모멘텀은 통합노력으로 변환하게 된다. 1950년대에 들어와 이러한 논의가 가속화되고 급기야 1957년 독일, 프랑스, 이탈리아 및 베네룩스 삼국은 유럽경제공동체(EEC)를 출범시키게 된다. 유럽 국민들 간 그 어느 때보다 가까워진 연합(an ever closer union among the peoples of Europe)이라는 구호가 담긴 조약문에서 과거의 갈등을 극복하고 항구적 평화체제를 구축함은 물론이고 경제적 번영을 달성하려는 유럽인들의 염원이 담긴 것으로 이해된다.

1950년대의 성장기에 유럽사회는 이러한 성장의 혜택이 더 많은 시민들에게 돌아가야 하며 제도적 마련이 중요하다는 인식을 하였다. 그 배경에는 경제대공황 이후 고전 경제에서 케인즈경제로 이행된 상황을 반영하며, 비버리지 보고서를 통한 요람에서 무덤까지라는 복지개념의 도입과 연계된다. 독일의 경우 사회적 시장경제(social market economy, *soziale Marktwirtschaft*) 개념을 통해 자본주의가 개인의 이익만을 극대화하여 계층 간에 갈등을 증폭시키는 것이 아니라 사회적 개념을 도입하여 그 성장의 과실이 모든 시민들에게 돌아갈 수 있는 가치를 실현시키고자 했다.[316]

사회적 시장경제는 경쟁원리의 우위를 강조하여 모든 계획경제에 반대하고, 생산, 소비, 직업선택 등에 대해서는 시장경제에 있어서의 자유경쟁을 완전히 보장하지만, 시장형태 등을 포함한 사회적 질서의 형성 및 유지에 대해서는 국가가 경제사회 정책을 통하여 책임을 져야 한다고 주장한다. 구서독의 경우 이를 중심으로 건전통화원칙의 유지, 반독점의 경쟁제한방지법 및 중소기업 분야 확정법의 제정, 노동자 재산형성정책, 경제기반정책 등에 주력함으로써 경제부흥을 이룩하였다.

사회적 시장경제가 독일에서 만들어진 개념이지만 서유럽국들은 자신의 환경에 맞추어 사회민주주의적 요소를 가미한 시장경제를 채택하였다. 그 결과 성장의 과실이 노동자에게 돌아갈 수 있었으며, 노동조합은 사회적으로 성장하여 그 자체의 권력을 창출할 정도로 변모하게 되었다. 1960년대에 들어서게 되면 대다수의 서유럽국가들이 번영의 시기를 구가하며 이른바 2/3시대로의 진입이 가능하게 되었다. 2/3사회란 전체 국민의 70%에 달하는 자들이 중산층화(embourgeoisement)했다는 의미로 이해된다. 즉 공장의 노동자들도 자신의 주택과 자동차 및 기타 소비재를 구입하고 여름휴가에 해외여행까지 생각하는 수준으로 올라왔다는 의미이다. 이러한 물질적 풍요와 소비주의의 만연 현상이 확산되던 시기에 산업사회비판론과 학생운동 그리고 대규모의 노동운동이 발생한 것은 정말 아이러니가 아닐 수 없다.

산업사회비판론은 독일 프랑크푸르트대학의 사회학연구소 소속 교수들에 의해 제기된 이론으로 풍요속의 산업사회가 개인을 소외화시켜 진정한 의미에서 자아실현과 행복을 느낄 수 없다는 내용을 담고 있다. 1968년 산업국가에서 동시다발적으로 발생한 학생운동의 경우 산업사회비판론의 영향을 받았으며, 물질주의 중심의 기성세대에 대한 비판에 더해, 자신들의 미래가 불확실해지는 현실에 대한 우려가 동시에 담겨져 있었다. 즉 대학교육의 대중화로 인해 과거에는 엘리트 중심의 대학이 존재해왔다면 1960년대 이후 유럽의 대학들은 정원의 확대 그리고 중산층화된 시민들이 자신의 자녀들을 대학에 더 많이 보내게 되면서 폭발적으로 증가하게 되었다. 그러나 대학의 시설과 교수 충원은 원활하게 이어지지 못하여 학생들의 불만이 커지게 되었고, 대학 졸업 이후 기대했던 고임금의 화이트컬러 자리가 충분치 못하다는 인식으로 저항적인 반문화가 자리 잡게 되었던 것이다. 입학한 학생들이 불투명한 미래로 인해 졸업을 늦추는 현상인 대학의 주차장화(parking area)는 더욱 가속화했으며 팽창한 대학 인구는 사회적 골칫거리로 전락하였다. 이에 더해 강력해진 노동조합은 산업별로 조직되어 노동조합 총연맹의 형식으로 전국단위화 하면서 더 많은 요구를 하게 되나 기업의 현실이 이를 뒷받침할 수 없었으며, 설상가상으로 1972년에 발생한 석유위기는 유럽경제에 찬물을 끼얹게 되었다.

1970년대의 유럽사회는 경기침체와 물가상승으로 인한 스태그플레이션으로 고통 받았으며 일부 폭력화된 학생집단들이 테러와 납치 및 살해를 일삼게 되면서 극도의 불안한 모습을 노정하게 된다. 또한 이 시기에 전후 유럽의 번영기에서 복지국가를 실시해오던 전통이 그 수명을 다해 복지국가의 위기론(the crisis of welfare state)이 대두되었다. 세대 간 갈등이 첨예하게 나타났으며, 1960년대 노동자의 중산층화를 통해 사회주의이론이 더 이상 유럽에서 유효하지 못할 것이라는 낙관과 달리 비판론에 편승하여 신마르크스주의와 그람시적 공산주의 그리고 유로커뮤니즘 등이 등장하게 되었다.

십여 년에 걸친 혼돈과 충돌 그리고 경제의 침체를 극복하게 된 계기는 복지국가의 위기를 통해 케인즈적 경제운용의 문제점이 드러나면서 새로운 철학과 이론이 등장하면서부터이다. 이른바 신자유주의(neoliberalism)는 과도한 노동자의 권력이 생산자 내지 기업가의 투자의욕을 저하시켰고 그 결과 저투자와 일자리의 부족 그리고 그로 인한 소비의 하락이라는 부정적 악순환의 고리를 끊기 위해서 자본가계급이 투자를 원활하게 하도록 국가가 도와주어야 한다는 생각에서 비롯되었다. 미국에서는 공급위주의 경제(supply side economics) 내지 레이건경제로 불렸고, 영국에서는 대처주의로 명명된 신자유주의적 경제가 최근까지 세계화와 함께 세계경제를 아우르는 논리로 작용하고 있다.

신자유주의적 경제 개념의 도입과 함께 중앙정부의 과도한 몸집이 문제가 된다는 시각에서 국영기업의 민영화(privatization), 지방으로의 권한이양(devolution) 및 탈규제(deregulation) 등의 정책이 채택되었다. 또한 다운사이징, 리스트럭처링, 아웃소싱과 같은 개념들이 도입되어 기업은 과거와 같은 평생고용이 아니라 필요에 따라 인력을 재배치하며 경영합리화의 미명하에 종업원을 구조 조정하는 관행이 자리 잡게 되었다. 이러한 분위기는 1990년대에 본격화된 세계화와 맞물리면서 지구적 차원에서의 생산과 소비라는 네트워크로 발전하게 되었다. 그 결과 일부의 경우 소비자들이 저렴하게 물건을 구입하게 되는 편의도 발생하였으나, 전 지구적으로 보면 일자리의 감소, 고용의 불안, 비정규직의 광범위한 활용 등으로 대표되는 현실이 고착화하는 부정적 결과를 낳기도 했다.

유럽사회의 측면에서 신자유주의와 세계화는 청년실업 현상의 고착화와 천유로세대의 등장과 맞물린다. 저출산과 초고령화 사회에 진입한 유럽이 청년층의 실업문제를 해소하지 못한다면 장기적 번영과 발전을 기약할 수 없게 될 것이다. 유럽연합 차원에서 2000년에 마련된 리스본전략(Lisbon Strategy)은 이러한 현실을 타개하기 위해 일자리의 창출에 초점을 맞춘바 있다. 그러나 이 전략이 2010년 종료되면서 목표한 수치가 제대로 달성되었다는 보고는 어디서도 들을 수가 없다. 새로운 일자리의 창출은 매우 어려우며, 인구의 고령화로 인한 복지부담이 가중되고 저성장이 지속되고 있는 현실에서 속 시원한 해답을 찾기가 어려운 실정이다. 최근 남유럽 국가에서의 지불불능으로 인한 디폴트사태의 우려는 이상과 같은 구조적인 문제를 내포하는 것이며, 복지의존적 유럽인들의 의식이 단시일에 변화될 수 없다는 점에서 우려를 낳고 있다.

제3절 유럽의 다양성

유럽연합은 27개 회원국으로 구성되어 있다. 공식적으로 23개의 언어가 인정되며 이로서 다양성 속에서의 일치라는 모토는 더욱 유효한 것으로 수용된다. 여러 언어를 모두 공식 언어로 수용하는 원칙은 적지 않은 비용을 요구한다. 모든 문서가 공식언어로 번역되어야 하므로 이를 위한 전문인력을 감당해야 한다. 2006년의 경우 EU 모든 기관에서 사용된 통역비가 2억 유로 그리고 번역비가 8억 유로인데 이는 전체 예산 1120억 유로의 1%에 못미치는 수치이다. 따라서 소수민족과 언어를 보호한다는 명제 하에 지불되는 것으로서 감당하기 어려운 수준이라 볼 수 없다.

실제로 유럽인들은 이전부터 여러 유럽언어를 구사해왔으며, 에라스무스 프로그램을 실시한 이후 유럽 청년층의 외국어 실력은 더욱 배가된 것으로 알려지고 있다. 또한 과거에 비해 영어구사 능력이 월등하게 신장되었으며, 네다섯 개 정도의 언어를 구사하는 것이 특별한 능력으로 간주되지 않고 있다. 주지하다시피 유럽에는 네오라틴계와 앵글로색슨 및 독일계의 언어 그리고 슬라브계통이 있는데 문법구조의 유사성에 기인하여 인접국의 언어를 습득하는 것이 커다란 장벽으로 작용하지 않는다. 그럼에도 불구하고 타 언어를 익힘으로써 다양한 문화를 접하고 상호간에 이해도를 증대시키는 문화를 존중하고 있다.

정치제도적으로 보면, 유럽국가들은 다양한 형태를 보인다. 입헌군주국으로 존재하는 영국, 네덜란드, 벨기에, 스웨덴 등이 있으며, 공화제는 나머지 국가들 대부분에서 채택되고 있다. 또한 단일국가 형태가 있는가 하면 연방국으로 있는 독일과 같은 나라도 있다. 유럽 전체적으로 민주주의가 폭 넓게 수용되고 있으나 스페인과 포르투갈과 같은 나라들은 EU 가입 이전에 권위주의적 정권이 존재한 바 있다. 대체로 의회가 양원제를 실시하고 있지만 상원의 경우 그 권한을 하원과 거의 동등하게 유지하는가 아니면 상징적 원로원의 성격에 가까운가에 따라 국가별로 다양한 모습을 노정한다. 주요 정당의 경우에도 종교적 색채를 포함하는 기독민주당이 주요 정당으로 있는 나라들이 있는 반면에 비종교성을 원칙으로 하는 국가들이 공존하고 있다. 또한 국가의 규모가 상이하여 독일, 프랑스, 영국 및 이탈리아는 대국에 속하고, 스페인, 폴란드 등이 중간 수준이며, 대다수의 나머지 나라들의 인구는 천만 명을 넘지 않는 소국들이다. EU의 의사결정에서 가중다수결의 원칙은 인구규모를 고려한 회원국 간 투표권의 차별적인 위상을 보여준다.

경제적 측면에서 유럽국가들의 동질성이 과거에 비해 약화되었다는 평가가 있다. 유럽경제공동체 초기에는 비교적 유사한 경제수준과 구조를 지닌 국가들이 연합하였던 반면에 여러 차례의 확대 과정을 거치면서, 특히 2004년의 중동부유럽 국가들의 가입과 2007년 루마니아와 불가리아의 참여로 인해, 사회경제적 수준에서 커다란 차이를 보이고 있다. 그리고 터키의 EU가입문제는 경제적 문제에 더해 정치사회문화적 논쟁을 불러일으키고 있다.[317] 이미 2000년대 이전에도 남유럽 국가 일부 지역에서 경제적 낙후성으로 인해 상당한 구조기금이 제공된 바 있었는데, 최근의 양상은 그러한 차이를 더욱 벌린 것으로 이해되며 EU 평균에서 상당한 격차를 보이는 국가들의 존재가 적지 않은 문제를 야기하고 있다. 이른바 구지역주의(old regionalism)에서는 비교적 동질의 국가들이 경제적 이해관계를 위해 통합한다고 알려지고 있는데, 최근의 EU는 경제수준에서 이질의 국가를 수용함으로써 신지역주의(new regionalism)적 특성을 동시에 내포하고 있다.[318] 실제로 중동부유럽 국가들의 경우 과거 사회주의에서 체제전환(system transformation)을 경험하고 있으며 이 과정에서 최근 경제상황이 어려워지면서 과거로의 회귀를 선호하는 정치적 현상까지 나타나고 있는 실정이다.

사회적으로도 유럽은 다양성을 보인다. 우선 전후 유럽이 자랑하는 복지국가에 기반한 사회모델의 경우에도 분류에 따라 다섯 개의 형태로 세분된다.[319] 남성중심(male breadwinner model)의 대륙유럽형, 형평보다는 자유와 효율에 기초한 앵글로색슨형, 효율과 형평을 모두 고려하는 북유럽사민주의형, 과도한 연금제로 인해 부담이 가중되는 남유럽형 및 사회주의에서 자본주의로의 체제변환을 통한 동유럽의 모델이 그것인데, 북유럽 모델의 경우에도 덴마크의 경우 유연안정(flexicurity)모델로 유명하다. 실제로 사회영역에서 유럽통합은 단일의 유럽을 상정하는 것이 가능하지 않다고 보고 있으며, 자본과 인력 그리고 재화가 자유로이 이동하는 통합의 미래를 그려볼 때 적지 않은 문제를 내포한다.

유럽사회는 외국인에 대한 처우 및 대우에서도 차별적인 모습을 나타낸다. 속인주의에 기초하여 외국인에게 시민권을 거의 부여하지 않은 국가가 있는가 하면, 일정한 조건을 갖출 경우 별다른 제재 없이 오년 정도 거주한 이후에 국적을 취득할 수 있는 나라도 병존한다. 또한 외국인 공동체를 바라보는 시각에서는 프랑스와 같이 공화주의에 입각하여 여하한 종교적 표식도 국가기관과 공립학교에서 엄금하는 사례가 있는 반면에, 다문화주의에 기초하여 소수문화를 존중하고 함께 어울리려는 노력을 기울이는 국가도 있다. 최근에는 다문화사회에 대한 극우세력의 비판이 제기되고 있지만 유럽 전체적으로는 아직도 기본으로 수용되고 있다.

문화측면에서 유럽의 다양성은 가장 분명하게 현시된다. EU는 문화영역에 관한한 다양성의 보호를 기본원칙으로 삼고 있으며, 소수민족이나 소수언어의 보호를 중요시하고 있다.[320] 공동의 정체성을 형성하고 유럽인들을 더욱 가까이 가게하기 위한 정책들이 있지만, 최근의 흐름에서 이러한 정체성의 인위적인 실시가 오히려 통합에 해가 된다는 반론이 제기되고 있는 실정이다. 따라서 다양성의 문화를 강조하되 타문화에 대한 표피적 수준이 아닌 심층적 이해를 기초로 유럽인들이 더욱 친밀감을 느낄 수 있다는 전제하에 다양한 사업을 전개하고 있다. 이를 통해 대국이나 거대도시 문화 중심이 아니라 소국이나 중소도시의 정체성과 문화를 존중하며 진흥시키려는 프로그램이 다수 존재한다. 유럽문화수도 프로젝트는 대표적인 사례의 하나이다.[321]

종교적으로 보아 유럽은 대체로 기독교가 지배적이며, 최근 이슬람계 이민집단의 유입으로 다소간의 이질적 요소를 보이고 있다. 그러나 기독교의 경우에도, 역사를 통해 로마가톨릭, 개신교 및 그리스정교회로 구분되며, 개신교 내부에서도 성공회와 그 밖에 다양한 종파가 존재하고 있음을 주지할 필요가 있다. 최근 유럽은 세속화와 함께 정기적으로 교회에 나가는 사람들의 수치가 낮다고 알려지고 있는데, 이는 가견적, 제도적 측면의 교회에 대한 반감 내지 부정적 태도로 이해되지만, 그렇다고 이들이 기독교인임을 부정하고 있지는 않다는 사실을 기억할 필요가 있다.

공간적으로 보아 유럽통합에 대한 정확한 이해가 요구된다. 일견 단일의 유럽, 유럽합중국(United States of Europe)과 같은 거대체제의 출현을 상정하는 시각은 몰이해에서 비롯되는 것이다. 지역들로 구성된 유럽론(Europe of the Regions)은 그러한 오해를 불식시키는 좋은 개념이다. 보충성의 원칙(the principle of subsidiarity)에 입각하여 하위단위가 할 수 있는 일에 대해서는 상위 단위가 간섭하지 않으며 (non-interference), 하위단위 및 이들의 집합이 여하히 풀 수 없는 문제에 대해서만 제한적으로 개입한다(assistance)는 내용을 유럽통합의 기본 원칙의 하나로 수용하고 있다. 즉 지방자치단체의 자율성을 존중한다는 의미이며, 국가가 이를 훼손하지 말아야 하며, 필요시에만 제한적으로 자치단체를 도와주어야 하는 것으로 이해된다. 마찬가지 논리로 유럽연합 역시 개별 회원국의 자유를 존중하여 간섭하지 않으며 국가 차원에서 원활하게 해결되지 않는 문제에 대해서만 제한적으로 사업을 실시한다는 의미로 받아들여진다.

제4절 유럽의 통일성

회원국 수가 27개이고 인구 5억 명의 유럽연합이 단일의 공동체로서 통일성과 일치를 구현할 수 있을 것인가? 이 질문에 대한 일차적 답은 부정적이다. 통합의 역사를 반추해볼 때 유럽국가들이 서로 협력하고 경제적 수준에서의 통합을 지지해왔지만 국가적 정체성을 포기하면서까지 통일을 해야 하는 이유가 분명치 않기 때문이다. 이론가들은 유럽통합의 주요 특징으로 제도화를 들고 있는데, 이를 통해 개별 국가의 주권을 일부 양도하여 초국가적(supranational) 성격의 유럽연합이 가능했다는데 주목한다. 즉 법제화되고 제도화된 통합의 수준은 역으로 유럽화(Europeanization)를 통해 국내적으로 반영되므로 서서히 그리고 점진적이기는 하지만 통일성의 수준이 증대되고 있다는 설명이다.

이러한 주장에도 문제가 없는 것은 아니다. 통합의 역사에서 유럽경제가 긍정적인 시기에 통합노력에 박차를 가해왔으나, 상황이 좋지 않은 경우 과거로의 회귀와 통합에 대한 부정적인 시각이 증가했기 때문이다. 최근 유럽 일부국가에서 나타나고 있는 재정위기는 해당 회원국의 문제이자 해결이 관건이지 유럽차원의 논의가 자칫 그간 쌓아온 회원국 간의 신뢰와 통치관행(governance)을 훼손할 수 있다는 지적이 있다. 실제로 최대 경제국인 독일의 입장을 보면 남유럽 국가의 도덕적 해이에 대해 왜 우리가 비용을 지불해야하는가에 대한 상당한 회의와 비판적 의견이 있다. 이 문제는 유럽인 의식 여론조사에서 그간 남유럽 국가들이 상대적으로 높은 수치를 보여 왔다는 사실과 무관하지 않다. 즉 상대적으로 경제수준이 유럽평균이 못 미치는 국가일수록 통합으로부터 혜택을 보려는 시각이 있다는 점이다. 앞서 언급한 바와 같이 중동부유럽국에서는 심지어 사회주의 체제로의 회귀를 주장하는 목소리도 등장하고 있다. 이러한 상황은 통합의 길이 녹록치 않으며 상당한 고통을 수반하고 경우에 따라 통합의 근간이 흔들릴 수도 있다는 가능성을 내포한다.

경제적 차원은 여타 분야에 비해 가장 높은 통합수준을 보이고 있다. 비록 모든 회원국이 사용하고 있지는 않지만 단일화폐인 유로화의 존재는 통합의 가장 극명한 상징으로 이해된다. 또한 유럽중앙은행(European Central Bank)의 설립을 통해 통화정책을 공통으로 실시함으로써 이 분야에 대한 개별 회원국의 자율권은 사실상 존재하지 않는다. 유로화의 지폐와 동전에 개별 회원국의 역사적 유산과 상징을 그려 넣음으로서 화폐의 유포를 통해 서로 다른 역사와 유산에 대한 이해를 증진시키려는 노력도 간과할 수 없다. 최근 잠정 발효된 한-EU FTA의 경우를 보아도 유럽연합 회원국들 간에 조정이 쉽지는 않았으나 결국 합의에 이름으로써 EU가 단순히 국가들의 협의체라는 회의론이 불식된 것으로 판단된다. 물론 이 과정에서 적지 않은 마찰과 저항이 있었고 설득과 이해 그리고 적절한 보상을 통해 결론에 도달했다는 점을 간과할 수 없다. 따라서 한국의 입장에서 유럽연합 27개국은 이제 단일시장으로 다가온 것이며, 다양한 가능성을 제시하고 있다.

정치적 수준에서 유럽의 통일성은 아직 충분히 발전된 분야라고 보기 어렵다. 그러나 2009년 12월 발효된 리스본개혁조약(Lisbon Reform Treaty)을 통해 EU의 강화된 법인격(legal personality)이 부여되었으며, 제도화의 수준에서 경제분야에 이어 정치공동체로 발전하기 위한 기반을 다진 것으로 평가받고 있다. 리스본조약의 내용은 유럽연합의 내부 통합을 공고히 다지고 유럽연합 회원국이 번갈아 맡던 순회의장국 제도 대신 임기 2년 6개월에 한차례 연임할 수 있는 유럽연합 대통령직인 상임의장(President of the European Council)을 신설하고, 외무장관에 해당하는 임기 5년의 외교안보정책 고위대표직(High Representative of the Union for Foreign Affairs and Security Policy)도 만들었다. 또 의사결정 방식도 종전의 만장일치 제도에서 이중다수결 제도(double majority)로 변경된다. 이중다수결 제도란 어떤 정책을 결정할 때 유럽연합 전체인구의 65%이상, 27개 회원국 중 15개국 이상이 찬성하면 가결되는 제도로서 2014년부터 단계적으로 도입하여 2017년에는 전면 실시된다.

리스본 조약은 또한 그간 유명무실하다는 비판을 받아온 유럽의회(European Parliament)의 권한강화를 명문화했다. 이로서 민주적 대표성이 더욱 공고화된 것으로 인정될 수 있다. 유럽의회에서 유럽차원의 정당집단이 형성되게 되면 정치적 정체성은 더욱 증진될 수 있을 것이다. 또한 국내 정치에서 삼권분립의 역할이 유럽차원에서도 성립될 수 있는 계기를 마련한 것으로도 이해된다. 이러한 제도화와 거버넌스 구조는 민족국가의 통합이 오랜 시간을 거치면서 점진적으로 형성되었다는 앤더슨식의 상상의 공동체(imagined community)를 떠올리게 한다. 유럽통합의 경우에도 초기에는 적지 않은 저항과 오해가 있겠지만 유럽이라는 정체성을 상정하고 이를 위한 장기간의 노력을 통해 유럽적 정체성이 가능하기 때문이다. 이러한 정체성은 배타적인 개념이 아니어서 국가적 그리고 지방적 정체성은 대체하는 것이 아니라 보완하는 개념으로 유럽정체성의 출현을 생각해볼 수 있다. 이는 결국 다층적 정체성(multiple identification)의 개념으로 이해되어야 적절한 파악이 가능해진다.[322]

교육 분야에서의 통일성은 상당히 진척된 분야이다. 우선 학생교류 프로그램을 통한 상호이해교육이 활발히 진행되고 있으며, 이를 통해 유럽인 의식이 점차 증대되고 있는 것으로 보여 진다. 대학교육의 경우 볼로냐 프로세스(Bologna Process)가 있는데, 이는 대학교육의 균질화를 통한 통합노력의 일환으로 이해된다. 즉 그간 상이한 학위제도를 운영해오던 유럽 국가들이 학사와 석사 그리고 박사과정을 통일함으로써 학술교류와 연구개발을 보다 용이하게 만들려는 노력을 하고 있다. 이는 유럽연구지대(European Research Area)의 개념과 함께 유럽이 세계적 경쟁에서 뒤처지지 않으려는 의도로 보인다. 오늘날 유럽사회에서 타 국가에서 한 학기 내지 일 년 정도 수학하는 경험은 보편화되어 있으며 이는 문화 간 소통교육(education for intercultural communication)의 차원에서 긍정적인 효과를 보고 있다.

유럽시민권(EU citizenship)의 설립은 여러 비판에도 불구하고 제도 차원에서 상당한 의미를 지닌다. 마스트리트조약에 의해 처음 마련된 시민권은 그러나 회원국의 시민이면 자동적으로 부여받는 것이며, 서로 충돌하는 개념이 아닌 보완적 개념으로 작동한다. 일부에서는 유럽시민권이 권리와 의무의 측면에서 취약하므로 큰 의미를 둘 필요가 없다는 지적이 있다. 그러나 개별 국가의 시민권도 처음부터 고정적으로 마련되었다기보다는 오랜 시간을 거치면서 발달한 것이므로 유추적으로 유럽시민권도 형성과정에 있는 개념으로 보는 것이 타당할 것이다.

문화영역에서 유럽성(Europeanness)을 진작시키려는 의도도 다양한 사업에서 나타나고 있다. 문화적 다양성을 존중한다는 바탕에서 실시되고 있으나 장기적으로 이를 통해 유럽인들이 더욱 가까이 다가갈 수 있다는 전제를 무시할 수 없다. 기실 유럽의 역사와 문화를 통시적으로 관찰하여볼 때 민족국가 중심의 문화 개념은 비교적 근대 이후의 시기에 불과하며 이천년이 넘는 유럽 전반의 역사를 보면 헬레니즘과 기독교문명이라는 공통분모를 무시할 수 없다. 이러한 공동의 유산이 개별 민족이나 공동체의 문화적 정체성을 부인하는 것이 아니라 일종의 포괄적 공통분모로서 이해되어야 한다. 문화영역의 핵심이라고 보는 유럽대학의 경우 대부분 종교적 의미와 기원에서 그 뿌리를 찾아야 하며, 그런 의미에서 상당한 유사점을 발견할 수 있게 된다. 유럽 내 다양한 기독교 분파들이 교회일치운동(ecumenical movement)을 펼치는 노력도 간과할 수 없다.

제5절 다양성 속에서의 통일성

그렇다면 유럽의 다양성과 통일성은 어떻게 조화를 만들어낼 수 있는가? 다양성과 통일성은 변증법적 과정을 거쳐 유럽사회에 독특한 사회구성의 원리로 자리매김하게 되었다고 판단된다. 일견 다양성과 통일성을 모두 존중하는 자세는 두 가지 요소 모두를 제대로 실현하지 못하는 상태를 야기할 수 있다. 다양성의 강조는 필연적으로 통일성의 희생을 가져오게 되고, 통일성을 주장하다 보면 소수의 입장이 제대로 대변되기 어렵다. 다양성은 많은 경우 갈등을 유발하게 된다. 다양성 자체의 속성으로 인해 서로 다른 개체나 집단들이 상대방에 대한 몰이해로 문제가 확대될 수 있다. 유럽이 강조하는 통일성의 논리는 결국 갈등을 어떻게 해소하고 상호 이해를 높일 수 있는가에 초점이 맞추어져 있다.

그런데 EU의 모토인 다양성 속에서의 통일성(United in diversity, *In varietate concordia*)의 원칙은 단순히 갈등의 해소와 이해증진에 머물지 않는다. 통합을 위해서는 보다 많은 시너지가 창출되어야 하기 때문이다. 즉 유럽은 다양성을 하나의 자산으로 간주하고 이를 보호 육성하는 작업이 유럽의 정체성 형성에 도움이 된다는 시각을 갖고 있다. 다시 말해 다양성 속에서의 통일성은 유럽인들이 평화와 번영을 위해 함께 노력하며, 서로 다른 문화, 전통 및 언어가 대륙에서 긍정적 자산임을 천명한다.

이상과 같은 이상적인 구호의 설정과 그 설명은 매력적인 수사로 다가온다. 그리고 적어도 유럽의 신세대들에게 에라스무스 프로그램을 통한 인접국에서의 생활을 통해 장기적인 통합의 전망을 기약하는 것으로 보이기도 한다. 그러나 21세기에 들어와 현시되고 있는 유럽사회의 모습은 상당한 괴리를 경험하게 한다. 여러 노력에도 불구하고 사회적 갈등이 약화되기보다 오히려 증폭되고 있는 현실이 목격되기 때문이다.

우선 세대 간 갈등이 있다. 신자유주의와 세계화가 본격화되기 이전 그리고 30년의 번영기에 절정에 달하던 1960년대에 유럽사회는 풍요와 성장 그리고 중산층화된 사회로의 자부심으로 가득하던 시기였다. 그러나 1970년대의 경제적 침체와 복지국가의 위기론의 등장 그리고 구조화된 청년실업문제는 최근까지 적절하게 해소되지 못하고 있다. 청년실업의 경우 신자유주의와 세계화로 인해 정상적 일자리가 줄어들면서 비정규직이 양산되고 이른바 미래를 기약할 수 없는 천유로 세대의 등장을 맞이하게 된다. 정상적 고용의 경우 대학졸업자가 삼천유로 정도의 수입이 있어야 결혼도 하고 자녀출산이 가능하게 되는데, 천유로로는 자신의 생계를 꾸려나가기도 벅찬 상황으로 내몰리고 있는 것이다. 반면에 기성세대는 성장기에 비교적 안정적 일자리를 가진 바 있고 사회복지 프로그램에 의해 상대적으로 높은 수준의 연금혜택을 받고 있다. 이른바 유럽에서의 연금정치는 노인세대를 위한 현상으로 치부되며 청년세대에게는 미래전망을 어둡게 만들고 있다.

외국인의 사회통합 문제도 우려할만한 수준에 와있다고 사료된다.

이미 프랑스와 영국에서 발생한 테러와 소요 사태는 그 심각성이 드러났으나 해결책은 미봉의 수준에 머무르고 있다. 유럽 도처에서 벌어지는 외국인 혐오현상과 일부 극우집단에 의해 폭력은 사회안정을 해치는 수준에까지 도달한 것으로 보인다. 문명충돌론에까지 이르지는 않을 것으로 보이나 만일 유럽경제의 안정성이 지속적으로 훼손되는 상황이 이어진다면 특정 민족이나 종교 또는 소수자에 대한 공격이 보다 가속화될 수도 있다. 세계화 시대에 국제이민은 보편화되고 있으며 빈국의 시민들이 부유지역인 유럽으로 향하려는 현상은 당분간 멈추지 않을 것이며 유럽은 더욱 요새화된 형태로 남게 될 것이다.

지역들로 구성된 유럽의 논의는 통합이 안정적으로 진행되는 한 긍정적으로 작동할 수 있으나 그렇지 못할 경우에는 일부 회원국에서 분리주의 내지 자율성을 강조하는 연방제로의 이행을 요구하는 목소리가 높아질 수 있다. 스페인의 바스크나 카탈루냐, 영국의 북아일랜드, 이탈리아 북부, 벨기에의 남북문제 등은 언제라도 가시화될 수 있는 갈등지역이며 국가의 지배력이 이완될 경우 상당한 문제를 야기할 수 있다.

따라서 다양성 속에서의 통일성은 안정화된 개념으로 보기 어려우며 시행착오를 거치면서 그 가능성을 탐색해볼 수 있다. 2008년 재정위기 이후 제기된 신자유주의 경제이론의 한계는 지구적 차원에서 새로운 사고와 행동양식을 요구하고 있으며, 그런 측면에서 인류는 또 다른 전환기를 맞이하고 있다. 미국의 점진적 하강, 일본의 정체, 유럽경제의 지속가능성에 대한 회의 그리고 중국의 부상이 맞물리면서 세계질서의 재편이 불가피하며 그 과정에서 유럽의 선택옵션이 다양하지 못하다는 문제가 있다. 다양성을 존중하고 장기적 통일성을 추구한다는 전략은 유럽 내적인 차원에 머물기 어려운 과제라 보며, 결국 유럽통합이라는 지역주의가 타 지역주의와의 상호관계 그리고 지구적 차원에서의 대응과 맞물리면서 어떠한 조우가 가능할 것인가에 관건이 달려있다.

■ 참고문헌

김시홍 외, 『통합유럽과 유럽시민권: 정체성의 딜레마와 공동체의 미래』 (서울: 높이깊이, 2005).

외르크 빈터베르크, "독일의 사회적 시장경제: 과거, 현재 그리고 미래", 『독일의 사회적 시장경제와 한국사회의 대안적 발전방향에 관한 국제 심포지엄』 콘라드 아데나워 재단, (2006).

이무성 외, 『유럽연합의 정체성: 역사, 제도, 행위자, 정책』 (서울: 높이깊이, 2008).

Baykak Sanem. "Unity in Diversity? The Challenge of Diversity for the European Political Identity, Legetimacy and Democratic Governance: Turkey's Membership as the Ultimate Test Case". *Jean Monnet Working Paper 09/05, NYU School of Law, New York* (2009).

Roche Maurice. *Exploring the Sociology of Europe: An Analysis of the European Social Complex.* London: Sage, 2010.

Ronza Rocco W., "Political unity and language diversity: the linguistic identity of a European polity", Paper presented at the Conference titled, *The ideological foundations of Europe: unity in diversity*, European Parliament DG Information, 20-21 April 2006, Budapest, Hungary.

Warleigh-Lack Alex & Ben Rosamond, "Across the EU Studies - New Regionalism Frontier: Invitation to a Dialogue", *Journal of Common Market Studies*, Vol. 48, No. 4 (2010), pp. 993-1013.

Sung-Won Yoon, *Shaping European Identity through Cultural Policy of the EU: The Case Study of European Cpital of Culture*, PhD Dissertation, (Seoul: Korea University, 2009).

주석

1 Derek W. Urwin, *The Community of Europe : A History of European Integration Since 1945*, 2nd edition (Longman: London, 1995), pp. 13~14. 유럽석탄철강공동체(ECSC) 설립 과정에서 미국을 정책을 다룬 논문은 김승렬, "제2차 세계대전 이후 미국의 유럽통합정책: 유럽석탄철강공동체를 중심으로(1945~1951)," 『사총』, 55 (2002), pp. 140~176. 참조

2 Derek W. Urwin, *op. cit.*, pp. 13~22, 특히 pp. 19~22 참조. 비밀해제된 문서를 이용한 마샬계획에 대한 상세한 분석은 Michael J. Hogan, *The Marshall Plan: America, Britain and the Reconstruction of Western Europe 1947-52* (Cambridge: Cambridge University Press, 1987), pp. 126~130.

3 서유럽은 소련의 위협에만 직면한 것이 아니라 독일의 잠재적인 위협도 무시할 수 없었다는 것이다. 따라서 이런 두 가지 위협을 봉쇄하기 위해 미국이 서유럽에 군을 주둔시키고 북대서양조약기구(NATO)를 설립했다는 설명이다. 자세한 내용은 Desmond Dinan, *Ever Closer Union: An Introduction to European Integration*, 3rd edition (London: Lynne Rienner Publishers), pp. 20~23; 황영주, 이승근, "초기 유럽통합과정과 냉전의 영향: NATO의 성립과 EDC의 실패를 중심으로", 『대한정치학회보』, Vol. 13, No. 1 (2005), pp. 131~133.

4 Josef Joffe, "Europe's American Pacifier," *Foreign Policy*, No. 54 (1984), pp. 64~82.

5 John Halstead, "Atlantic Community or Continental Drift?," *Journal of European Integration*, Vol. 41, No. 1 (1993), p. 169.

6 김명섭, "서유럽 집단안보체제의 기원: 대서양주의와 범유럽주의 간의 갈등을 중심으로", 『국제정치논총』, 36집 2호 (1996), pp. 45~47.

7 Ernst Haas, *The Uniting of Europe: Political, Social and Economic Forces, 1950~1957*, 2nd edition (California: California University Press, 1967), p. 27.

8 *Ibid.*, p. 28.

9 황영주, 이승근, *op. cit.*, pp. 140~141.

10 김명섭, *op. cit.*, p. 45.

11 김명섭, *op. cit.*, pp. 49~51.

12 이수형, "유럽연합(EU)의 공동외교안보정책(CFSP): 대서양주의자와 유럽주의자 논쟁을 중심으로", 『세계지역연구논총』, Vol. 14 (1996), pp. 79~100. 그는 대서양주의자를 유럽안보에서 북대서양조약기구(NATO)를 중심으로 유럽과의 안보적 유대를 강조하는 사상으로(안보적 협조), 유럽주의자를 NATO의 정치적 역할을 강조하고 미국과 유럽국가들 간의 상이한 국가이익 및 안보이익을 부각시켜 유럽국가들의 안보적 자율성 확대를 강조하는(안보적 자율성)을 추구하는 흐름으로 구분하고 있다.

13 진시원, "유럽의 정체성: 내외적 동인과 사회구성주의 이론을 중심으로", 김계동, 김명섭, 박래식 (편저) 『유럽질서의 이해: 구조적 변화와 지속』 (서울: 오름출판사, 2003), pp. 43-101; Anthony D. Smith, "National Identity and the Idea of European Unity", *International Affairs*, Vol. 68, No. 1 (1992), pp. 55-76.

14 Alexander Wendt, "Anarchy is What States Make of It: The Social Construction of Power Politics", *International Organization*, Vol. 46, No. 1(1992), pp. 394~419. 구성주의는 기본적으로 사회적 실재가 객관적으로 존재하는 것이 아니라 사회적으로 구성된다고 주장한다. 그러나 포스트모더니즘과 다르게 지식획득이 가능하며 지식획득과정에서 물질적 요인보다 아이디어와 공유지식의 중요성을 강조한다. 구성주의에 대한 상세한 설명은 Robert Jackson and Georg Sorensen, *Introduction to International Relations* (Oxford: Oxford Universtiy Press, 1999), pp. 238~240.

15 A. W. Porte, *Europe Between the Superpowers: The Enduring Balance*, 2nd edition (New Haven: Yale University Press, 1986), pp. 232~233.

16 Jeffrey G. Giauque, "The United States and The Political Union of Western Europe, 1958~1963", *Contemporary European History*, Vol. 9, No. 1 (2000), pp. 91~116.

17 Derek W. Urwin, *op. cit.*, p.124.

18 당시 프랑스 협상단 단장이었던 크리스티앙 푸셰를 따라 푸셰협상이라고 불린다. Jeffrey G. Giauque, *op. cit.*, 99.

19 Jeffrey G. Giauqu, *op. cit.*, pp. 99~105.

20 푸셰플랜은 다음과 같은 4가지 기구 창설을 주창했다. 우선 정부 수반이나 외무장관이 모이는 이사회(Council)이다. 이어 외무부 고위공무원들이 모이는 상설사무국(a permanent secretariat), 상설정부간위원회(a permanent intergovernmental committee)로 외무, 국방, 통상과 문화업무를 다룬다. 마지막으로 회원국이 임명하는 의원들로 구성된 유럽의회(a European assembly)이다. 자세한 내용은 Derek W. Urwin, *op. cit.*, p. 105.

21 Jeffrey G. Giauque, *op. cit.*, p. 93; Andrew Moravcsik, *The Choice for Europe: Social Purpose and State Power From Messina to Maastricht* (Ithaca, New York: Cornell University Press, 1998), pp. 184~185.

22 Derek W. Urwin, *op. cit.*, p. 106.

23 Jeffrey G. Giauque, *op. cit.*, p. 100.

24 Derek W. Urwin, *op. cit.*, p. 106.

25 Stanley Hoffmann, "De Gaulle , Europe, and the Atlantic Alliance", *International Organization*, Vol. 18, No. 1 (1964), pp. 12~13.

26 Jeffrey G. Giauque, *op. cit.*, pp. 101~103.

27 Alfred Grosser, "General de Gaulle and the Foreign Policy of the Fifth Republic", *International Affairs,* Vol. 39, No. 2 (1965), pp. 198~213, 특히 pp. 203~204 참조.; John L. Gaddis, *The Cold War: A New History* (New York: Penguin, 2005), pp. 74~82.

28 Henry Kissinger, *The troubled partnership; a re-appraisal of the Atlantic alliance* (New York: McGraw-Hill, 1965), pp. 33~37.

29 *Ibid.*, pp. 33~37; Geoffrey Williams, *The Permanent Alliance: The European-American Partnership* (Leyden: Sijthoff, 1977), pp. 83~87.

30 Alfred Grosser, *op. cit.*, pp. 204~206.

31 Robert R. Bowie, *Shaping the Future—Foreign Policy in an Age of Transition* (New York and London: Columbia University Press, 1964), p. 51. 드골이 영국의 유럽경제공동체 가입을 반대한 1963.1.14 기자회견에서 한 발언이다.

32 S. George, *An Awkward Partner: Britain in the European Community* (Oxford: Oxford University Press, 1998), pp. 34~35.

33 Harold Macmillan, *At the End of the Day 1961~1963* (London: Thomson Newspaper, 1973), pp. 349~356.

34 영국은 농민들의 소득을 보전해주는 직접지불(direct payment) 정책을 채택했지만 유럽경제공동체 회원국들은 농산물 가격지원이 핵심이었다.

35 모라비칙은 기존의 지정학적 설명을 비판하며 드골은 영국이 유럽경제공동체에 가입할 경우 프랑스의 농업정책이 타격을 받을까 우려한 것이 영국의 가입을 반대한 가장 큰 요인으로 지적하고 있다. 자세한 내용은 Andrew Moravcsik, *op. cit.*, pp. 188~190.

36 드골주의의 특성은 개인의 카리스마를 바탕으로 국민에게 직접 의견을 묻는 국민투표를 선호했다는 점이다. 자세한 내용은 허만, 『드골의 외교정책론』 (서울:집문당, 1997), pp. 15~40 참조.

37 독불우호조약은 많은 점에서 푸셰협상에서 논의된 핵심과 흡사하다. 두 나라 정상과 외무장관, 국방장관과의 모임이 정례화되었고 주요 외교문제에 대해 사전협의와 조정을 규정했다. '엘리제조약'에 대해서는 The Text of the Franco-German Treaty of Co-operation,' in Roger Morgan and Caroline Bray (eds.), *Partners and Rivals in Western Europe: Britain, France and Germany* (Aldershot: Gower, 1986), p. 253.

38 R. A. Blasius, R. Lindemann, and I. Pautsch, *Akten zur Auswärtigen Politik Deutschland 1963*, Band I (Munich: R. Oldenburg, 1994), pp. 108~120.

39 Guido Knopp (1999), pp. 116~120. 당시 유럽주의자는 전 총리 콘라트 아데나워, 프란츠 요제프 슈트라우스 기사당 총재 등이었다. 반면에 대서양주의자는 총리인 루트비히 아데나워, 외무장관 게르하르트 슈뢰더, 국방장관 카이 우베폰 하셀이었다.

40 Knopp, *Die Kanzler: Die Mächtigen der Republik* (Munich: C. Bertelsmann, 1999), pp. 42~44.

41 R. A. Blasius, *op. cit.*, Dokumente no. 52, 'Gespräch des Bundeskanzlers Adenauer mit dem amerikanischen Botschafter Dowling,' (1963), pp. 173-175 and no. 83, Staatssekretär Carstens, z.Z. Washington, an Bundesminster Schröder,' (1963), pp. 273-276,

42 Derek W. Urwin, *op. cit.*, p. 107.

43 *Ibid.*, p. 107; 영국의 유럽공동체 가입에 대한 이탈리아의 정책변화는 이선필, "영국의 유럽공동체 가입문제에 대한 이탈리아의 입장과 태도 (1955~1963)," 『유럽연구』 22 (2005년 여름), pp. 299~333 참조.

44 Robert R. Bowie, *op. cit.*, pp. 103~107.

45 Geoffrey Williams, *op. cit.*, pp. 73~82.

46 Robert R. Bowie, *op. cit.*, pp. 710~712

47 Henry Kissinger, *op. cit.*, pp. 127~159

48 원문은 "Returning to Polaris the President and the Prime Minister agreed that the purpose of their two governments with respect to the provision of Polaris missiles must be the development of a multilateral NATO nuclear force in the closest consultation with other NATO allies. They will use their best endeavours to this end." Henry Kissinger, *op. cit.*, p. 131에서 인용.

49 H. Macmillan, *op. cit.*, pp. 356~360.

50 Reynolds, "A 'special relationship'?: America, Britain and the International Order Since the Second World War", *International Affairs*, Vol. 62, No. 1 (1985/86), pp. 1-20.

51 Alistair Buchanan, "The Multilateral Force: A Study in Alliance Politics", *International Affairs,* Vol. 40, No. 4 (1964), pp. 619~637.

52 Alastair Buchan, *op. cit.*, pp. 619~637, 특히 pp. 623~624 참조; Franz Josef Strauss, "An Alliance of Continents", *International Affairs,* Vol. 42, No. 2 (1965), pp. 191~203, 특히 pp. 198~201 참조.

53 Buchanan, *op. cit.*, pp. 628~629

54 Bowie, *op. cit.*, pp. 721~722; Kissinger, *op. cit.*, pp. 134~137; Buchanan, *op. cit.*, pp. 629~631.

55 Bowie, *op. cit.*, pp. 726~730; Buchanan, *op. cit*, pp. 629~630.

56 유럽정치협력은 회원국들이 국제문제에 대해 공동입장과 정책 채택을 목표로 상호 조정하는 메커니즘이다. 회원국 외무장관들이 정기적으로 만났고 그 밑에 정책국장(political directors)들이 장관들의 모임에 앞서 의견을 조율했다. 또 회원국 외무부에 실무진들이 있어 Coreu라는 비밀 텔렉스망을 유지했다. 중요한 국제문제에 대해 회원국 공동명의의 입장을 발표에 앞서 입장을 상호조정하기 위해 이 비밀 텔렉스를 빈번하게 이용했다.

57 Kissinger의 연설은 "US Relations with Europe: A New Phase of Diplomacy," 23 April 1973; 이에 대한 분석은 Trevor C. Salmon, "The Growing Pains of European Adolescence: Groping For a European Pillar", *European Journal of Integration*, Vol. 41, No. 1 (1993), pp. 209~223, 특히 209~211 참조.

58 Haig Simonian, *Privileged Partnership: Franco-German Relations in European Community* (Oxford: Clarendon Press, 1984), pp. 113~130.

59 자세한 내용은 Edward Heath, (1998), pp. 220~235 참조.

60 Simonian, *op. cit.*, pp. 126~130.

61 4차중동전쟁(10월전쟁)에 대해서는 Stephen J. Artner, "The Middle East: A Chance for Europe?", *International Affairs*, Vol. 56, No. 3 (1980), pp. 420-442.

62 *Ibid.*, pp. 430~431.

63 Turner, "The European Community: Factors of Disintegration, Politics of Energy Crisis", *International Affairs,* Vol. 50, No. 3 (1974), pp. 404-415

64 Artner, *op. cit.,* pp. 431~434.

65 "Document on the European Identity," European Commission, *Bulletin of the European Communities 1973-12.*

66 동구권 붕괴와 독일의 동방정책을 다룬 책은 Timonth Garton Ash, *In*

Europe's Name: Germany and the Divided Continent (New York: Random House, 1994).

67 IGC 협상과 주요 논란을 상세하게 분석한 책은 Alistair Blair, *Dealing with Europe: Britain and the Negotiation of the Maastricht Treaty* (Aldershot: Ashgate, 1999); Anthony Forster, *Britain and the Maastricht Negotiations* (Macmillan: London, 1999) 참조.

68 Kori Schake, "NATO after the Cold War, 1991-1995: Institutional Competition and the Collapse of the French Alternative", *Contemporary European History*, Vol. 7, No. 3 (1998), pp. 379-407, 특히 p. 388 참조.

69 "US sent Memorandum to 11 European NATO Allies," Independent (1991/03/06), p. 9.

70 Blair, *op. cit.*, pp. 106~109; Forster, *op. cit.*, pp. 151~157.

71 Finn Laursen and Sophie Vanhoonacker (eds.), *The Intergovernmental Conference on Political Union: Institutional Reforms, New Policies and International Identity of the European Community*(Maastricht: Martinus Nijhoff, 1992), pp. 413~415.

72 *Public Papers of the Presidents: George Bush 1991, Book II* (Washington: United States Government Printing Office, 1992), pp. 1412~1416.

73 Laursen and Vanhoonaker, *op. cit.*, pp. 213~216.

74 구유럽(Old Europe), 신유럽(New Europe)은 2001~2008 조지 부시 미국 대통령 당시 국방장관을 역임한 도널드 럼스펠드(Donald Rumsfeld)가 사용한 용어이다.

75 2004.5.1일 10개국이 유럽연합에 가입해 EU는 25개 회원국으로 확대되었다. 당시 가입한 10개 회원국은 체코, 폴란드, 헝가리, 슬로바키아, 슬로베니아, 발트3국(리투아니아, 에스토니아, 라트비아), 키프로스, 몰타이다.

76 영국의 이라크침공에 관한 의사결정에 대해서는, C. Bluth, "The British road to war: Blair, Bush and the decision to invade Iraq", *International Affairs*, Vol. 80, No. 1 (2004), pp. 874~876 참조.

77 '특별한 관계'에 대해서는 D. Reynolds, *op. cit.,*; John Baylis, *Anglo-American Defence Relations 1939-1984* (London: Macmillan, 1984) 참조. 이라크 침공을 둘러싼 문제를 '특별한 관계'의 측면에서 분석한 글은 최진우(2006), "영국과 이라크전쟁: 영미 특수관계와 블레어 총리의 리더십", 『세계지역연구논총』, Vol. 24, No.3(2006), pp. 391~412; C. Bluth, *op. cit*., pp. 871~892.

78 안병억(a), "차기 영국 총리는 고든 브라운?" 『주간동아』, (2003), pp. 53~54.

79 안병억(b), "이라크 전쟁 말리는 시누이 프.독일 속셈", 『주간동아』, (2003), pp. 42~44.

80 Die Welt, "Schroeder gegen den Irakkrieg," (2002), p. 13.

81 BBC(21.9.2003); 이라크 전쟁을 둘러싼 영국과 독일관계는 Schweiger, "British-German relations in the European Union after the war on Iraq," *German Politics*, Vol. 13, No.1 (2004), pp. 35~55 참조.

82 2005년 10월 케임브리지대학교 국제정치학과 세미나 자료.

83 안병억 (2003, b), p. 42.

84 *Ibid.,* p. 43.

85 공동외교안보정책에 대해서는 S, Nuttall, *European Political Cooperation* (Oxford: Clarendon Press, 1996).

86 동아시아정상회담과 관련된 아세안(ASEAN), 한국, 중국, 일본의 대응방식과 갈등분석에 대해서는 조한승, "동아시아정상회의(EAS) 개최와 아세안(ASEAN): 도약의 발판인가 트로이의 목마인가?," 『국제지역연구』 Vol. 9, No. 3(2005), pp. 333~354.

87 정치공동체 개념은 Karl Deutsch, *Political Community and the North Atlantic Area* (Princeton: Princeton University Press, 1957) 참조.

88 한국경제, "한국, 아시아 공동기금서 발언권 세진다," (2010/03/01).

89 문우식, "글로벌 금융위기 이후의 국제통화질서: 동아시아 통화통합에 대한 시사점," 『경상논총』, Vol. 27, No. 4 (2009), pp. 1~20.

90 Jolyon Howorth, "From Security to Defence: The Evolution of the Common Foreign and Security Policy", *Christopher Hill and Michae*, pp. 179-204.

91 온대원, 『유럽연합의 공동안보방위정책』 (서울: 높이깊이, 2007), pp. 95-116.

92 Hedley Bull, *The Anarchical Society* (London: Macmillan, 1977); Kenneth Waltz, *Theory of International Politics* (New York: McGraw Hill, 1979); Michael Mandelbaum, *The Fate of Nations: The Search for National Security in the 19th and 20th Centuries* (Cambridge: Cambridge University Press, 1988).

93 Allen Sens and Peter Stroett, *Global Politics: Origins, Currents, Directions* (Ontario: Nelson Thompson Learning, 2002; 2nd ed.), pp. 20-63.

94 Andrew Moravcsik, "Preference and Power in the European Community: A Liberal Intergovernmental Approach", *Journal of Common Market Studies*, Vol. 31, No. 4 (1993), pp. 473-523.

95 온대원, "유럽연합의 대외정책과 국제적 역할의 모색," 『유럽연구』, 제25권 1호(2007), pp. 39-40.

96 Asle Toje, "The EU Strategic Culture", *The Oxford Journal on Good Governance*, Vol. 2, No. 1 (2005), pp. 9-16.

97 온대원, 『유럽연합의 대전략과 동아시아 정책』 (서울: 높이깊이, 2006), pp. 53-70.

98 Javier Solana, "Thoughts on the Reception of the European Security Strategy", *The Oxford Journal on Good Governance*, Vol. 1, No. 1 (2004), pp. 17-19.

99 Alyson J.K. Bailes, "The European Security Strategy: An Evolutionary History", *SIPRI Policy Paper,* No. 10, (Stockholm: SIPRI, 2005), p.1.

100 ESS의 원문은 다음을 참조, 온대원 (2006), *op. cit.*, pp. 131-146.

101 Stanley Hoffman, "The Crisis in Transatlantic Relations," Gustav Lindstrom (ed.), *Shift or Rift: Assessing US-EU Relations after Iraq* (Paris: EU Institute for Security Studies, 2003), pp. 13-20.

102 온대원, "유럽연합의 대외정책과 국제적 역할의 모색," *op. cit.,* pp. 32-38.

103 Christopher O. Meyer, "Convergence towards a European Strategic Culture?

A Constructivist Framework for Explaining Changing Norms", *European Journal of International Relations,* Vol. 11, No. 4 (2005), p. 524.

104 *Ibid.,* pp. 524-525.

105 Paul Cornish and Geoffrey Edwards, "Beyond the EU/NATO Dichotomy: The Beginning of a European Strategic Culture", *International Affairs,* Vol. 77, No. 3 (2001), pp. 587-603.

106 Meyer, *op. cit.,* p. 525.

107 *Ibid.,* pp. 524-526.

108 Paul Luif, "The Strategic Cultures of 'Old' and 'New' Europe", *The International Spectator*, No. 2 (2006), p. 109.

109 John Gaffney, "France, the Use of Force and the Power of Strategic Culture", Kerry Longhurst and Marcin Zaborowski (eds.), *Old Europe, New Europe and the Transatlantic Security Agenda* (London: Routledge, 2005), p. 84.

110 Johannes Bohnen, "Germany", Jolyon Howorth and Anand Menon (eds.), *The European Union and National Defence Policy* (London: Routledge, 1997), pp. 49-65.

111 Jeffrey S. Lantis, "Strategic Culture: From Clausewitz to Constructivism", *Strategic Insights*, Vol. 4, Iss. 10 (2005), p. 1.

112 Alastair Iain Johnston, "Thinking about Strategic Culture", *International Security*, Vol. 19, No. 4 (1995), pp. 36-43.

113 Jack L. Snyder, *The Soviet Strategic Culture: Implications for Limited Nuclear Options, R-2154-AF* (Santa Monica, California: Rand Corporation, 1977), p. 4.

114 *Ibid.*, p. 8.

115 Ken Booth, *Strategy and Ethnocentrism* (London: Croom Helm Ltd., 1979).

116 Colin S. Gray, *Nuclear Strategy and National Style* (Lanham, Maryland: Hamilton Press, 1986); Gray, "National Style in Strategy: The American Example," *International Security*, Vol. 6, No. 2 (1981), pp. 21-47; Gray, "Strategic Culture as Context: The First Generation of Theory Strikes Back,"

Review of International Studies, No. 25 (1999), pp. 49-69.

117 Gray, "National Style in Strategy: The American Example," *op. cit.,* pp. 35-37.

118 David R. Jones, "Soviet Strategic Culture," Carl G. Jacobsen (ed.), *Strategic Power: USA/USSR* (London: St. Martin's Press, 1990), pp. 35-49.

119 B. S. Klein, "Hegemony and Strategic Culture: American Power Projection and Alliance Defence Politics", *Review of International Studies*, Vol. 14, No. 2 (1988), p. 139.

120 *Ibid.*, p. 136.

121 *Ibid.*, pp. 139-140.

122 Johnston, *op. cit.*, pp. 39-41.

123 Alexander Wendt, "Anarchy Is What States Make of It: The Social Construction of Power Politics", *International Organization*, Vol. 46, No. 2 (Spring 1992), p. 392.

124 Peter J. Katzenstein, Robert O. Keohane, and Stephen Krasner, "International Organization and the Study of World Politics", *International Organization*, Vol. 52, No. 4 (1998), p. 679.

125 Valerie M. Hudson (ed.), *Culture and Foreign Policy* (Boulder, Colorado: Lynne Rienner Publishers, 1997), pp. 28-29.

126 Lantis, *op. cit.,* p. 4.

127 Alexander Wendt, "Constructing International Politics", *International Security*, Vol. 20, No. 1 (1995), pp. 73-74.

128 Lantis, *op. cit.*, pp. 3-4.

129 이 그룹에 속하는 학자들의 대표적인 연구는 다음과 같다. Johnston, *op. cit.,* pp. 33-64; Stephen Peter Rosen, "Military Effectiveness: Why Society Matters," *International Security*, Vol. 19, No. 4 (Spring 1995), pp. 5-31; Elizabeth Kier, "Culture and Military Doctrine," *International Security*, Vol. 19, No. 4 (1995), pp. 65-93; Peter J. Katzenstein (ed.), *The Culture of National Security: Norms and Identity in World Politics* (New York:

Columbia University Press, 1996); Richard J. Ellis and Michael Thompson (eds.), *Culture Matters: Essays in Honor of Aaron Wildavsky* (Boulder, Colorado: Westview Press, 1997).

130 Johnston, *op. cit., pp.* 36-43.

131 '대전략'은 한 정치체가 중장기에 걸쳐 공동체의 기본가치와 목표를 달성하기 위해 현재적, 잠재적 정책수단과 자원을 체계적으로 양성하고 운용하기 위해 구사되는 최상위의 전략적 책략(overarching strategic statecraft)을 의미한다. 자세한 내용을 위해서는 다음을 참조. Daewon Ohn, *The Resurgent Great Power in the World System: China's Grand Strategy and Military Modernisation, 1978-1998*, Ph.D. Thesis, London School of Economics (2000), p. 14.

132 Johnston, *op. cit.,* p. 48.

133 Per M. Martinsen, "The European Security and Defence Policy (ESDP): A Strategic Culture in the Making?" a paper presented for the ESPR Conference, Section 17 Europe and Global Security, Marburg, 18-21 (2003), p. 3. 이러한 견해에 대해 제1세대 학자들은 이의를 제기했다. 예를 들면 그레이는 1999년에 출판된 저작에서 행위 자체가 문화의 기본적인 구성요소이기 때문에 그 둘을 분리하여 논하는 것은 불가능하다고 주장했다. 이후 그레이는 1999년 자신의 저작에서 이전에 비해 더욱 구체적이고 정교한 정의를 시도했다. 그에 의하면 전략문화는 생각과 느낌, 그리고 행동습관의 세계이며, 사람들이 갖고 있는 전쟁과 전략에 대한 생각은 지정학적 조건, 정치 및 종교적 이념, 특정군사기술에 대한 친숙도, 또는 선호도에 의해 영향을 받는다. Colin Gray, *Modern Strategy* (Oxford: Oxford University Press, 1999), pp. 129-133.

134 Katzenstein, *op. cit.*

135 Kerry Longhurst, "The Concept of Strategic Culture", Gerhard Kummel and Andreas D. Prufert (eds.), *Military Sociology* (Baden-Baden, 2000), pp. 5-6.

136 *Ibid.*

137 *Ibid.*

138 *Ibid,* pp. 37-38.

139 Martinsen, *op. cit.,* p. 3.

140 Thomas U. Berger, *Cultures of Antimilitarism: National Security in Germany and Japan* (Baltimore, Maryland: Johns Hopkins University Press, 1998); Berger, "From Sword to Chrysanthemum: Japan's Culture of Anti-militarism", *International Security*, Vol. 17, No. 4 (1993), pp. 119-150.

141 Berger, *Cultures of Anti-militarism, op. cit.,* p. 9.

142 Thomas Banchoff, *The German Problem Transformed: Institutions, Politics, and foreign Policy, 1945-1995* (Ann Arbor, Michigan: University of Michigan Press, 1999), p. 2.

143 John S. Duffield, "Political Culture and State Behavior: Why Germany Confounds Neorealism", *International Organization*, Vol. 53, No. 4 (1999), pp. 765-803; Duffield, *World Power Forsaken: Political Culture, International Institutions, and German Security Policy After Unification* (Stanford, California: Stanford University Press, 1999), p. 2.

144 Lantis, *op. cit.*, p. 5.

145 Kerry Longhurst and Marcin Zaborowski (eds.), *Old Europe, New Europe and the Transatlantic Security Agenda* (London: Routledge, 2005); Julian Lindley-French, "In the Shade of Locarno: Why European Defence is Failing", *International Affairs*, Vol. 78, No. 4 (2002), pp. 789-811; Sten Rynning, "Less May Be Better in EU Security and Defence Policy", *Oxford Journal on Good Governance*, Vol. 2, No. 1 (2005), pp. 45-50; Christopher Heusgen, "Is There such a Thing as a European Strategic Culture?", *Oxford Journal on Good Governance*, Vol. 2, No. 1 (2005), pp. 29-32; Michael Baun, "How Necessary Is a Common Strategic Culture?", *Oxford Journal on Good Governance*, Vol. 2, No. 1 (2005), pp. 33-34.

146 Christopher O. Meyer, "Convergence Towards a European Strategic Culture? A Constructivist Framework for Explaining Changing Norms", *European Journal of International Relations*, Vol. 11, No. 4 (2005), pp. 523-549; Paul

Cornish and Geoffrey Edwards, "Beyond the EU/NATO Dichotomy: The Beginning of a European Strategic Culture", *International Affairs*, Vol. 77, No. 3 (2001), pp. 587-603; Jolyon Howorth, "Discourse, Ideas, and Epistemic Communities in European Security and Defence Policy", *West European Politics*, Vol. 27, No. 2 (2004), pp. 211-234; Elmar Brok and Norbert Gresch, "Paving the Way to a European Culture of Security", *Oxford Journal on Good Governance*, Vol. 2, No. 1 (2005), pp. 17-20.

147 Sten Rynning, "The European Union: Towards a Strategic Culture?" *Security Dialogue*, Vol. 34, No. 4 (2003), pp. 279-296.

148 예를 들어 마틴센은 정치적 측면, 능력의 측면, 제도적 측면의 변수로 유럽전략문화의 형성과 외교방위정책에의 영향을 규명하려 시도했다. 자세한 내용은 다음을 참조. Martinsen, *op. cit.*

149 Meyer, *op. cit.*, pp. 526-527.

150 메이어는 무력사용의 수단과 목적과 관련하여 네 가지 유형의 규범을 제시하는데, 그것은 (1)무력사용의 목적 (가치와 이익의 방어와 공세적 추구 등); (2) 무력사용방식 (대응적, 공격적, 제한적, 확장적 등); (3) 선호하는 협력의 방식 (비개입적 중립, 의법적 개입, 파트너 간 협력 등); (4) 무력사용에 대한 대내외적 승인의 난이도 등이다. *Ibid.*, pp. 529-531.

151 *Ibid.*, pp. 532-543.

152 Lantis, *op. cit.*, p. 7.

153 Duffield, *World Power Forshaken, op. cit.*, p. 29.

154 Berger, *Cultures of Anti-militarism, op. cit.*, pp. 11-12.

155 Ann Swidler, "Culture in Action: Symbols and Strategies", *American Sociological Review*, No. 51 (1986), pp. 273-286. Lantis, *op. cit.,* p. 7 에서 재인용.

156 Lantis, *ibid.*

157 Harry Eckstein, "A Culturalist Theory of Political Change", *American Political Science Review*, No. 82 (1998), p. 796.

158 전략문화의 불가변성을 주장하는 전통적인 입장에 대한 비판으로는 다

음을 참조. Daewon Ohn, *The Resurgent Great Power in the World System, op. cit.*, pp. 31-33.이 연구에서 저자는 중국의 경우 덩샤오핑 시대 새로운 외교안보군사정책의 수립과 발전은 전략문화의 작용이 아니라 최고지도자의 교체에 따른 새로운 전략개념의 등장과 그를 구현하기 위한 지도부의 전략적 책략에 기인했다고 주장한다.

159 Geffrey S. Lantis, *Strategic Dilemmas and the Evolution of German Foreign Policy Since Unification* (Westport, Connecticut: Praeger, 2002).

160 Johnston, *op. cit.*, p. 45.

161 Ken Booth, "Strategic Culture: Validity and Validation", *Oxford Journal on Good Governance*, Vol. 2, No. 1 (2005), pp.25-26.

162 Ernest Haas, *The Uniting of Europe: Political, Social and Economic Forces, 1950-1957,* (Standford, 1958).

163 Daid Marquand, "Towards a Europe of the Parties", *Political Quartely*, Vol. 49, No. 4 (1978), pp. 425-445 참조.

164 Daniel-Louis Seiler, *La vie politique des européens*, (Paris: Economica, 1998), p. 238.

165 Mogens N. Peterson, "Euro-parties and European Parties : New Arenas, New Challenges and New Strategies", in Mogens N. Peterson, *The European Union : How Democracy is it?*, (London: SAGE, 1996), p. 18 참조.

166 Christianthos D. Tassis, "European Union and Political Parties: the Case of the Party of European Socialists(PES)", http://www.psa.ac.uk/journals/pdf/5/2007/Tassis.pdf(2008년 12월 29일 검색) 참조.

167 이러한 규정의 채택은 2000년 체결된 니스조약(Treaty of Nice)에 근거하고 있다. 니스조약은 마스트리히트조약의 정당 관련 조항에 '유럽연합이사회는 제251조의 절차에 따른 의결에 의해 유럽수준 정당의 지위, 이른바 정당의 재정지원에 관한 규칙을 정한다'고 규정된 두 번째 항을 첨가한 바 있다.

168 Jean-Michel De Waele & Ramona Coman, "Les partis politiques européens", *European issues,* No. 134, Fondation Robert Schman, (2004).

169 범유럽정당의 형성 시기는 다른 행위자들에 비해 이른 것이 아니었다. 경제이익단체의 경우 초기의 공동체들 창설 때부터 브뤼셀(Bruxelles)에 설치되어졌다. 이에 비하면 범유럽정당의 형성은 약 20년이나 뒤늦은 것이었다. 힉스(S. Hix)와 로드(C. Lord)는 이러한 상황이 그간의 유럽통합 작업이 경제적 성격을 가진 점과 유럽연합 제도의 특성 그리고 전통적 정당들의 공동체 논리에 대한 부적응 등으로부터 기인한다고 평가하였다. Simon Hix & Christopher Lord, *Political parties in the European Union*, (London: MacMillan Press Ltd, 1997), p. 14 참조.

170 기존 회원국 정당들과 중동부 유럽국가의 정당들의 협력은 이미 1990년대부터 시작되었다. 동구의 신생민주국가 정당들은 유럽연합 내 범유럽정당들과의 교류를 통해 이념적 인정을 받고자 하였던 것이다. Pascal Delwit & Jean-Michel Van De Waele, *La démocratisation en Europe centrale et orientale : La coopération paneuropéenne des partis politiques*, (Paris: L'Harmattan, 1998) 참조.

171 Simon Hix & Christopher Lord, *op. cit.*, pp.63-64 참조.

172 *Ibid.*, p. 63; Guillaume Delmotte, "Des partis pour l'Europe?: Les partis politiques européens à l'approche des élections au Parlement européen de 2009", 28/01/2008, http://strasbourg.cafebabel.com/fr/post/ 2008/01/30/Des-partis-pour-lEurope-Les-partis-politiques-europeens-a-lapproche-des-elections-au-Parlement-europeen-de-2009. (2008년 12월 20일 검색) p. 2 참조.

173 유럽통합에 반대하는 민족주의 세력들이 모여 결성한 유럽독립민주주의자동맹(Alliance of Independent Democrats in Europe)이 2006년부터 2008년까지, 그보다 온건한 민족주의를 표방하지만 역시 반유럽통합주의인 국가들의 유럽을 위한 동맹도 2004년부터 2009년까지 '유럽차원 정당'에 포함되어 있었으나 2010년 들어 배제되어진 상태이다. 대신 유럽보수개혁동맹(Alliance of European Conservatives and Reformists)과 유럽기독정치운동(European Christian Political Movement)이 2010년부터 '유럽차원 정당'에 새로이 들어오게 되었다.

174 마스트리히트조약에 의거하여 설치된 지역위원회(Committee of the Regions) 내에도 유럽의회와 유사한 교섭단체가 존재하지만 이들의 결속

력은 유럽의회의 교섭단체에 비해 결속력이 약하며 유럽연합의 재정지원도 받지 않는다. Mogens N. Peterson,, *op. cit.*, p. 25 참조.

175 Jean-Louis Quermonne, *Le système politique de l'Union européenne*, 5e éd., (Paris: Montchrestien, 2002), p. 83 참조.

176 Amie Kreppel, *The European Parliament and Supranational Party System: A Study in Institutional Development*, (Cambridge : Cambridge University Press, 2002). 참조.

177 Simone Hix, "A supranational Party System and the Legitimacy of the European Union", *The International Spectator*, (2002) 참조.

178 Paul Magnette, *op. cit.*, pp. 220-227 참조.

179 Giovanni Sartori, *Parties and Party Systems: A Framework for Analyse,* Vol. I, (Cambridge: Cambridge University Press, 1976) 참조.

180 Peter Mair, *Electoral Democracy and Political Representation in the European Union, Paper for the Conference on Representation, Immigration and 2009 Election to the European Parliament,* (Indiana University, Bloomington, 2008) 참조.

181 Juilet Lodge, *The European community and the Challenge of the Future*, 2nd ed., (New York: St. Martin's Press, 1993), pp. 22-23 참조.

182 "*Eurobarometer 63* : Public Opinion in the EU, 2005, web version" http://ec.europa.eu/public_opinion/ archives/eb/eb63/eb63_en.pdf.(2008년 12월 20일 검색).

183 Zsolt Enyedi, "Europeanisation of Central Eastern European Party System", pp. 8-9 http//.epsnet.org/2005/ pps/Enyedi.pdf.(2008년 12월 5일 검색) 참조.

184 Jo Leinen, "Des partis politiques européens forts pour une Union européenne démocratique", 12/09/2007, http://www.taurillon.org/Des-partis-politiques-europeens-forts-pour-une-Union-europeenne (2008년 12월 8일 검색) 참조.

185 유로도입에 대한 미국 내 경제학자의 비판적 시각에 대해서는 Jonung & Drea (2009) 참조.

186 Feldstein (2009) 참조.

187 European Communities (2007a), p. 17, 리스본조약에 따라 신설될 Article 9 A 2항.

188 조약상에는 이사회(Council)로 되어 있으나 흔히 유럽연합이사회(Council of the European Union)라 부르며 최근에 와서는 회원국 정상들 간의 모임인 유럽이사회(European Council)와 다른 기능을 확실하게 하기 위해 유럽연합각료이사회(Council of Ministers)라 칭하는 것이 일반적이다. 유럽평의회(Council of Europe)는 비 유럽연합 기구로서 유럽이사회와는 전혀 다른 기구이다.

189 이사회에 상정된 안건이 유럽연합집행위원회 또는 유럽연합 공동외교안보정책 담당 고위대표의 발의에 의하지 않은 경우에는 요건이 대폭 강화된다.

190 인구 조건은 회원국 조건과 투표수 조건이 충족되었을 경우 한 회원국이 인구 조건이 충족되었는지에 대한 확인을 요구하는 경우에 확인 과정이 진행된다.

191 European Communities (2007a), pp. 160-161. 유럽연합 헌법이 모든 회원국에서 비준되었다면 유럽연합헌법조약에 명시된 가중다수결제도가 2009년 11월부터 적용될 계획이었으나 비준에 실패함으로서 리스본조약이 생겨났고, 새로운 가중다수결제도는 리스본조약에 명시되어 있다.

192 Unit of Account. 1975년 ECU(European Currency Unit)가 도입되기 전까지 사용되었던 유럽의 가상 화폐단위이며 유럽연합 예산회계에서는 1979년까지 UA를 회계 단위로 사용하였다.

193 공동농업정책이나 지역정책에 대한 상세한 분석은 회원국 간 경제적 이해관계의 상충을 다루고 있는 본 장의 영역을 넘어서는 일이기 때문에 여기서는 다루지 않기로 한다. 공동농업정책에 관해서는 Baldwin and Wyplosz (2006), Ch. 9, Neal (2007), Ch. 4, Ludlow (2005) 참조.

194 European Council (1999) 제68항에는 이러한 측면에서의 유럽연합의 고민과 입장이 확연하게 나타나고 있다.

195 European Communities (2008a), pp. 79-80.

196 영국 예산환급금의 산출방식에 대해서는 European Communities (2007b),

pp. I16-I17과 European Communities (2008b), pp. 243-245 참조.

197 European Communities (2008b), p. 242.

198 Roger Penrose, 1931년 8월 8일생, 영국의 이론물리학자이자 수학자.

199 펜로즈 방식에 대한 상세한 내용은 Słomczyński and Życzkowski (2006), Słomczyński and Życzkowski (2007) 참조.

200 Słomczyński and Życzkowski (2006), pp. 3134-3138; Słomczyński and Życzkowski (2007), pp. 3-5.

201 John McCormic, *Understanding the European Union*, 2nd Ed. (New York: Palgrave, 2002), p. 124.

202 국가 내 하위정부는 주권국가 내부에 행정적으로 분할된 지역(region)의 자치정부를 지칭한다. 이는 자치권을 갖는 지방행정 단위 및 중소도시를 포함한 모든 지방정부를 포함하며, 회원국의 정체와 중앙-지방 간 권력배분 관계에 따라 다양한 크기와 형태로 존재한다. 한편 국가내 하위정부는 행정적 분할 이외에도 벨기에의 불어권지역 같이 역사적, 문화적 인식을 공유하는 일종의 공동체(community)까지 범주를 확대해 이해 할 수도 있다. 따라서 지방정부란 행정적 분할 뿐 아니라 문화적 동질성을 배경으로 독립적 이해를 갖는 지역의 자치적 정부까지 모두 포함한다고 할 수 있다. 그러나 유럽통합과정에서 지방정부를 지칭 할 때는 유럽연합의 자문기구인 지역위원회(Committee of Regions)에 독립적으로 대표를 파견하는 자치적 정부로 한정하는 것이 타당하다.

203 H. Vos et al., "The conditio sine qua non of the Added Value of Regions in the EU: Upper-level Representation as the Fundamental Precondition", *University System of Georgia European Union Center Working Paper,* (2001), p. 1.

204 Charlie Jeffery, "The 'Europe of the Regions' from Maastricht to Nice", *Queen's University Balfast Institute of European Studies Queen's Papers on Europeanization,* No. 7 (2002), p. 1.

205 David Bailey and and Lisa De Propris, "EU Structural Funds, Regional Capabilities and Enlargement: Towards Multi-Level Governance?", *Journal of*

European Integration, Vol. 24, No. 4 (2002), p. 305.

206 H. Vos et al., *op. cit.*, p. 9.

207 European Parliament, Fact Sheet, (2010).

208 *Ibid.,* pp. 9-10.

209 John McCormic, *op. cit.*, p. 122.

210 구조기금은 유럽사회기금(ESF: European Social Fund) 그리고 공동농업정책 내의 유럽농업지도보증기금(EAGGF: European Agricultural Guidance and Guarantee Fund), 유럽지역발전기금(ERDF: European Regional Development Fund) 그리고 어업재정지원프로그램(FIEG: Financial Instrument for Fisheries) 등을 망라한다. European Commission, Glossary, (2010).

211 John McCormic, *op. cit.*, p .124.

212 Frank Bollen, "Cohesion Policy in an Ever Larger Union", *European Institute of Public Administration EIPA Scope,* 97/3-4 (1997), pp. 2-3.

213 Petra Behrens and Marc Smyrl, "A Conflict of Rationalities: EU Regional Policy and the Single Market", *Journal of European Public Policy*, Vol. 6, No. 3 (1999), pp. 430.

214 Achim Kemmerling and Thilo Bodenstein, "Partisan Politics in Regional Redistribution: Do Parties Affect the Distribution of EU Structural Funds across Regions?", *European Union Politics,* Vol. 7, No. 3 (2006), p. 4.

215 Christopher K. Ansell et al., "Dual Networks in European Regional Development Policy", *Journal of Common Market Studies,* Vol. 35, Iss. 3 (1997), p. 351.

216 Arthur Benz and Bunkard Eberei, "Regions in European Governance: The Logic of Multi-Level Integration", *European University Institute Robert Schuman Centre Working Paper,* 98/31 (1998), p. 7.

217 Andy Smith, "Studying Multi-level Governance. Examples from French Translations of the Structural Funds", *Public Administration,* Vol. 75, Iss. 4 (1997), p. 712.

218 Achim Kemmerling and Thilo Bodenstein, *op. cit.*, p. 3.

219 Arthur Benz and Bunkard Eberei, *op. cit.*, p. 6.

220 Thomas Conzelmann, "Europeanisation¡of Regional Development Policies? Linking the Multi-Level Governance Approach with Theories of Policy Learning and Policy Change", *Vienna University of Economics and Business Administration European Online Integration Papers,* 1998-004 (1998), p. 2.

221 Charlie Jeffery, *op. cit.*, p. 5.

222 *Ibid.,*, p. 6.

223 *Ibid.,*, p. 5.

224 Elizabeth Bomberg and John Peterson, "European Union Decision Making: the Role of Sub-national Authorities", *Political Studies,* Vol. 46, No. 2 (1998), p. 231.

225 *Ibid.,*, p. 230.

226 Rob De Rooij, "The Impact of the European Union on Local Government in the Netherlands", *Journal of European Public Policy,* Vol. 9, No. 3 (2002), p. 462.

227 Angela K. Bourne, "The Impact of European Integration on Regional Power", *Journal of Common Market Studies,* Vol. 41, Iss. 4 (2003), pp. 609-610.

228 Marc E. Smyrl, "Does European Community Regional Policy Empower the Regions?", *Governance,* Vol. 10, Iss. 3 (1997), p. 28.

229 Gerard Mullally, "Shakespeare, the Structural Funds and Sustainable Development Reflections on the Irish Experience", *Innovation: The European Journal of Social Science Research,* Vol. 17, No. 1 (2004), pp. 27-28.

230 *Ibid.,*, pp. 29-33.

231 *Ibid.,*, pp. 29-33.

232 Clement Keith, "Structural Fund Programmes as Instruments for Sustainable Regional Development a Review of Nordic Effectiveness1", *Innovation: The European Journal of Social Science Research,* Vol. 17, No. 1 (2004), p. 59.

233 David Bailey and and Lisa De Propris, *op. cit.*, p. 303, 307.

234 *Ibid.,*, pp. 308-309.

235 *Ibid.,*, p. 310.

236 *Ibid.,*, p. 314.

237 *Ibid.,*, pp. 316-317.

238 Elizabeth Bomberg and John Peterson, *op. cit.*, p. 221.

239 여기서 이민(immigration)은 한 지역에서 다른 지역으로 이동해 거주하는 개념으로 합법적 이민 이외에 불법이민(illegal immigration), 난민(refugee), 망명(asylum) 등을 포함하는 것으로 이해한다.

240 이민 문제가 국제정치 질서에 미치는 영향을 분석한 것으로는 다음과 같은 저작들이 있다. Stephen Castles & Mark J. Miller (2003); Douglass S. Massey & J. Edward Taylor (2004).

241 1999년 유럽연합 집행위원회의 조사에 따르면 당시 15개 회원국에 1300만 명의 역외 이민자들이 거주하고 있다고 알려졌다. 그러나 이는 시민권을 가지지 않은 이주민만을 통계로 한 것으로 실제 타문화권에 속한 비유럽계 시민까지 계산한다면 그 수치는 훨씬 늘어난다.

242 이원기 (2005).

243 유럽피언 드림의 도구였던 유럽헌법(European Constitution)이 2004년 프랑스와 네덜란드에 의해 부결된 이유 중 하나가 바로 중·동유럽으로부터 몰려올 이민자들에 대한 우려였다는 점은 유럽통합에서 이민문제가 가지는 중요성을 잘 말해준다. 방청록 (2006).

244 여기서 이민정책은 이민을 통제하기 위한 이민법(immigration law) 등을 의미하고, 이민자정책은 이민자들에 대한 주택, 복지, 교육 혜택 등 이민자들을 위한 제 정책을 의미한다.

245 인간의 이주의 역사와 그 유형에 관해서는 데이비드 헬드 외(2002), pp. 443-513 참조.

246 Myron Weiner (1992), p. 95.

247 *Ibid.*.

248 A. R. Zolberg (1989), p. 406.,

249 Eytan Meyers (2000), p. 1246.

250 *Ibid.*., pp. 1247-1251.

251 Myron Weiner (1992), pp. 96-97.

252 Eytan Meyers (2000), pp. 1251-1257.

253 *Ibid.*, pp. 1263-1265.

254 Sandra Lavenex (2001), p. 26.

255 Myron Weiner (1985), pp. 442-443.

256 예를 들어 유럽공동체(EC) 발전에서 상품, 서비스, 자본의 자유이동에 사람의 자유이동을 포함시키려는 이탈리아와 이를 방어하려는 프랑스 등 북유럽 국가들 간 합의에서 불일치를 야기하였다.

257 Philip Spencer (2001), pp. 84-92.

258 Kay Hailbronner (2000), p. 18.

259 현재의 유럽연합(EU)은 1991년 12월 마스트리히트 조약에 의해 공식 탄생한 명칭으로 유럽공동체(EC)를 포함하는 확대된 개념이다.

260 그러나 로마조약에 보장된 사람의 자유이동에도 불구하고 실제적인 수준에서 사람의 자유이동은 이루어지지 않고 있었다.

261 이규영 (2003).

262 SEA는 1992년 예정된 사람, 자본, 상품, 서비스의 자유이동이 보장되는 단일시장 완성을 준비하고, 이후 정치, 사회통합을 준비하기 위한 제도화를 위한 준비과정이었다.

263 SEA는 단일시장 운영을 위한 정책결정 과정에서 여전히 남아있던 제 분야에서의 만장일치를 폐지하고 가중다수결(Qualified Majority)를 도입하였다.

264 A. Geddes (2000), pp. 72-73.

265 Robert Miles (1995).

266 한국유럽학회 유럽시민권연구단 (2005).

267 Myron Weiner (1985), p. 443.

268 이원기 (2005), p. 325.

269 Alessandra Buonfino (2004), pp. 34-37.

270 이원기 (2005), pp. 319-344.

271 *Ibid.*.

272 Myron Weiner (1992-1993), p. 109.

273 공항, 항만 등 유럽의 모든 국경에서는 유럽연합 회원국 시민과 제3국인을 구분해 입국하도록 하고 있다. 이때 기준이 되는 것은 유럽여권의 소지 여부이다.

274 2002년 스페인의 세르비야 정상회담에서 영국과 스페인은 유럽연합의 불법이민 방지에 협력하지 않는 개발도상 국가들에 대한 경제원조를 삭감하도록 하는 제안을 하였다. 또한 유럽연합의 노력에 협력하는 국가에 대해서는 유리한 무역조건을 제공하자는 제안도 있었으나 채택되지는 않았다. http://www.voanews.com/Korean/archive/2002-06/a-2002-06-21-18-1.cfm (2006년 12월 5일 검색)

275 한국일보, 2005년 11월 6일

276 http://news.media.daum.net/foreign/others/200610/25/newsis/v14476799.html (2006년 11월 25일 검색)

277 "Immigrant to Europe," Eurostat: Statistics in Focus 2009. http://epp. eurostat.ec.europa.eu/cache/ITY_OFFPUB/KS-SF-09-094/EN/KS-SF-09-094-EN.PD (2010년 3월 4일 검색)

278 UN에 따르면 아프리카 대륙은 기후변화로 인한 가장 심각한 영향을 받게 될 지역이다. UN은 기온의 온건한 상승에 따라 아프리카의 곡물 생산량과 신설한 물 공급이 2050년 즈음에는 20% 이상으로 떨어질 것으로 예측한다. 한편, 아프리카 인구는 향후 20년간 급속하게 증가할 것으로 예상한다.

279 김시홍, "유럽연합 시민권과 정체성의 사회적 차원," 『유럽연구』 제18권, 2003에서 재구성.

280 이종서, 『유럽연합, 국가, 신자유주의』 (서울: 한국학술정보, 2006) 참조.

281 문진영, 『유럽연합의 사회정책에 관한 연구』 (서울: 집문당, 2009), pp.

113-114.

282 자유이동에 대한 권리는 자동적으로 다른 회원국에서 일할 수 있는 권리를 수반하는 것은 아니다. 현재 유럽연합 회원국들은 새로운 회원국들로부터 유입된 노동자들에게 그들의 노동시장을 개방할 과도기로 7년을 설정하였다. 따라서 2010년 현재 2004년에 유럽연합에 가입한 국가들로부터의 노동자들에 대한 제한은 없어지게 되었다. 그러나 아직도 상당수의 국가들이 불가리아와 루마니아로부터 온 노동자들에 대한 제한은 유지하고 있다. 사이프러스, 체코, 에스토니아, 핀란드, 라트비아, 리투아니아, 폴란드, 슬로바키아, 스웨덴은 불가리아와 루마니아로부터 온 노동자들에 대해 제한을 두고 있지 않다. 2014년부터 7년간의 과도기간이 끝나며 유럽연합의 모든 국가들 간의 노동자의 자유이동이 완성된다. 그러나 유럽연합 회원국들은 집행위원회가 인정한다면 긴급상황시 노동시장을 닫을 수 있다. Hugo Brady, "EU migration policy: A-Z," *Centre for European Reform(CER)*, (2008), pp. 1-28.

283 Addrew Geddes, *Immigration and European Integration: Toward Fortress Europe?* (New York: Manchester University Press, 2000), pp. 15-22.

284 Ursula Brisl, *Migration und Migrationspolitik im Prozwss der Europäshcen Integration,* (Opladen: Verlag Barbara Budrich, 2005), p. 12.

285 Lora, Borissova, "The Adoption of the Schengen and the Justice and Home Affairs Aquis: The Case of Bulgaria and Rumania", *European Foreign Affairs Review*, 8 (2003), pp. 105-124.

286 유럽연합 차원에서의 이민은 유럽시민권자의 유럽연합 내 이동에 따른 유럽 국가 간의 이민과 비 유럽연합 회원국의 이민으로 구분할 수 있다. 비 유럽연합 회원국에서 유럽연합으로의 유입은 일반이주자, 이주노동자, 난민, 망명신청자, 가족 재결합의 형태를 포괄한다. Christian Boswell, *European Migration Policies in Flux: Changing Patterns of Inclusion and Exclusion* (Oxford: Blackwell Publishers, 2003a) 참조.

287 이종원, "EU 사회정책 패러다임 변화와 사회적 시민권,"『유럽연구』제19권 (2004), pp. 56-57.

288 김명섭, 조성대, 진시원, 『세계의 정치와 경제』 (서울: 한국방송통신대학교출판부, 2003), pp. 350- 351.

289 Valsamis Mitsilegas, Jórg Monar, Wyn Ress, *The European Union and Internal Security Guardian of the People?,* (UK: Palgrave, 2003), pp. 1-10.

290 최근 유럽에서 임시보호정책이 다시 등장하게 된 배경은 1992년 유엔공동난민판무관실(UNHCR)에서 보스니아 헤르체고비나 내전으로 인한 일시적인 대량의 난민 유입에 대처하기 위함이었다. 임시보호정책의 주요 내용은 대규모 난민의 발생 때문에 일일이 난민의 자격여부를 심사하기가 어려운 상황에서 집단 단위로 난민 기준을 적용해 입국을 허가해줄 것과 체류기간 중 기본적인 권리를 보장해 줄 것과, 체류기간 중 기본적인 권리를 보장해 줄 것, 상황종료 후 본국 송환을 약속한다는 것, 그리고 난민이 보호국가에 임시 체류하는 동안 망명신청을 허용하지 않는다는 등의 조항으로 이루어졌다. 이 정책을 합리화한 근거는 강제송환에 대비한 바람직한 보호를 제공하고 정치적 해결을 통한 귀향을 기다리는 동안 인권보호의 필요성, 그리고 대규모 난민절차를 진행해야 하는 유입국가의 부담 회피 등이었다. 김남국, "유럽연합(EU)의 인권정책: 전쟁, 난민 그리고 정체성", 『한국EU학회』 제12권 제2호 (2007), p. 5.

291 *Ibid.,* p. 9.

292 박채복, *op., cit,* p. 146.

293 아일랜드와 영국은 현재 난민·비자·이민에 관한 EU 정책들로부터 예외적용을 받고 있다. 리스본조약 하에서 두 나라는 사법과 내무 전 분야에 걸쳐 적용 여부에 관한 자율권을 부여받았다. 아일랜드는 또한 리스본조약이 조세와 가족문제, 그리고 국가의 중립성과 관련한 영역에서 주권을 침해하지 않는다는 보장을 받았다. 덴마크도 현재 확보한 사법과 내무 분야의 예외 적용을 계속 유지하려 하고 있다."

294 공산주의 국가들의 붕괴 이후 난민 및 망명문제가 유럽연합의 주요 이슈로 떠올랐고 이민에 관한 특별 공동그룹은 망명정책과 외부 국경통제를 동시에 다뤄야만 했다. 결국 덴마크를 제외한 회원국들은 망명신청자가 처음 체류한 공동체 회원국에서 망명 적용심사의 책임을 진다라고 규정한 더블린 망명협정이 탄생하게 되었다. 더블린 망명협정은 모든 유럽연

합 회원국이 서명한 형태가 아니었다는 점에서 한계를 지닌다. 그러나 공동체 차원에서 이루어진 첫번째 이민·망명정책이었다는 점에서 중요한 의미를 지닌다.

295 더블린 망명협정은 중복된 망명 신청 방지를 위해 관계 당국 간 망명신청자에 대한 정보를 공유하도록 규정하였다. 더블린 망명협정으로 회원국들은 망명신청자가 감소하게 되어 재정적 부담이 줄어들게 되었다. 또한 이 협정으로 망명신청자의 모든 기록은 데이터로 처리되어 회원국들 간의 정보교류가 이루어지게 되었다.

296 유럽연합 회원국들은 유럽연합의 망명 규정을 발전시키기 위한 노력을 기울이고 있다. 노력의 결과 유럽연합은 2010년에 '망명지원 사무소(asylum support office)'를 설립할 예정에 있다. 사무소의 정확한 소관업무는 아직 협의 중에 있다. 적어도 사무소는 유럽연합 망명자 본국에 대한 상황을 데이터베이스화 하는 업무와 대다수의 회원국들이 부족한 통역을 제공하는 일을 할 것으로 예상된다. Hugo Brady, *op., cit,* pp. 10-16.

297 2006년 서아프리카 부르키나 파소(Burkina Faso)에서 열린 유럽연합과 아프리카 정상회담에서 아프리카 지역에 구인기회를 향상시키기 위한 계획을 발표하였다. 유럽연합은 아프리카 지역에 초점을 맞춘 교육과 훈련기금 제공을 약속하였다. 아프리카 정부는 서로의 노동시장을 개방함으로써 이민자들로 하여금 직업을 찾을 기회를 제공하는데 동의하였다. 그리고 유럽연합은 아프리카 전역에 '직업안내센터(job center)'를 설치하기 위한 노력을 하였다. 직업안내센터는 직업을 제공하는 기능 이외에 고국을 떠나 해외에 거주하고 있는 사람들에게 돈을 안전하게 송금하는 것을 돕는 역학을 하고 불법체류로 인해 본국으로 강제 송환된 이들에게 새로운 기회를 제공하는 역할을 한다. 첫 번째 직업안내센터는 2008년 말리(Mali)에 설립되었다. Enrica Rigo, "Implication of EU Enlargement for Border Management and Citizenship in Europe", *EUI Working Papers*, RSCAS No. 2005/21 (2005), pp. 1-17.

298 유럽연합은 구체적 실행방안 중 하나로 2004년에 경제적 이민(economic migration)에 관한 공동기본입장(Common Basic Principles)을 천명하고, 2005년 경제적 이민문제를 다룬 녹서(green paper)를 발간하였다. 유럽연

합은 또한 전체 GDP의 3%를 연구개발에 투자한다는 정책에 따라 각 회원국의 연구기관 간에 외국인 인력 충원을 위한 협력 체제를 구축하였다. 이외에 유럽연합은 이른바 고품질 노동자(highly qualified workers)에 대해서는 녹색카드로 명명한 노동허가증(Green Card)을 발급하여 전 회원국에서 통용될 수 있는 방안을 추진하고 있다.

299 Christian Joppke, "European Immigration Policies at the Crossroad," in Paul Heywood, Erik Jones, Matin Rhodes(eds), *Development in West European Politics* (London: Palgrave, 2002), pp. 260-263.

300 http://europa.eu/agencies/community_agencies/frontex/index_en.htm (2010년 2월 20일 검색)

301 Hugo Brady, *op., cit,* p. 8.

302 http://www.heraldbiz.com/print/article_print.asp?id=200807080220 (2010년 2월 12일 검색)

303 독일과 같이 일괄적인 최저 임금제가 없는 나라는 사회부조 수령액의 3배에 해당하는 금액이 기준이 된다. 이는 유럽연합 내 대부분의 국가가 수행하고 있는 이민법과 비교할 때 대단히 파격적인 기준이다. http://news.chosun.com/site/data/html_dir/2007/10/25/2007102500098.html (2010년 2월 14일 검색)

304 1951년의 '난민의 지위에 관한 협약(Convention Relating to the Status of Refugees)' 제1조 A항 제2호에 따라 난민의 적용 대상은 다음과 같다. "1951년 1월 1일 이전에 발생한 사건의 결과로서 또한 인종, 종교, 국적, 특정사회집단의 구성원 신분 또는 정치적 의견을 이유로 박해를 받을 우려가 있는 충분한 근거가 있는 공포로 인하여, 자신의 국적국 밖에 있는 자로서, 국적국의 보호를 받을 수 없거나, 또는 그러한 공포로 인하여 국적국의 보호를 받는 것을 원하지 아니하는 자, 또는 그러한 사건의 결과로 인하여 상주국으로 돌아갈 수 없거나 원치 않는자"이다. 1967년의 '난민의 지위에 관한의정서(Protocol Relating to the Status of Refugees)'는 1951년에 "1951년 1월 1일 이전에 발생한 사건의 결과로서"라는 시간적 제한 규정을 삭제하여 수용한 것이다. 이는 1951년이라는 기한설정이 협약이 체결될 당시 존재하는 난민상황에 대해서만 제한하려 했던 기대에

서 비롯된 것이었다. 그러나 시간이 흐름에 따라 새로운 난민 상황이 출현하여 1951년 협약규정을 새로운 난민에게 적용해야할 필요성에 따른 것이다. UNHCR, 난민관련 국제조약집, 1997 참조.

305 한승준, "프랑스 동화주의 다문화정책의 위기와 재편에 관한 연구", 『한국행정학보』 제42권 제3호 (2008), p. 481.

306 특히 프랑스와 같은 나라에서는 이민 문제가 정치적 쟁점화 되어 극우파 정당 국민전선이 15% 정도의 득표율을 기록할 정도이다. 황의갑, "EU와 마그레브 공동체간의 협력관계 연구", 『지중해지역연구』 제10권 제4호 (2008), p. 175.

307 독일은 1955년에 외국인 노동자 모집을 시작한 이후 그 규모는 130만 명에 달했는데 1966년과 1967년 경제침체로 99만 명으로 축소되었다가 1968년 경기회복으로 200만 명 규모까지 다시 성장하여 모집이 종결되는 1973년 직전에는 260만 명에 이르게 된다. 1983년에는 '귀국촉진법'을 제정 보조금 등으로 귀국을 장려했으나 프랑스와 마찬가지로 귀국자는 단지 5%에 불과했다. 박병선, "독일의 이주민 통합정책", 『국제사회보장동향』 (2006), pp. 61-64.

308 김시홍, "이탈리아 이민과 다문화주의", 『국제지역연구』 제9권 제1호 (2005). 참조.

309 http://economy.hankooki.com/lpage/worldecono/200501/e2005011217282049250.htm (2010년 2월 16일 검색)

310 Rosemary Byrne, Gregor Noll and Jens Vedsted-Hansen, (eds.), "Western European Asylum Policies for Export: The Transfer of Protection and Deflection Formulas To Central Europe and the Baltics", *New Asylum Countries? Migration Control and Refugee Protection in an Enlarged European Union*, (The Hague: Kluwer Law International, 2002), pp. 5-29.

311 http://www.humanrights-korea.or.kr/news/international.php?page=view&id=160&&tb=news1&pg=82 (2010년 1월 28일 검색)

312 최동주, "영국의 이민관련 제도와 다문화 사회통합을 위한 정책", 『다문화사회연구』 제2권 제1호 (2009), pp. 94-95.

313 http://www.kssline.pe.kr/zero/zboard.php?id=kssline01&no=4079 (2010년 2월 11일 검색)

314 Hugo Brady, *op., cit,* p. 13.

315 이무성 외,『유럽연합의 정체성: 역사, 제도, 행위자, 정책』(서울: 높이깊이, 2008), p. 30-33.

316 외르크 빈터베르크, "독일의 사회적 시장경제: 과거, 현재 그리고 미래",『독일의 사회적 시장경제와 한국사회의 대안적 발전방향에 관한 국제심포지엄』 콘라드 아데나워 재단, (2006), p. 17.

317 Sanem Baykak, "Unity in Diversity? The Challenge of Diversity for the European Political Identity, Legetimacy and Democratic Governance: Turkey's Membership as the Ultimate Test Case", Jean Monnet Working Paper 09/05, NYU School of Law, New York (2009), pp. 11-12.

318 Alex Warleigh-Lack & Ben Rosamond, "Across the EU Studies - New Regionalism Frontier: Invitation to a Dialogue", *Journal of Common Market Studies*, Vol. 48, No. 4 (2010), pp. 994-6.

319 Maurice Roche, *Exploring the Sociology of Europe: An Analysis of the European Social Complex* (London: Sage, 2010), pp. 151-3.

320 Rocco W. Ronza, "Political unity and language diversity: the linguistic identity of a European polity", Paper presented at the Conference titled, *The ideological foundations of Europe: unity in diversity*, European Parliament DG Information, 20-21 April 2006, Budapest, Hungary, pp. 4-5.

321 Sung-Won Yoon, *Shaping European Identity through Cultural Policy of the EU: The Case Study of European Cpital of Culture*, PhD Dissertation, (Seoul: Korea University, 2009), pp. 101-104.

322 김시홍 외,『통합유럽과 유럽시민권: 정체성의 딜레마와 공동체의 미래』(서울: 높이깊이, 2005), p. 434.

찾아보기

ㄱ

ㄴ

ㄷ

ㄹ

ㅁ

ㅂ

ㅅ

ㅇ

ㅈ

ㅋ

ㅍ

C

E

G

H

S

T

W

집필진(가나다 순)

김시홍
한국외국어대학교 국제지역대학원 EU학과 교수
그레고리안대학교 사회학 박사

김응운
한국외국어대학교 프랑스어학과 교수
프랑스 파리제2대학 정치학 박사

박노호
한국외국어대학교 스칸디나비아어과 교수
스톡홀름대학교 경제학 박사

송병준
한국외국어대학교 연구교수
한국외국어대학교 국제관계학 박사

안병억
연세-SERI EU센터 초빙연구원
영국 캠브리지대학교 국제정치학 박사

온대원
한국외국어대학교 국제지역대학원 EU학과 교수
런던정치경제대학교 국제관계학 박사

이선필
한국외국어대학교 현대경제연구원 EU센터 연구원
로마대학교 국제관계사 박사

이종서
한국외국어대학교 EU센터 상임코디네이터
성균관대학교 정치외교학 박사